汉代的星空

《长河文丛》…… 梁由之 主编

孟祥才————

著

九州出版社
JIUZHOUPRESS

图书在版编目（CIP）数据

汉代的星空 / 孟祥才著. -- 北京：九州出版社，2016.8

ISBN 978-7-5108-4611-3

Ⅰ．①汉… Ⅱ．①孟… Ⅲ．①历史人物－人物研究－中国－汉代 Ⅳ．①K820.34

中国版本图书馆CIP数据核字(2016)第190169号

汉代的星空

作　　者	孟祥才
出版发行	九州出版社
责任编辑	李　品
封面设计	吕彦秋
地　　址	北京市西城区阜外大街甲 35 号（100037）
发行电话	（010）68992190/3/5/6
网　　址	www.jiuzhoupress.com
电子信箱	jiuzhou@jiuzhoupress.com
印　　刷	三河市东方印刷有限公司
开　　本	880 毫米 ×1230 毫米　32 开
印　　张	8
字　　数	180 千字
版　　次	2016 年 9 月第 1 版
印　　次	2016 年 9 月第 1 次印刷
书　　号	ISBN 978-7-5108-4611-3
定　　价	42.00 元

目　录

001　刘邦：大风起兮云飞扬

016　吕后：这个女人不寻常

041　良相模范：萧何

059　帝者师：张良

077　猛将出身的贤相：曹参

087　"外宽内深"的公孙弘

100　司马迁悲剧与结局

111　戾太子案

126　赵飞燕姐妹谋杀皇子案

137　王莽的理想及失败

146　刘歆：角色错位的悲剧

159 刘秀其人与大汉中兴

203 马援：名将末路

214 班固之死

230 孔融：狂士结局

240 诸葛亮的人格魅力

250 后　记

刘邦：大风起兮云飞扬

一

刘邦是古代杰出的政治家，一个有着不朽建树的帝王。但是，他却不能跻入中国古代思想家的殿堂。在数以百计的有关中国古代思想史的著作中，刘邦从来就不是学者们注意的对象。这是因为刘邦的思想没有用著作表述出体系，所以谁也没有兴趣去采掘这一可能没有任何收获的贫矿。但是，作为一个在历史上留下辉煌功业的伟大人物，刘邦却有着他自己的虽然不成体系然而又极富个性特征的思想。

刘邦的青壮年时代正值战国末期，其时，思想领域中诸子百家的争鸣虽然还在激烈地进行，但由于法家思想反映了新兴阶级建立政治经济制度的要求，因而逐渐受到各国统治者的重视。秦王朝统一全国以后，"以法为教，以吏为师"，把凡是有志于为秦王朝服务而博得一官半职的人们都吸引到法家思想的轨道上来，刘邦壮年时期作为秦王朝的基层小吏，成为秦始皇的热烈崇拜者，法家思想先入为主地成为他头脑的主人显然是不奇怪的。

刘邦出生于公元前256年，从二十六岁到三十五岁，他亲眼看着强大无比的秦军在十年之内以武力完成了统一中国的大业。此后，更耳闻秦军北伐匈奴，南平百越，使中国的疆域北抵大漠、南届大海的盛事。他四十七岁开始自己的戎马生涯以后，又亲眼看着不可一世的秦王朝在自己的战马前递上降表，看着叱咤风云的骁将项羽在垓下战败自杀，看着异姓诸侯王们在汉军的凌厉攻势下无可奈何地迈向死亡。这一切耳闻目睹的事实和亲身的征战实践，使刘邦对韩非等法家代表人物鼓吹的暴力万能论笃信不疑。所以当陆贾在他面前谈论《诗》、《书》，为儒家经典进行宣传时，他不屑一顾，破口大骂，毫不讳言："乃公居马上而得之，安事诗书？"（《史记·郦生陆贾列传》）这说明，刘邦虽然从其投入起义队伍的那天起就在政治上举起了"伐无道，诛暴秦"的旗帜，但在思想上，却没有超脱秦始皇的体系，他们都是韩非的学生。因为先秦法家思想的代表人物大都是在激烈批判儒家学说中发展和完善自己的体系的，后来秦始皇更发展到"焚书坑儒"，从政治上对儒生进行迫害和打击。刘邦在此氛围中生活，显然深受此风影响。所以他对儒生和儒家思想有着近于根深蒂固的偏见。

反秦斗争和楚汉战争的岁月，正是需才甚急之时，可是刘邦见到儒生竟把人家的儒冠拿来当溺器，每谈及儒生几乎都大骂一通。郦食其是一个纵横家，其思想倾向虽有些儒家的成分，但却相当驳杂。他拜见刘邦时不敢承认自己是儒生，而说是"高阳酒徒"。但是，由于他对刘邦兜售德、义之类的儒家信条，刘邦还是人前背后地骂他为"竖儒"。如公元前204年，当郦食其建议刘邦封六国后裔为王的弊病被张良点破之后，刘邦就大骂："竖儒，几败而公事！"（《史记·留侯世家》）叔孙通的确是一介儒生，因为他按照习惯着儒服，刘邦就很不高兴，逼着他赶快改穿楚式的短衣，以与刘邦的楚人身份缩短距离，讨其欢心。

在楚汉战争期间，叔孙通对刘邦陪着百倍的小心，一百多嗷嗷待哺的弟子虽不时口出怨言，叔孙通也不敢向刘邦推荐他们做官，而所推荐者大多是剽悍勇猛的赳赳武夫。只有到楚汉战争结束之后，刘邦觉察到需要一套礼仪来维护自己的尊严时，叔孙通才得以施展自己的抱负和才能。刘邦直到临终前不久，在沛宫与自己故乡的父老子弟相聚时，还念念不忘"安得猛士兮守四方"（《史记·高祖本纪》），想到的仍然是武力的功用。综观刘邦的一生，有一点清清楚楚，就是法家思想在其头脑中一直居于支配地位。

如同秦始皇一样，刘邦还相信五德终始学说。我们知道，西周末年郑国史伯提出的"土与金、木、水、火相杂以成百物"（《国语·郑语》）的学说，是一种朴素的唯物论。到战国时期，经阴阳家邹衍改造成五行相胜的理论，并进而将其引进到人类社会领域，用以解释王朝的更替，变成了历史宿命论和历史循环论。按照这个学说，夏当木德，因而有树木葱茏、百草丰茂的物候特征；商当金德，因而出现银从山溢的景观；周当火德，所以有赤乌之符。这就是五德之运。与此同时，还有三统三正的历史循环论与五德之运相辅相成。秦始皇对这一套深信不疑，故确定自己的王朝当水德，所以尚黑色，以严刑峻法作为治国的基本政策。大概由于战国末期和秦王朝时期的广泛宣传吧，五德之运和三统三正的理论为不少人所接受。刘邦自然也为这种气氛所感染，因而在其起事反秦时就竭力把自己的活动纳入这种理论的轨道。例如，他把自己在草泽中杀掉一条白蛇附会成赤帝子杀白帝子，举行丰沛起义时，他祀黄帝，祭蚩尤，用赤帜，都是以赤统自居，目的是给自己的起事罩上天意所钟的神秘色彩。

不过，刘邦毕竟是以秦始皇的对立面出现的，再加上不断总结秦亡的教训，因而其思想与秦始皇相比，又显示出时代所赋予的明显差异。这种变异所展示的是他向黄老之学的靠拢以及对儒家思想的逐步接纳。

由于刘邦以反对秦王朝的暴政为号召，进入咸阳之后立即宣布废除秦王朝的苛法，制定了较为宽厚的统治政策，从而在客观上自觉或不自觉地显示了向黄老之学和儒家学说的靠拢。汉高祖二年（前205）三月，楚汉战争正在激烈进行中，刘邦在洛阳听了新城三老董公的建议和说教，其中"顺德者昌，逆德者亡"和"仁不以勇、义不以力"都是儒家的信条，刘邦还是深表嘉许，显示了其思想的变化。公元前202年，他刚刚登上帝位，就处死了在楚汉战争中对自己高抬贵手的项羽部将丁公。说明他已经意识到进取与守成需要采取不同的政策，而这种认识恰恰与陆贾所论述的黄老思想的基本概念相同。

使刘邦对儒生转变看法的重要转折是叔孙通的制定朝仪。当刘邦称帝之后而对他那帮草莽出身的将军不懂礼法、任意胡闹感到头疼的时候，叔孙通看准时机，向刘邦大讲"儒者难与进取，可与守成"的道理，自告奋勇带领儒生和弟子制定朝仪。他通权达变，对前代礼制因革损益，很快制定出一套显示皇帝至高无上权威的朝仪，结果满足了刘邦安富尊荣的强烈欲望。叔孙通由是被任命为九卿之一的奉常。由于刘邦读书不多，他想问题和看事情特别重视实际效果。而儒家学说在和平时期所显示的作用对他自然是一个深刻的教育。此后，叔孙通一直受到重用，由奉常而太傅。而他也一改过去的小心翼翼、看风转舵，变得直言敢谏，能够在刘邦面前就改易太子问题据理力争，慷慨陈词。这一切都说明，西汉帝国建立以后，儒家学说在刘邦眼里已经逐步升值了。

刘邦对陆贾的态度，更可以说明其思想转变的程度。陆贾开始时在刘邦眼里不过是一个纵横家，刘邦派给他的任务是做说客，对他的理论是不怎么感兴趣的。后来，当他在刘邦面前谈论《诗》、《书》遭到斥骂之后，立即对刘邦"马上得天下"的观点提出有力的反驳："马上得之，宁可以马上治之乎？"（《史记·郦生陆贾列传》）指出夺取天下与治理天下必须使用不同的方针，即"逆取顺守"、"文武并用"。面对陆贾发人深省的话，刘邦清醒多了。因为对他来说，夺取政权的任务已基本完成，保持和巩固政权却是他自己及其后世子孙需要长期解决的问题。因而他要求陆贾写一部从理论上总结历史经验和教训的著作。这就是著名的《新语》产生的动因。后来，当陆贾将陆续写出的十二篇《新语》逐次上奏的时候，"高帝未尝不称善，左右呼万岁"（《史记·郦生陆贾列传》）。显然，晚年的刘邦已经基本上服膺于黄老思想了。由于此时的黄老思想已经将儒家学说的德治、仁义、任贤等基本内容吸收进去，刘邦对它的钟情也说明他缩短了与儒家思想的距离。历史的现象多么矛盾啊！你看，早年以儒冠为溺器的刘邦，在他死前的五个月，即汉高祖十二年（前195）的十一月，以六十二岁高龄前去孔子的故乡，向这位儒家创始人的灵位献上了太牢的厚礼。虽然诚如鲁迅所说，刘邦此举含有"英雄欺人"的意思，但也说明了他对儒家学说的态度已经发生了根本性的变化。

应该看到，孔子在春秋末期虽然名气很大，但其一生政治上很不得志，穷愁潦倒，几陷困厄，惶惶然如丧家之犬。死的时候，除了鲁哀公献上了一篇深情的祭文之外，在其他诸侯国基本上没有引起什么反响，的确显得有点凄凉寥落。从那以后的二百八十四年间，尽管他开创的儒家学说后继有人，在战国时期出现了像孟轲、荀卿等蜚声于列国的大思想家，但在七国国君中却没有一个亲自到孔子的灵前表示自己的哀思。这一时期，孔子自然说不上是被历史遗忘的人物，但其影响也没有扩大，因为此时法家思想的地位正如旭日东升，扶摇直上。秦国统一以后，重用的是李斯、赵高之类的法家人才，因而出现了一个"罢黜百家，独尊法术"的局面。秦王朝灭亡以后，汉初君臣对秦亡历史的反思引来了诸子思想的重新活跃。

刘邦虽然始终没有把儒家思想作为自己的指导思想，但也没有采取文化专制主义，而是以法家思想为主，对其他各家思想采取了兼收并蓄的态度。同时根据统治的需要，不断调整对各家思想的政策。刘邦是第一个到孔子灵前祭拜的大一统王朝的帝王，这一事实本身就反映了一种倾向，显示了一种转折的契机：孔子和儒家学说在帝王眼中开始获得它应有的价值。既然汉代的创业之主可以对孔子投去深情的一瞥，他的后世子孙当然更可以根据需要把孔子推上万世师表的通天教主的地位。到鲁地朝圣，这在刘邦那多姿多彩的政治生涯中实在也算不上一次了不起的行动，但它透出的却是一个十分重要的信息：掌握了政权的阶级需要儒家思想的花环。传统观点往往把汉武帝和董仲舒作为尊孔的始作俑者，这当然是有道理的，不过不要忘记，在这方面刘邦起过开风气之先的重要作用。

二

"如果'偶然性'不起任何作用的话，那么世界历史就会带有非常神秘的性质。这些偶然性本身自然纳入总的发展过程中，并且为其他偶然性所补偿。但是，发展的加速和延缓在很大程度上是取决于这些'偶然性'的，其中也包括一开始就站在运动最前面的那些人物的性格这样一种'偶然情况'。"(《马克思恩格斯选集》第4卷）如果秦始皇所建立的统一王朝有一百年的寿命，那么刘邦就只能作为一个并不十分尽责的亭长而老死故乡。他身上的许多缺点也将给人们以流氓无赖的印象。可是，由于秦王朝成为一个短命王朝，刘邦也就能够在秦末农民战争和楚汉战争中脱颖而出，被时代造就成一代开国帝王。如此一来，他的许多缺点自然变成了微不足道的小节。刘邦有着非常独特而鲜明的个性，在司马迁和班固的笔下，他时而可爱，时而可憎；时而可笑，时而可畏；时而聪明，时而愚蠢；时而谦虚，时而高傲；时而大度，时而小气。而这些特点又都有机地统一在刘邦一个人身上，形成了一个极其生动的多角形象。

刘邦从小不事生产，讲究享受，贪财好色，敢言别人所不敢言，敢为别人所不敢为，富有冒险精神。他赊酒不还钱，为县令祝寿一毛不拔却诡称贺钱一万，并且还毫无愧色地安坐首席。他率领义军进入咸阳后，立即被秦宫的珍宝美女陶醉得忘乎所以，非要住下享受一番不可。亏得樊哙、张良等苦口婆心地相劝，他才拖着长长的涎水，恋恋不舍地离开那个地方，使项羽入关后找不到与刘邦开战的口实，从而避免了楚汉战争的过早爆发。这一次，刘邦贪财好色、追求享受的欲望暂时受到了抑制。汉高祖二年（前205）四月，刘邦趁项羽北上进攻齐国的机会突袭彭城成功后，享受的欲望再也压抑不住了，"收其货宝、美人，日置酒高会"(《史记·高祖本纪》)。结果放松了对项羽反击的戒备，被楚军一个回马枪杀得落花流水，一败涂地。应该承认，刘邦的追求财富、美色和享受的欲望在一定程度上成为推动他争夺美好江山的动力。刘邦的活动表明，即使在参加反秦起事之前，他虽然还处在富裕的自耕农之列，但其思想则早已升华到地主阶级的境界了。

刘邦的性格中有着惊人的坦率的一面。没有别人的指点，他一般不大玩弄阴谋和权术。他说话不转弯子，对人不留情面，有时使人下不来台。例如当他与韩信议论各自能带多少兵时，韩信自诩"多多益善"而刘邦只能带十万，刘邦很不高兴。马上冷笑反击说："多多益善，何为为我禽？"逼得韩信承认刘邦有"天授"的"将将"才能。又如，当剖符封功臣时，刘邦推萧何功第一，食邑户数最多，引起了其他功臣的不满与反诘。你看刘邦怎么讲吧，他说："诸君知猎乎？""夫猎，追杀兽兔者狗也，而发踪指示兽处者人也。今诸君徒能得走兽耳，功狗也。至如萧何，发踪指示，功人也。且诸君独以身随我，多者两三人。今萧何举宗数十人皆随我，功不可忘也。"（《史记·萧相国世家》）话说得近于尖酸刻薄。群臣在被刘邦喻为"狗"之后究竟是什么滋味和表情只好留给后人去想象了。这种话，文帝、景帝，甚至武帝也是绝然说不上来的。汉高祖七年（前200）十月，当长乐宫建成，群臣按叔孙通制定的朝仪向刘邦朝贺时，他脱口而出的话是"吾乃今日知为皇帝之贵也"（《史记·刘敬叔孙通列传》）。憨态可掬，令人捧腹，惊喜之情，溢于言表。

应该承认，坦率是刘邦性格的光明面，但有时过分的坦率却使臣子难以忍受。由于他性格外向，不善掩饰，对人对事的情感往往一泻无余地表露出来，詈骂群臣简直成为家常便饭。其主要臣子中大概除张良之外，很少有不被他斥骂的。魏王豹反叛刘邦后，对劝其重新归附的郦食其说："今汉王慢而侮人，骂詈诸侯群臣如骂奴耳，非有上下礼节也，吾不忍复见也。"
（《史记·魏豹彭越列传》）商山四皓也就是因为大把年纪犯不上
遭受责骂而坚决不奉刘邦之征召。想想吧，刘邦曾当着韩信使
者的面大骂韩信；郦食其来访时，他边令人洗足边斥骂郦为"竖
儒"；对"执子婿礼甚卑"的赵王张敖，也是"箕倨谩骂之"；
而忠心耿耿的娄敬，就因为在对待匈奴的方略上谈出了正确却
不合刘邦口味的意见，就被其骂为"以舌得官"的"齐虏"。刘
邦的这种作风，说到底所显示的是古代帝王为所欲为的权势，
因为在他眼里，臣下都是奴才。

　　也应该看到，在刘邦身上，还没有完全罩上宗法道德的温
情脉脉的纱幕，市井之徒的粗野之风还浓重地残存着。刘邦的
坦率除表现为粗野骂人之外，有时还表现为可笑而又可爱的无
赖相，使人哭笑不得。公元前203年初，在楚汉两军对峙的荥
阳前线，项羽在阵前置刘邦老父于俎上，威胁说："今不急下，
吾烹太公！"刘邦却轻飘飘地说："吾与项羽俱北面受命怀王，
曰'约为兄弟'，吾翁即若翁，必欲烹尔翁，则幸分我一杯羹。"
（《史记·项羽本纪》）这种话除了刘邦之外，大概任何另外的
人也难以讲出来。刘邦年轻的时候，不事生产，游手好闲，不
如他的两个哥哥老实本分，曾被老父斥骂，对此他大概有着极
深的印象。汉高祖九年（前198）十月，淮南王、梁王、赵王、
楚王前来朝拜，朝廷在未央宫的前殿举行盛宴欢庆新年。刘邦
举杯为老父祝寿时说："始大人常以臣无赖，不能治产业，不如
仲力。今某之业所就孰与仲多？"（《史记·高祖本纪》）在八旬
老父被儿子揭短而狼狈不堪的时候，"殿上群臣皆称万岁，大笑
为乐"。这种事情也只有刘邦能够做得出来吧。

　　以上这些刘邦性格的侧面，仿佛都是缺点，但在刘邦身上

表现出来，却并不给人以可憎的感觉。原因就是这些性格反映出浓厚的人情味，并且也并未掩盖其性格另外的辉煌侧面。上面的这些性格特点仿佛应该造成人们对他的疏远，事实上也的确使个别人因此而离开了他。但是，刘邦性格的另一个侧面却又对群臣形成了巨大的吸引力，使之犹如磁石般把当时的英雄豪杰聚拢在一起，群策群力，为夺取反秦战争和楚汉战争的胜利创造了条件。

刘邦品格中最光辉的一面，是他作为开国之主所具有的气质和品性。他的天资是聪明的，张良、韩信、郦食其等人对此都有深切的感受。张良曾以《太公兵法》说于其他人，领悟者甚少，但刘邦却能迅速理解并在实践中灵活运用。刘邦有着创业帝王的宏伟气魄，有着不达目的决不罢休的顽强意志，有着失败不气馁、勇于从挫折中奋起的坚毅品格。

公元前207年初，他率领不足万人的起义军毅然向关中进军，而此时的秦王朝还是有着数十万大军，控制着关中和巴蜀广大地区的庞然大物。这需要多大的胆量和气魄！秦王朝灭亡以后，刘邦不畏强手，决心与项羽逐鹿中原，争夺天下，其义无反顾的决心和勇气又超越了一切同辈。在四年的楚汉战争中，他多次受挫，几陷困厄，老父妻子被执，随时有生命之忧。他面对险境，誓不屈服，咬紧牙关，坚持斗争，终于经过千辛万苦，渡过难关。但刘邦的顽强并不流于蛮干。他善于审时度势，及时调整政策，转变方略，迂回曲折地摘取最后的胜利之果。公元前206年初，项羽违约封刘邦为汉王，以汉中巴蜀为封地，他在萧何等人的劝谏下，强忍怒气，来到汉中，用烧绝栈道的办法来麻痹项羽，从而避免了在形势于己不利的条件下与项羽开战。结果是项羽率军东返彭城，对刘邦放松了戒备。而刘邦则利用关中空虚、那里百姓对三个降王恨之入骨的有利条件，一举夺取关中，建立了巩固的战略后方，为楚汉战争的胜利奠定了基础。公元前200年对匈奴的战争受挫后，他也冷静地分析了当时的形势，接受娄敬的建议，决定"和亲"，从而在一定程度上减轻了匈奴对北部边境的袭扰，为休养生息政策的实施创造了一个良好的环境。刘邦的雄才大略对他的臣子产生了巨大的威慑和吸引力，甚至很多人甘愿为他牺牲自己的生命，如将军纪信在荥阳岌岌可危之际，假扮刘邦，诓骗项羽，使刘邦逃出险境，自己却被项羽烹杀了。周苛守荥阳城破被俘，项羽许以高官厚禄，他丝毫不为所动，大义凛然，为刘邦殉身。最可叹的是王陵之母，一位年逾花甲的老妇人，为了使儿子能安心侍奉刘邦，竟毫无惧色地死于项羽的刀兵之下。可以这样说，即使刘邦身上再增加几种缺点，只要他具备了帝王特有的对群臣的吸引力，也就具备了取得胜利的最基本的个人条件。

虽然刘邦动辄辱骂群臣，有时还露点无赖相，但更多时候，他表现的是"常有大度"的长者之风。楚怀王的老将们也都认为他"素宽大长者"，可以作为入关为王的人选。汉高祖五年（前202）十二月，他的竞争对手项羽自刎而死。刘邦"以鲁公礼葬项王于谷城，亲为发哀，哭之而去。诸项氏枝属皆不诛。封项伯等四人皆为列侯，赐姓刘氏"（《汉书·项羽传》）。此中也或许有"英雄欺人"的意思，但应该说刘邦对项羽的态度还是真诚的。因为在他看来，既然项羽作为敌手的作用已经完结，他们之间也就可以恢复当年"约为兄弟"的情谊了。项羽部将季布，是刘邦悬赏通缉的要犯。后经朱家、夏侯婴从中说项，刘邦毅然赦免其罪，任其为郎中，后来在文帝时季布做到河东郡守，是一个颇有政声的好官。公元前196年，韩信因谋反被诛杀。因其临死前慨叹自己没有"用蒯彻之计",刘邦于是严令逮捕这位鼓动韩信背叛的策士。蒯彻被捕后,刘邦亲自审问他:"若教淮阴侯反乎?"蒯彻说:"然,臣固教之。竖子不用臣之策,故令自夷于此。如彼竖子用臣之计,陛下安得而夷之乎!"刘邦愤怒地下令烹杀他。蒯彻大呼冤枉,辩解说:"秦之纪纲绝而维弛,山东大扰,异姓并起,英俊乌集。秦失其鹿,天下共逐之,于是高材疾足者先得焉。跖之狗吠尧,尧非不仁,狗因吠非其主。当是时,臣惟独知韩信,非知陛下也。且天下锐精持锋欲为陛下所为者甚众,顾力不能耳。又可尽烹之邪?"(《史记·淮阴侯列传》)这自然是一种狡辩。因为当时蒯彻完全知道韩信是刘邦的臣子,策动臣子反叛自己的主君,显然是一种叛逆之罪。但刘邦听过他的似是而非的辩护之后,还是赦免了他。

　　不久,梁王彭越被诛,刘邦下令将其头颅悬于洛阳的街衢示众,同时明示"有收视者,辄捕之"。其时梁大夫栾布正出使各国。归来后,彭越已被杀。栾布不顾禁令,郑重其事地在彭越的人头下奏事,"祠而哭之",因而被逮捕。刘邦亲自审讯栾布,一顿臭骂以后,下令施以烹刑。栾布毫无惧色,在刘邦面前侃侃而谈:"方上之困彭城,败荥阳、成皋间,项王所以不能遂西,徒以彭王居梁地,与汉合从苦楚也。当是之时,彭王一顾,与楚则汉破,与汉而楚破。且垓下之会,微彭王,项氏不亡。天下已定,彭王剖符受封,亦欲传之万世。今陛下一征兵于梁,彭王病不行,而陛下疑以为反,反形未见,以苛小案诛灭之,臣恐功臣人人自危也。今彭王已死,臣生不如死,请就烹!"(《汉书·季布栾布田叔传》)一席话说得刘邦龙心大悦。栾布不仅未死,还被任为都尉,后来一直做到燕国丞相。刘邦的大度主要还是表现在对跟随他创业的文臣武将的优厚报酬上。西汉建国以后，其中少数人获得了王位和连城数十的封土，一百四十五人得到了侯爵和食邑，而更多的从军吏卒，也都得到"世世复"的酬赏。这些人中的绝大部分当然都成为汉王朝的衷心拥护者。刘邦对此也很自豪，他在逝世前一月还发布诏书说："吾立为天子，帝有天下，十二年于今矣。与天下之豪士贤大夫共定天下，同安辑之。其有功者上致之王，次为列侯，下乃食邑……入蜀及定三秦者，皆世世复。吾于天下贤士功臣，可谓亡负矣。"（《汉书·高帝纪》）

刘邦的宽宏大度和容人之德使他的麾下猛将如云、谋臣如雨。但如何调动他们的积极性，使他们身上的潜能最大限度地发挥出来，需要一套得体的制度和方法。刘邦能够虚心纳谏，在他那里，没有需要维护的个人面子，一切以汉王朝的根本利益为依归。这样就使他在几乎每个问题的决策上，即使开始错了，也能够较快改正，并且最后能够选择出最佳方案。

楚汉战争开始前，刘邦激于项羽分封不均的愤怒，要同项羽在关中开战，结果被樊哙、萧何等劝谏而止，避免了赌上身家国运的孤注一掷。公元前204年，为了给项羽广泛树敌，他接受郦食其建议，决定加封六国后人为王。后来张良指出此种做法的弊病，他立即收回成命，使这一错误决定在实行之前就取消了。不久，项羽在荥阳一线发动猛烈攻势，刘邦简直有点招架不住了，就打算后撤至巩、洛一线。这时，刚刚出过"馊主意"的郦食其却提出了正确的进攻策略："急复进兵，收取荥阳，据敖仓之粟，塞成皋之险，杜太行之道，距蜚狐之口，守白马之津。"（《汉书·郦食其传》）这是一个大胆的正确的军事方针，结果被刘邦接受并贯彻执行，不仅稳定了荥阳前线的军事形势，而且使汉军变被动为主动，开始了局部反攻。

公元前203年底，项羽为摆脱困境，放回刘邦的老父和妻子，与刘邦约定中分天下，罢战言和。项羽撤军东返后，刘邦也打算撤军西返。张良、陈平提出消灭楚军的最后时机已经来临，必须趁楚军因签订和约失去戒备，全军后撤的混乱情况，穷追猛打，致敌于死命。刘邦立即接受他们的建议，挥军东下。汉高祖五年（前202）十月，在与项羽最后决战的前夕，他又接受张良的建议，对韩信、彭越两个最大的军事实力派许以重封，诱使他们高高兴兴地前来参加最后围歼楚军的会战，促成了垓下之战的胜利。

汉王朝建立以后，刘邦面临着巩固加强中央集权、恢复发展生产、解决匈奴袭扰等一系列重大问题。他一如既往，更加虚心纳谏。公元前202年，他接受布衣娄敬建议，改变建都洛阳的决定，把国都安放在关中。公元前201年，他接受陈平建议，伪游云梦，轻而易举地解决了最大的异姓诸侯王韩信。同年，在论功排列功臣座次时，众大臣皆推曹参居功第一，只有鄂千秋推萧何为第一。刘邦重封萧何，重赏鄂千秋，使行封比较公允。公元前200年，刘邦做出了以武力对付匈奴的错误决策，同时对坚持正确意见的娄敬做出了逮捕下狱的错误惩罚。后来，事实证明此决策是错误的，他便老老实实地向娄敬承认自己的过失，并对其直言敢谏加以奖赏。第二年，又接受娄敬关于与匈奴"和亲"的建议，从而奠定了西汉前期对匈奴政策的基础。后来，在改易太子的风波中，他最后还是听信了周昌、张良、叔孙通等人的劝谏，终止了自己的错误行动。公元前196年，英布反叛的消息传到长安，此时刘邦身体不适，拒见群臣。樊哙排闼直入，尖锐地告诫他要警惕赵高之事重演。刘邦霍然而起，最后一次亲临前线，平定了英布的叛乱。

事实上，帝王不见得自己在政治、军事、经济和文化等方面都有卓越见解，事事"圣心独断"，关键是要有知人之明，能把各方面的有用之才安排在适宜的岗位上充分发挥其才干，同时又能广开言路，集思广益，择善而从，使自己的各项重大决策减少失误。刘邦在这方面的表现比较突出，因而在其一生的重大决策中，很少有失误的地方，即使有些失误，也易于在较短时间内得到纠正。刘邦不像某些帝王那样，自视一贯正确，功劳归自己，过失委臣下，而是敢于正视自己的失误。所以他与臣下的关系，大体堪称融洽。

　　刘邦是一个由农民战争、统一战争和极其复杂的内政外交斗争锤炼出来的一代开国之主，同时又是一个有着七情六欲的鲜明个性特征的人。他取得成功的因素是复杂的，除了其活动反映时代的要求因而获得历史的钟爱之外，无论如何也应包括他品格的力量。

吕后：这个女人不寻常

吕后，名雉，是西汉开国皇帝刘邦的结发妻子。刘邦做皇帝后，她被封为皇后。刘邦病逝，她以皇太后身份当国十五年（前195—前180），在西汉前期历史上占有重要地位。在她身后，毁誉纷纭。在长达两千年的中国古代社会的历史上，吕后几乎是家喻户晓的皇后之一。

佐高祖定天下

吕雉原籍砀郡单父（今山东单县），其父吕公因躲避仇人来到沛县，投奔他的好友沛县县令，从此在这里安家落户，同时也使自己的女儿有缘与刘邦结为带有传奇色彩的婚姻。

吕公作为县令的朋友来沛县后，引起县里官吏豪杰的注意，大家纷纷前往致贺。县令在公堂上大摆盛宴款待前来祝贺的客人，县功曹萧何负责接待。他面对一批批前来祝贺的客人，不住地高喊："进不满千钱，坐之堂下。"时任泗水亭长的刘邦也前来致贺。因为他与县中官吏十分熟悉，就故意一本正经地递上贺笺，同时大声说："贺钱一万！"实际上是一文不名。然后，便大摇大摆地向大堂走去。吕公听说来了贺钱上万的贵客，又惊又喜，急忙将刘邦迎进大堂。他端详刘邦仪表不凡，心里越发敬重。萧何悄悄地对吕公说：刘邦是一个爱说大话、不办实事的人，请他不要上当。刘邦泰然自若地坐在首席上，谈笑风生，频频饮酒，旁若无人。

过了一会儿，客人大半离去。吕公以目示意刘邦留下。刘邦会意，坚持到终席。待其他客人都走了以后，吕公对刘邦说："臣少好相人，相人多矣，无如季相，愿季自爱。臣有息女，愿为季箕帚妾。"正过而立之年尚未娶妻的刘邦欣然应诺，这桩婚事就算定下来了。事后，吕公的妻子生气地对丈夫说："公始常欲奇此女，与贵人。沛令善公，求之不与，何自妄许与刘季？"吕公说："此非儿女子所知也。"（《史记·高祖本纪》）不顾老伴的反对，毅然将女儿嫁给了刘邦。不管这一情节是否属实，但吕公嫁女的确显示了他的知人之明。吕雉与刘邦的结褵在当时看很难说是一桩美满的婚姻，但这个结合却改变了吕雉的命运，使她由一个普通的乡村女子变成日后叱咤风云的当国皇太后，并在中国历史上打下了自己的印记。

吕雉与刘邦结婚后，刘邦继续做他的亭长，终日在外游荡，很少从事生产。吕雉则住在刘邦的家乡丰邑（今江苏丰县）耕田种地，侍奉老人，养育子女，操持家务，表现出了吃苦耐劳、精于生计、办事干练的品格。秦始皇三十七年（前210），由于秦王朝的残暴统治大大激化的阶级矛盾使不少被压迫的人民走上了反抗的道路。本来忠于秦王朝的刘邦也与之分道扬镳，他放走刑徒，隐于芒砀山泽之间，拉起一支数百人的造反队伍。这时，吕雉全力支持他的活动，为他筹办衣食之物，传递消息。秦二世元年（前209），刘邦响应陈胜举行丰沛起义，吕氏宗族几乎全部参加了起义队伍，跟随刘邦南征北战。其中吕雉之兄吕泽和吕释之，都是带兵的将领，在反秦战争和楚汉战争中建立了不少功劳，西汉建国后都得到了封侯的赏赐。刘邦起事反秦后，大概因为居无定处和时时处在危险之中吧，吕雉一直没有随军，而是与老人、子女一起住在丰邑老家。秦朝灭亡后，楚汉战争揭幕。刘邦为了父亲和妻子儿女的安全，特派吕释之率一支人马回丰邑护卫。汉二年（前205）四月，刘邦从彭城败退时，曾打算奔回老家将老父和妻子儿女带走。可是，这时项羽已先于刘邦派人去丰邑，准备劫持刘邦家属以为人质。刘邦父亲和吕雉听到消息后，举家逃遁，生死不明。刘邦一行驰至故乡，发现老父和妻子已逃，立即策马转东南方向狂奔。途中虽然遇到儿子和女儿，把他们携回军中，但在审食其保护下出逃的刘邦老父与吕雉却由于迷失方向，与楚军遭遇而被俘。项羽把他们三人扣留于楚军。此后两年多时间内，吕雉等一直作为人质在楚军中过着囚徒般的日子。直到汉四年九月，楚汉签订以鸿沟中分天下的停战协定以后，吕雉才与太公一起回到刘邦身边。此后，在楚汉战争和建国以后的七八年中，吕后与萧何一起坐镇后方，安抚百姓，筹措军资，有力地支持了对楚军和异姓诸侯王的斗争。

在刘邦至邯郸率军平定陈豨叛乱的时候，汉十一年春，吕后与萧何一起，用计擒斩了与陈豨内外勾结、阴谋在首都发动叛乱的淮阴侯韩信。同年夏，吕后从长安去洛阳，路经郑（今陕西华县）时，正碰上被刘邦贬为庶人的梁王彭越，他是去流放地青衣（今四川临邛西南）路过这里的。他痛哭流涕地向吕后陈诉冤情，希望打动她的恻隐之心，允许自己回昌邑（今山东巨野东南）老家做一个平民百姓。吕后佯为许诺，将彭越带回洛阳。见到刘邦后，吕后对他说："彭王壮士，今徙之蜀，此自遗患，不如遂诛之。"（《史记·彭越列传》）刘邦于是将彭越交吕后全权处理。三月，吕后命彭越舍人出来诬告他再次谋反，廷尉王恬开就依照吕后的指令把彭越定成谋反大罪，将其处死，并夷灭其宗族。吕后的这些活动说明，她在刘邦生前就表现了卓越的政治眼光、杰出而干练的才能和刚毅的性格。当然，她对于政敌的残酷无情、心狠手毒，也使满朝文武震惊和恐惧。

刘邦晚年时，汉朝廷发生了危及吕后地位的废立太子的风波。刘邦做汉王后，于汉二年六月立吕后所生儿子刘盈为太子。但是，刘邦晚年非常宠爱戚夫人，爱屋及乌，因而对她所生的儿子刘如意特别宠爱，经常把他带在身边。由于刘邦一生南征北战，经常随行的是戚夫人，她利用自己受宠和经常接近刘邦的机会，"日夜啼泣"，在枕边反复央告刘邦改立自己的儿子为太子。与之相反，此时的吕后年老色衰，又经常留守长安，因而与刘邦的关系日渐疏远，影响力越来越小。

汉十年，刘邦终于向其亲近的臣僚提出了废立太子的问题。不料，却当即遭到一些大臣的极力反对，特别是周昌、叔孙通等态度尤为激烈。吕后为了保住刘盈的太子地位积极在大臣中活动，有人向她建议找足智多谋的张良想办法，吕后便命其兄吕泽找张良请教。张良要吕泽以太子刘盈的名义，携带大量金玉璧帛，"卑辞安车"，去请刘邦尊重但却请不到的"商山四皓"东园公、绮里季、夏黄公、甪里先生。这四个人在当时社会上颇有名气，刘邦早想把他们网罗到自己身边做官。但由于他时常对臣子傲慢无礼，这四人坚持拒绝征召。刘邦对此深以为憾。张良示意吕泽，只要此四人投到太子门下，"时时从入朝，令上见之，则必异而问之。问之，上知此四人贤，则一助也"（《史记·留侯世家》）。吕后接受张良的建议，让吕泽安排专人奉太子书信，"卑辞厚礼"，将商山四皓迎至吕泽家中。

汉十一年，淮南王英布反叛的消息传到长安，病中的刘邦打算让太子刘盈统兵平叛。商山四皓认为刘盈如真的率兵讨伐英布，无论胜负都对他不利。他们建议吕后以结发夫妻的关系到刘邦那里哭诉，说明英布乃天下猛将，善于用兵，太子出征难以成功。唯一的办法是刘邦亲自出征，"强载辎车，卧而护之"（《史记·留侯世家》），以刘邦的威望，诸将一定奋力作战，征伐英布，必操胜券。吕后依计而行，刘邦真的为吕后的钟情和泪水所感动，决定带病出征。刘邦率军离开长安的时候，张良又从他那里为太子讨得坐镇后方、监护关中诸军的权柄。张良为少傅，叔孙通为太傅，共同辅佐太子。

汉十二年（前195），刘邦因征英布为流矢所中，预感到将不久于人世，决心实施废立计划。由于张良、叔孙通、周昌等人的据理力争，也由于商山四皓的影响，刘邦最后终于打消了废立太子的念头。刘盈的太子地位保住了，吕后的皇后地位也保住了。对于吕后来说，这是她一生最险恶的一幕。但由于客观条件对她有利，再加上她采取的措施比较得体和有力，终于化险为夷，安然渡过难关。

总起来看，在刘邦逝世前的十多年间，吕后追随他，为汉王朝的建立和巩固做出了自己的贡献。因此，叔孙通说她与刘邦是"攻苦食啖"的患难夫妻。司马迁说她"为人刚毅，佐高祖定天下"（《史记·吕太后本纪》）。皆非阿谀之词。

女主临朝，承前启后

汉十二年四月，刘邦刚刚死去，吕后立即密谋诛杀一批元老重臣。她对其亲信审食其说："诸将与帝为编户民，今北面为臣，此常怏怏。今乃事少主，非尽族是，天下不安。"（《史记·高祖本纪》）这番话传到郦商将军那里。他知道，如果吕后的密谋付诸实施，局势就会不可收拾。因而他立即找到审食其，十分严肃地告诫他说，如果吕后真的要诛杀元勋大臣，必然引起诸侯王与元勋大臣的联合反击，"大臣内叛，诸侯外反"，汉王朝就有可能遭到灭亡的命运。审食其认为郦商的话很有道理，赶快与吕后商量，终止了以前的谋划。不管吕后出于何种考虑，她停止对元勋大臣诛杀的谋划应该是一种明智之举。否则，此后的历史或许是另外一种情况。

吕后虽然在政府部门没有采取大力排除异己的措施，但在宫廷内部却充分施展了自己的淫威。首先是急不可耐地向改易太子风波中几乎使她失败的戚夫人母子伸出了毒手。汉十二年五月，刘邦的葬礼甫毕，吕后就利用皇太后的权力，对戚夫人及其儿子刘如意进行惨绝人寰的报复。她先将戚夫人囚于永巷，"髡钳，衣赭衣，令春"。戚夫人春且歌曰："子为王，母为虏，终日春薄暮，常与死为伍！相离三千里，当谁使告女？"吕后闻之大怒："乃欲倚汝子邪？"（《汉书·外戚传》）于是先后四次遣使，将赵王刘如意从邯郸召回长安。惠帝知道吕后要加害于他，常与赵王共饮食起居，使吕后无法下手。惠帝元年（前194）十二月，吕后乘惠帝晨出习射，刘如意独自留在宫中的机会，派人将这个孩子鸩杀。然后，又"断戚夫人手足，去眼，辉耳，饮暗药，使居厕中，命曰'人彘'"。过了几天，吕后得意地让同情戚夫人母子的惠帝前往观赏。当惠帝知道眼前这位失去人形的"人彘"就是昔日美貌动人的戚夫人时，痛哭流涕，悲痛欲绝。他让人告诉吕后："此非人所为，臣为太后子，终不

能治天下。"(《史记·吕太后本纪》)

此后，惠帝即"日饮为淫乐，不听政"，进行自戕。吕后不仅害死了戚夫人和刘如意，在一定程度上可以说她也是加害惠帝的凶手。自此以后，卑劣的贪欲和权势欲使吕后犹如一头凶狠残忍的狮子，决心吞噬掉横在她权力之路上的一切障碍。

惠帝二年十月，齐王刘肥来长安朝见太后和皇帝。吕后图谋以鸩酒将他毒死。此谋虽未得逞，但吓得刘肥赶快献出城阳（今山东莒县）作为鲁元公主的汤沐邑以求免祸。惠帝七年八月，惠帝病逝。这时，年逾花甲的吕后呼天抢地，但干号而无眼泪。张良的儿子张辟强时年十五，任侍中，他看透了吕后的心思，对丞相陈平说："太后独有孝惠，今崩，哭不悲，君知其解乎？"陈平问："何解？"张辟强解释说，惠帝死得太早，没有留下成年的儿子继承大统，太后对元勋大臣有疑惧情绪。因此建议陈平推荐吕后的侄儿吕台、吕产和吕禄为将，"将兵居南北军，及诸吕皆入宫，居中用事，如此则太后心安，君等幸得脱祸矣。"(《史记·吕太后本纪》)陈平依其计而行，果然得到吕后的欢心。"其哭乃哀，吕氏权由此起"。九月，吕后将惠帝后宫美人子立为皇帝，"号令一出太后"(《史记·吕太后本纪》)。

尽管吕后在其当政时采取了一系列的措施巩固自己的地位和权力，但在其执掌国柄的十五年中，基本上执行了刘邦生前所制定的路线和政策，使西汉王朝在稳定中继续前进，社会经济也维持了继续向上发展的趋势。从人事安排上看，吕后对朝中主要官员的任用，基本上遵循了刘邦的遗嘱。惠帝二年相国萧何死后，曹参继任相国，进一步在全国范围内推行黄老政治，使汉王朝的政局更加稳定。惠帝五年曹参病逝后，陈平与王陵在第二年分任左右丞相，周勃为太尉。这一批刘邦时代的功臣宿将相继执政，而吕后对他们又能信任重用，这就提供了保持汉王朝政局稳定和政策连续性的最重要的条件。这一时期，刘邦制定和推行的一整套轻徭、薄赋、节俭、省刑的政策，不仅得到贯彻执行，而且某些方面还有所创新和发展。

例如惠帝三年春天，"发长安六百里内男女十四万六千人城长安，三十日罢"。惠帝五年春正月，"复发长安六百里内男女十四万五千人城长安，三十日而罢"（《汉书·惠帝纪》）。这些徭役的征发都是严格按照当时的政策规定执行的，征发的人数和服役的期限都没有超出政策的规定范围。

高后五年（前183），汉政府又初"令戍卒岁更"（《史记·汉兴以来将相名臣年表》），使汉代的兵役从继承秦制的不计时限改变为正常的一年一轮换的制度，这对需要休养生息的劳动人民是有利的，因为起码可以使他们的生产时间得到基本保证。与此同时，汉政府还采取了一些奖励发展生产的措施，如惠帝四年，诏令各郡国"举民孝弟力田者，复其身"（《汉书·惠帝纪》）。其中虽将孝悌等伦理信条放在第一位，但其实际意义还在于免除徭役。"复其身"对自耕农的生产积极性显然是一种很大的鼓励。同年三月，又诏令"省法令妨吏民者，除挟书律"（《汉书·惠帝纪》）。高后六年"除三族罪，妖言令"（《汉书·高后纪》）。前一诏令的头一句话比较笼统，具体内容难于考究。但其中必然省掉《汉律》中所承袭《秦律》的一些严酷律条。前一诏令的第二句话和后一诏令比较具体，它说明在刘邦时代，刑律中还是承袭了秦朝思想文化专制的某些内容。"挟书律"、"妖言令"的被废除，表明统治者对文化思想控制的松弛，这对汉初诸子思想的一度活跃，显然起了促进的作用。

在国内民族关系上，吕后也大体上继承了刘邦时期的政策。惠帝三年春天，以宗室女为公主，嫁于匈奴的冒顿单于，目的是继续以"和亲"换取汉王朝最需要的和平。但是，因为此时的匈奴正处在它的极盛时期，冒顿单于骄横无理，在刘邦逝世以后，他派遣使者，致书吕后，对她大加污辱。书中说：

> 孤偾之君，生于沮泽之中，长于平野牛马之域，数至边境，愿游中国。陛下独立，孤偾独居。两主不乐，无以自虞，愿以所有，易其所无。（《汉书·匈奴传》）

按照匈奴"兄弟死，皆取其妻妻之"的习惯，汉与匈奴曾约为兄弟，冒顿单于这一要求似乎是顺理成章，但是，把本民族的风俗习惯强加于素守礼仪之邦的汉朝，则是一种带污辱性的蛮横无理的挑衅。吕后展读来书，顿时大怒。她立即召陈平、樊哙、季布等将相商量对策。出于一时义愤的樊哙慷慨激昂地说："臣愿得十万众，横行匈奴中。"城府很深的陈平显然不同意遽开边衅，但并不急于表态。而季布则分析了汉匈双方的条件，认为当时与匈奴开战不利，竭力劝说吕后隐忍不发，继续维持"和亲"局面，他说："哙可斩也！前陈豨反于代，汉兵三十二万，哙为上将军，时匈奴围高帝于平城，哙不能解围。天下歌之曰：'平城之下亦诚苦！七日不食，不能彀弩。'今歌吟之声未绝，伤痍者甫起，而哙欲摇动天下，妄言以十万横行，是面谩也。且夷狄譬如禽兽，得其善言不足喜，恶言不足怒也。"（《汉书·匈奴传》）季布的意见终于使吕后的头脑冷静下来。她清楚地知道，以当时汉王朝的军事力量，如与匈奴兵戎相见，胜负实难逆料。只有以好言抚慰，不贻匈奴以开战的口实，继续维持两个政权之间的相对和平局面，才是上策。于是吕后命令大谒者张泽起草一纸回书，其中说：

单于不忘弊邑，赐之以书，弊邑恐惧，退日自图，年老气衰，发齿堕落，行步失度，单于过听，不足于自污。弊邑无罪，宜在见赦。窃有御车二乘，马二驷，以奉常驾。(《汉书·匈奴传》)

话说得虽然有点令人气短，但毕竟平息了一场一触即发的大战。单于得书以后，大概也感到自己的做法有点过分，于是很快再派使者来汉朝表示歉意："未尝闻中国礼义，陛下幸而赦之。"(《汉书·匈奴传》)同时献来骏马，接受"和亲"。汉匈关系一时处于基本相安的局面。有些论者认为吕后在汉匈关系的处理上表现了"奴颜婢膝"的投降主义，实在是一种过于简单化的观察。应该说，在汉匈关系上，吕后能审时度势，权衡利弊，宁愿自己受辱也不愿衅自我开，这种处理办法正反映了她不凡的眼光和气度。吕后把汉王朝的江山社稷看得比自己的面子更重要，正说明她是以大局为重的。不过，吕后在对匈关系上坚持衅不我开的原则，并不意味着在一切问题上都要对匈奴妥协退让。相反，她一直注意在力所能及的范围内加强边防，同时命令汉军严阵以待，对匈奴的侵扰相机抵抗。高后五年九月，吕后就命令"河东、上党骑屯北地"(《汉书·高后纪》)，悄悄地在军事上加强了对匈奴的防卫力量。

此时的汉王朝，在对匈奴战略上采取守势的同时，还竭力搞好同东南方越族的关系。在这以前，汉五年，刘邦封越族首领无诸为闽越王，以闽中郡（辖今浙江南部、福建北部的部分地区）为封地。惠帝三年五月，吕后又立闽越的另一个首领摇为东海王，以东瓯（今浙江温州）为封地。由此进一步稳定了对东南沿海地区的统治。不过，吕后在处理与南越的关系上却发生了重大失误。本来，在刘邦统治时期，由于陆贾的出使，更主要因为汉王朝的声威，南越王赵佗接受了刘邦的封号，称臣内附。汉中央政府与南越政权已经建立了较为融洽的关系，经济文化的联系大大加强。高后五年，吕后误听有些人的不负责任的建议，下令断绝与南越的贸易往来，严禁中原地区的铁器输往南越。由于当时南越的绝大部分铁器依靠中原输入，吕后此举引起了赵佗的极大反感。他说："高皇帝立我，通使物，今高后听谗臣，别异蛮夷，隔绝器物，此必长沙王计，欲倚中国，击灭南海并王之，自为功也。"（《汉书·西南夷两粤朝鲜传》）由此推测出发，赵佗宣布脱离汉朝独立，自称南越武帝，并发兵进攻长沙国，侵占数县。高后七年，吕后遣将军隆虑侯周灶率兵迎击南越的进攻。由于天气酷热，士卒多染疾疫，汉军的攻势始终没有越过南岭，两军在前线形成对峙局面。第二年，吕后病逝，汉军后撤。赵佗乘汉军无暇南顾的机会，一面以武力相威胁，一面用财物行贿赂，使闽越、西瓯骆（今福建一带）归附于它，建立起东西万余里的独立政权，对汉王朝的南方边境造成很大威胁。直到汉文帝即位以后，于文帝前元元年（前179）再次派陆贾出使南越，晓之以理，动之以威，恢复贸易往来，才使赵佗取消帝号，重新内属。显然，吕后对南越采取的措施是错误的，它使双方受损，徒增纷扰，给当时安定的政治形势罩上了一层暗淡的阴影。不过，因为与南越武装冲突的规模不大，时间不长，还不足以影响汉朝安定的局面。

总起来看，吕后当国的十五年中，汉王朝基本上保持了经济文化向上发展的趋势，成为从刘邦到文景时期必不可少的过渡环节。作为汉王朝的主要当权者，吕后的功绩还是应该肯定的。当然，我们并不主张把这一时期汉王朝稳定发展的全部功劳都归到她一人的名下。历史条件的制约，刘邦、萧何既定政策的深入人心，曹参、陈平、周勃、王陵等元勋大臣的柱石作用，都是不可忽视的重要因素。但吕后的作用毕竟是第一位的。尽管司马迁和班固对吕后的所作所为并不完全持肯定态度，但对吕后统治时期的政局国势，还是发出了大致相同的赞叹："孝惠皇帝、高后之时，黎民得离战国之苦，君臣俱欲休息乎无为，故惠帝垂拱，高后女主称制，政不出房户，天下晏然。刑罚罕用，罪人是希。民多稼穑，衣食滋殖。"（《史记·吕太后本纪》）这种评价是比较中肯的。

吕氏外戚集团的形成

吕后一生最大的失误，是她在当国时期培植起一个吕氏外戚集团，因而加剧了统治阶级的内部矛盾。所以在她死后，马上就酿成了刘氏皇族集团与吕氏外戚集团的流血斗争。

吕后在惠帝亲政时期，虽然对戚夫人和赵王如意加以残害，但拼凑吕氏外戚集团的意图尚不十分明显。吕氏宗族中有人已得到封侯的赏赐，却并未把持朝中大权。吕后本人的权威虽然在后宫表现得人莫予毒，但在国家政务问题上，尚能放手让元勋大臣们去处理。惠帝死后，情况急转直下，一个以吕后为首的外戚集团，以封王诸吕为契机，很快地组织起来。吕后是聪明的，她知道南北军的举足轻重的地位，因而通过张辟强对陈平等人的游说，就使吕产、吕禄轻而易举地取得了这两支近卫军的统帅权，同时又把吕氏族人一一安排到宫中的重要岗位上，使这里变成了名副其实的吕家天下。吕后称制后，开始学习刘邦的办法，希望通过封诸吕为王来进一步巩固自己的地位与权力。陈平和周勃猜透了吕后的心思，在她提出封王诸吕的时候，故意顺着她的意思，说是既然刘邦称帝可以分封子弟，现在太后称制，也就等于做了皇帝，当然也可以封王诸吕。吕后认为既然陈、周等元勋大臣都赞成和支持封王诸吕，便放心大胆地干了起来。高后七年十一月，吕后下令免去当面反对封王诸吕的王陵的右丞相职务，改任他为太傅，把王陵气得以生病为名愤然辞职。周勃保住了太尉的职位，陈平则升任为右丞相。在这场封王诸吕的斗争中，质直敢谏但缺乏斗争策略的王陵失去他重要的职位，而善于察言观色，擅长运用灵活斗争策略的陈平、周勃则仍然留在关键岗位上，成为暗中维护刘氏集团利益的中流砥柱。尽管吕后当时没有觉察到陈、周二人对她的威胁，但还是对朝廷进行了局部改组，在晋升陈平为右丞相的同时，她任命审食其为左丞相。这位审食其是吕后的亲信，他参加丰沛起义之后，就做了刘邦的舍人，长期以来一直在吕后和太子身边服务。汉二年十月，吕后与太公被楚军俘虏，他也随侍左右。汉四年归汉以后，他还是跟随吕后左右。《史记》和《汉书》都暗示他与吕后有暧昧关系。其实，审食其与其他健在的元勋旧臣相比，功劳犹如小巫见大巫。但由于他是吕后的头号亲信，因而在吕后称制伊始，便被不次拔擢，成为汉政府的第二号首脑。不过，这位当朝丞相却并不到丞相府去办公，他受吕后之命监宫中诸事，实际上执行着郎中令的职务。尽管如此，审食其却因"得幸太后，常用事，公卿皆因而决事"，一时权倾朝野。陈平睁一眼，闭一眼，故意退让不予计较。其时御史大夫赵尧，就因为当年为保护赵王刘如意免遭吕后迫害出过一些主意，而受到罢官治罪的惩罚。上党郡守任敖，因为对吕后有恩义，则被晋升御史大夫。这样一来，吕后的触须就伸向政府，使宫、府一体，成了贯彻她意志的工具。接着，吕后又下诏追尊其父临泗侯吕公为吕宣王，兄周吕侯为悼武王。吕后这样做无非是向天下臣民示意，死去的既然已经追封，活着的还不应该尽快实授么！

吕后为了使封王诸吕的事情顺利进行，在封王诸吕的前后，也相继分封一些经过仔细挑选的刘氏宗室贵族为王侯。高后元年四月，吕后的女儿鲁元公主死去，吕后下诏赐鲁元公主号鲁元太后，封其子张偃为鲁王。这是吕后当国后实封的第一个异姓诸侯王。与此同时，她又宣布封吕释之的儿子吕种为沛侯，封姐姐的儿子吕平为扶柳侯，又立惠帝后宫所生子刘强为淮阳王、刘不疑为常山王、刘山为襄城侯、刘朝为轵侯、刘武为壶关侯。封齐悼惠王刘肥的儿子刘章为朱虚侯，同时将吕禄的女儿配他为妻，让他入宫宿卫，作为对刘氏贵族的拉拢。以上封赏，都是封王诸吕的预备性工作。这时吕后在封王诸吕的问题上依然表现得小心翼翼，竭力避免此事先由自己提出。经她示意，由大臣请求后，吕后才下诏封吕台（吕泽之子）为吕王，从齐国割济南一郡作为吕王的封地。因建成侯吕释之已死，其嗣子又因罪被废，于是，封其弟吕禄为胡陵侯，以续吕释之之后。第二年，吕台与常山王刘不疑相继死去，吕后于是封襄成侯刘山为常山王，更其名为刘义，封吕台之子吕嘉为吕王。高后四年四月，又封自己的妹妹、樊哙夫人吕媭为临光侯。封昆弟子吕他为俞侯、吕更始为赘其侯、吕忿为吕成侯。吕媭为侯，这是吕后封女人为侯爵之始，也是唯一的一次封女子为侯。

这时候，被吕后立为皇帝的那一位连名字也没有留下来的少年天子，因为知道自己的帝位是以生母的惨遭杀戮为代价换取的，悲愤之中发狠说："后安能杀吾母而名我？我未壮，壮即为变！"（《史记·吕太后本纪》）不料这位少不更事的小皇帝，就因为这几句话送掉了自己年轻的生命。吕后立即把他囚于永巷，对外宣布小皇帝生病，不准周围的侍臣接近他。接着，吕后召集公卿大臣，示意将他废掉，在得到大臣们的认可以后，即刻将其幽杀。同时把常山王刘义改名弘，扶上帝位。又以轵侯刘朝为常山王。高后五年八月，淮阳王刘强死去，吕后复以壶关侯刘武为淮阳王。第二年十月，吕后以吕王嘉"居处骄恣"废掉了他的王位，同时封死去的肃王吕台之弟吕产为吕王。为了拉拢刘氏贵族，又封朱虚侯刘章之弟刘兴居为东牟侯，给予入宫宿卫的特殊待遇。高后七年正月，赵王刘友因不爱吕后匹配给自己的妻子吕氏女，被其妻告发。吕后盛怒之下，将刘友召来长安，囚于邸舍活活饿死。二月，改封梁王刘恢为赵王；改封吕产为梁王，为帝太傅，留在京师襄理政事。立皇子平昌侯刘太为济川王。刘恢被徙至赵地以后，吕后又以吕氏女为其王后，王国官吏大部分被吕氏宗族把持，赵王的活动也受到严密监视。连他喜爱的姬妾亦被吕氏王后一一鸩杀。刘恢在诸吕包围中，形同囚犯，于六月愤而自杀。这时候，营陵侯刘泽为大将军，他是刘邦的从祖昆弟，又是吕媭的女婿，与吕氏一家关系比较密切。齐人田生为刘泽的门下客，看准了可以从吕后那里为刘泽请得封赏，就对大谒者张卿说："吕产王也，诸大臣未服。今营陵侯泽，诸刘长，为大将军，独此尚觖望。今卿言太后，裂十余县王之，彼得王喜，于诸吕王益固矣。"（《汉书·荆燕吴传》）张卿认为田生讲的很有道理，就向吕后进言。

吕后也认为这是羁縻诸刘的一个机会，况且吕氏与刘泽又是至亲，就痛快地以齐国琅琊郡为封地，封刘泽做了琅琊王。稍后，吕后又封吕禄为赵王，追尊吕禄之父、建成侯吕释之为赵昭王。九月，燕王刘建死。不过一月，高后八年十月，吕后又封吕台子东平侯吕通为燕王，其弟吕庄为东平侯。四月，吕后为了使"年少孤弱"的外孙鲁王张偃得到有力的辅佐，又封张敖的姬妾所生子张侈为新都侯、张寿为乐昌侯。而对封王诸吕积极建议奔走的大谒者张卿，也被吕后加封为建陵侯，作为对他的酬赏。

从惠帝七年（前188）惠帝死去，到高后八年（前180）吕后病逝，八年之中，吕后在其宗族至亲中先后封了张偃、吕台、吕嘉、吕产、吕通、吕禄六人为王，吕种、吕平、吕䴙、吕他、吕更始、吕忿、吕庄等十余人为侯，再加上其他异姓的亲信封侯者二十人左右，共封三十余人。这些王、侯之中，除个别刘氏宗族心向刘氏集团之外，其余绝大部分都是吕后的私党。以这些人为核心，再加上朝内外一部分攀龙附凤的文武官员，组成了吕氏外戚集团，在一段时期内掌握了汉王朝的绝大部分权力，成为当时政治的重心。

吕氏的覆灭

吕后的封王诸吕，虽然与刘邦的"白马之盟"（关于"白马之盟"学术界有不同意见，我们认为与其信其无，宁肯信其有。）相悖谬，但作为一个事实上掌握了国家最高权力的帝王，吕后可以拥有与刘邦同等的权力。正像刘邦可以封王诸刘一样，她封王诸吕似乎也无可厚非，不过，吕后此举却加剧了吕氏集团与刘氏集团的矛盾，终于酿成了一场流血的政变，这是吕后始料不及的。吕后封王诸吕和使吕氏集团占据汉王朝权力的要津，势必排斥刘氏贵族及其他功臣宿将的仕途，这自然会引起他们的不满与反抗。况且，在吕氏集团之中，除了吕泽和吕释之之外，其他人既没有什么战功，亦没有多少才干，他们的被封与升迁，完全靠着裙带关系，而王陵、赵尧之类的功臣反而遭到排斥和打击，这更容易引起人们的愤激之情。吕后对吕氏宗族的偏爱实际上给他们留下灭族的大祸。从这一方面看，吕后此举实在是一种失策。因为就两个集团的力量对比而言，吕氏集团较之刘氏集团实在不能同日而语。当然，在吕后健在的时候，凭着她的威望、智谋和权力，自然成了诸吕的靠山，谁也无可奈何。但是，这个靠山却不能构成永久的防线，一旦吕后死去，吕氏宗族马上就会陷于灭顶之灾。汉王朝是刘邦及其文臣武将经过艰苦奋斗缔造的。刘邦死后，留下了一个强大的以刘姓诸侯王和功臣宿将为核心的统治集团。由于切身利害所关，他们对于任何危及刘氏皇统的行为决不会袖手旁观。陈平、周勃等人用虚与委蛇的办法骗过了吕后的眼睛，使自己得以留在关键的岗位上，为日后诛杀诸吕创造了条件。这期间，吕后拉拢刘氏贵族的做法也没有成功。刘泽被封为琅琊王，刘章和刘兴居等人获得侯爵又入宫宿卫，同时还被配以吕氏宗女为妻。所有这些厚爱，除了给他们涂上一层保护色之外，并没有征服他们的心。例如，有一次，刘章入侍吕后宴饮，吕后令其为酒吏。刘章请求说："臣，将种也，请得以军法行酒。"得到吕后同意后，又"请为太后言耕田歌"。吕后一向把他当作小孩子看待，就取笑他说："顾而父知田耳。若生而为王子，安知田乎？"刘章则一本正经地回答："臣知之。"接着就唱道："深耕穊种，立苗欲疏，非其种者，锄而去之。"吕后已听出来他的话中有话，一时沉默不语。不一会，诸吕中有一人醉，逃酒，刘章遂即拔剑追斩之。还报说："有亡酒一人，臣谨行法斩之。"吕后左右皆大惊，但因已许其军法从事，对他也无可奈何。史称"自是之后，诸吕惮朱虚侯，虽大臣皆依朱虚侯，刘氏为益强"（《史记·齐悼惠王世家》）。这说明刘章等人并没有接受吕后的拉拢。他们的占据要津，同样为诛杀诸吕创造了条件。而且，还应该看到，就总的力量对比而言，刘氏集团远比吕氏集团强大。不仅从中央到地方的绝大部分刘氏诸侯王和各级官吏都拥护刘氏集团，就是因传统形成的人们的习惯心理，也对刘氏集团有利，既然天下是一个名叫刘邦的人从马上奋斗来的，任何外姓人的染指似乎都是当时人们从心理上所无法接受的。在这种形势下，刘、吕两个集团的斗争结果也就容易判定了。

事实上，在吕后极力加强吕氏集团力量的时候，刘氏集团也没有消极地等待宰割。他们或者如王陵公开站出来"面折廷争"，对封王诸吕表示强烈的义愤和反对；或者如陈平、周勃表面上顺从吕后的意旨，以保住自己的地位和权力，以便潜伏下来，待机而动；或者如刘泽、刘章、刘兴居之类，"身在曹营心在汉"，时刻监视着诸吕的行动，他们积聚力量，窥伺机会，准备在时机成熟时对吕氏集团发动致命的一击。在吕后进入暮年，而诸吕的权势也达到顶点的时候，陈平与周勃通过陆贾往来密切，达成默契。刘氏诸侯王也操练士马，虎视眈眈。刘氏集团与吕氏集团的斗争正一步步接近爆发的临界点。

高后八年七月，年近七旬的吕后病势沉重。她预感到自己将不久于人世，也清楚地知道刘氏集团决不甘心于屈居吕氏集团的淫威之下，她死之后，两大集团必将有一场你死我活的斗争，因而精心地做了应变的准备。她任命赵王吕禄为上将军，统帅北军；吕产统帅南军，控制了首都和宫廷的卫戍部队。她谆谆告诫吕禄和吕产说："今吕氏王，大臣弗平。我即崩，帝年少，大臣恐为变，必据兵卫宫，慎毋送丧，毋为人所制"。（《史记·吕太后本纪》）不久，吕后死去。大概是为了缓和矛盾，临死前她还"遗诏赐诸侯王各千金，将相列侯郎吏皆以秩赐金。大赦天下"（《史记·吕太后本纪》）。而且没有忘记以吕产为相国，以吕禄女为帝后，为巩固吕氏集团的权力做了最后的努力。

但是不管怎样，吕后之死还是为刘氏集团向吕氏集团发动进攻提供了一个良好的契机。刘氏集团加快了准备政变的步伐。吕禄、吕产也感到气氛不对，就打算先发制人，利用手中掌握的南北军向刘氏贵族发难。

这一密谋为在宫廷担任宿卫的刘章侦知，立即派人密告其兄齐王刘襄，要他发兵西向，自己与太尉周勃、丞相陈平为内应，共同诛杀诸吕，立齐王为帝。齐王刘襄得悉密报后，即刻起兵，同时又使用诈谋，诱使琅琊王刘泽与之合谋。两诸侯王的联军一面猛烈攻击吕产的封国济南，一面遣使遍告各诸侯王，声讨诸吕之罪，要求共同发兵讨伐吕氏集团。吕产得到齐王发兵的消息以后，马上命令灌婴率大军东向迎敌。灌婴率兵抵荥阳以后，即与诸将谋曰："诸吕权兵关中，欲危刘氏而自立，今我破齐还报，此益吕氏之资也。"（《史记·吕太后本纪》）于是屯兵荥阳，派使者晓喻齐王，使之停止向长安进兵。同时又与其他诸侯王通使联络，组成了反对吕氏集团的统一战线。

此时，吕禄与吕产虽然掌握着南北军，暂时控制着关中的局面，但他们知道刘氏集团有着很大的力量，因而对于是否即刻在首都动手诛杀刘氏集团犹豫不决。他们的如意算盘是待灌婴之军与齐军的战斗展开，人们的注意力普遍集中到那里以后，再伺机于首都举行武装政变，诛除刘氏集团，以巩固吕氏集团的权力。但吕禄、吕产并不了解，就在他们身边，以周勃、陈平、刘章等为首的刘氏集团，正在加紧密谋诛除他们的行动计划。其中的关键是使周勃取得对南北军的指挥权。由于此时郦商之子郦寄与吕禄关系密切，周勃就与陈平密谋劫持郦商，通过他胁迫其子诱骗吕氏交出兵权。这一着果然奏效，郦寄为了老父的安全，只得找到吕禄，诓他说：

高皇帝与吕氏共定天下，刘氏所立九王，吕氏所立三王，皆大臣之议，事已布告诸侯，诸侯皆以为宜。今太后崩，帝少，而足下佩赵王印，不急之国守藩，乃为上将，将兵留此，为大臣诸侯所疑。足下何不归将印，以兵属太尉？请梁王归相国印，与大臣盟而之国，齐兵必罢，大臣得安，足下高枕而王千里，此万世之利也。（《史记·吕太后本纪》）

吕禄以为然，欲归将印，以兵属太尉。但当他将此事与吕产及其他吕氏族人协商的时候，内部出现意见分歧，未能及时做出决断。在军事指挥权随时有可能被人夺去的情况下，吕禄居然还有心思时时外出打猎，依然享乐如故。气得他的姑母吕媭大骂："若为将而弃军，吕氏今无处矣。"乃悉出珠玉宝器散之堂下，曰："毋为他人守也。"（《史记·吕太后本纪》）八月，郎中令贾寿从齐国归来，将各诸侯国与灌婴等密谋联合对付诸吕的消息告诉吕产，建议他迅速入据皇宫，预作应变的准备。

此时，曹参的儿子曹窋正代理御史大夫，了解到吕产与贾寿的谋划，迅即将此情况驰告陈平、周勃，促其赶快发难。

周勃欲入北军，取得北军的统帅权，苦无办法。这时，襄平侯纪通尚符节，乃令持节矫内太尉入北军。周勃复令郦寄与典客刘揭骗吕禄说："帝使太尉守北军，欲足下之国。急归将印，辞去，不然，祸且起。"（《史记·吕太后本纪》）吕禄信以为真，立即将将军印绶交给刘揭，以兵授太尉。吕禄离去后，周勃迅速集合全军将士，大声宣布："为吕氏右袒，为刘氏左袒！"霎时，全军将士一律左袒。由此，周勃掌握了北军的统帅权。但由于此时南军尚掌握在吕氏手中，因而周勃还不敢贸然发动对吕氏集团的进攻。陈平于是令刘章协助周勃，促其迅速发动兵变。周勃一面命令刘章监守军门，一面要曹窋向卫尉传达他的命令："毋入相国产殿门。"这时候，吕产还不知道吕禄已离开北军，打算入据未央宫发动政变。来至未央宫，即被卫兵阻止，不得入内。吕产一边在宫门外徘徊，一边思谋对策。恰在此时，周勃与刘章率兵入宫，正碰上吕产，一场激战，将吕产杀死。接着，分路发兵捕杀诸吕在京师的宗族，"无少长皆斩之"。吕禄、吕通被诛杀，吕嬃被笞杀，张偃的鲁王之位亦被废掉。接着，陈平、周勃又遣刘章以诸吕被诛杀的消息告齐王，令齐军退回其封国。就这样，以周勃、陈平为代表的刘氏集团，几天之内，通过一场宫廷军事政变，便痛快淋漓地扫荡了吕氏集团。当他们举杯庆祝胜利的时候，又思谋对少帝以及淮阳王、常山王、济川王等人的处理。他们明白，少帝及诸王，毕竟为诸吕所立，与诸吕关系密切。一旦他们长大，必然构成对自己的威胁。于是就以其非惠帝子为理由，一一加以诛杀。可怜这几个无辜的少年，都作为两大集团斗争的牺牲品，悲惨地死于利刃之下了。

陈平、周勃等人完成了诛杀诸吕的历史性重任以后，又经过一番策划，从刘邦的下一代中挑选代王刘恒继承了帝位。由此，西汉的历史开始迈向兴盛时期，以"文景之治"而载入史册。

功过是非评说

总起来说，刘、吕两个集团的斗争反映的是统治阶级的内部矛盾。由于这场斗争只是局限在上层统治集团的小范围内，并且历时较短，又未造成大规模的流血冲突，因而并未给整个社会带来混乱，也没有影响汉王朝已经开始的恢复生产和发展经济的历史进程。所以，就汉初政治史而言，刘、吕两个集团的斗争，不过是一段小小的插曲。但是，对于吕后本人来说，则是一件大事，是吕后评价中必须涉及的问题。应该说，封王诸吕、拼凑吕氏集团，虽然是吕后政治生涯中的一个重大失误，但从总体上看并不影响对吕后的肯定评价。因为一个最基本的史实是：在吕后执掌朝政的十五年中，刘邦、萧何等拟定的轻徭、薄赋、节俭、省刑的政策得到了进一步的贯彻执行，汉王朝经济文化向上发展的势头并没有减弱。封王诸吕并没有影响汉初既定政策的实施。因此，不可否认，吕后对历史发展的贡献构成了她一生活动的主要方面。当然，吕后作为一个临朝称制的女主，一方面表现了超人的远见卓识和杰出的政治才能；另一方面也表现了具有鲜明个性特征的剥削阶级的凶险、阴毒和女人为争风吃醋而产生的强烈的嫉妒。对待异姓诸侯王，她那除恶务尽的思想和行动远远超过刘邦，使人想起法家刻薄寡恩的品性；对戚夫人和赵王刘如意的令人发指的虐杀，使人看到发疯般的嫉妒和复仇心理；而对其他刘氏贵族为所欲为的处置和诛杀，又使人想到"家天下"观念下帝王们无以复加的自私和无情。在吕后身上，罩在传统道德上面的那一层温情脉脉的面纱几乎被全部撕去了。

正因为吕后的活动反映了统治者赤裸裸的自私和凶残，而它又是在一个女人的身上表现出来，因而为后来的思想家、政治家和史学家所不容。虽然司马迁和班固尚能对吕后做出比较公正的评价，但后来随着专制主义的加强和传统意识形态的强化，对吕后的评价便越来越低了。这显然是一种传统的偏见。因为其着眼点是传统道德而不是真实历史。

从历史唯物主义观点出发，应该说，第一，吕后的所作所为是可以理解的。在当时的历史条件下，作为一个爬到权力峰巅的妇女，为了维护自己的地位和权力，她似乎也只能这样做。可以设想，如果戚夫人鼓动刘邦改易太子获得成功，她作为临朝称制的女主在刘邦之后执掌大汉王朝的权柄，那么，吕后、刘盈以及吕氏宗族的下场，恐怕也不会美妙。此类斗争在古代屡见不鲜，它构成了统治者内部争夺财产和权力的一项重要内容。在此问题上，当然对吕后不应该唱赞美诗，但亦不必过于苛求。第二，吕后是一个权势欲极强的皇后，但和后来的王莽、武则天还有些不同。不管后人对她的所作所为如何义愤填膺，但有一个基本事实是谁也否认不了的，就是她始终没有废汉自立，而是维持了刘氏的皇统，其临朝称制的身份是皇太后而不是皇帝。看来她对其封王的兄弟子侄也没有进行代汉称帝的教导。在她死后吕氏集团的蠢动，实际上是在刘氏集团咄咄逼人的攻势下诱发出来的。迄今为止，还没有什么史料说明吕氏要代汉称帝。他们不过是想通过一次军事政变巩固自己已经得到的权势，以便在不改变刘氏皇统的前提下继续吕氏集团的专权。第三，在刘邦死后由吕后当国是历史的正确选择。吕后是当时西汉统治集团中能够挑选出来的最好的统治者之一。在刘邦的后辈中，刘肥年龄最大，但非嫡长子，且能力与威望均不足以副人君之任。刘盈之外的其他儿子，皆非刘邦嫡长子而又年龄较小。既然刘邦在世时改易太子的谋划未能成功，刘邦死后他们之中的任何人自然更无当国之望。刘盈是刘邦的法定太子，吕后是刘邦的法定皇后，"仁弱"的刘盈为皇帝既然是顺理成章，吕后的当国也就是天经地义。而在当时的统治集团中，无论就威望、能力和为满朝文武所接受的程度看，实在也无出吕后之右者。由此可以看出，吕后在刘邦之后当国就成为维持汉王朝稳固和安定的最重要的因素，即使如张良、陈平、周勃、王陵等一批坚定的刘氏保皇派，对吕后本人也是竭诚拥护的。因为他们也十分清楚，在当时的历史条件下，汉王朝没有任何人可以取代吕后的地位。吕后的当权既然是历史的正确选择，她也就在特定时期完成了历史赋予的使命，即在稳定中求发展，在贯彻刘邦的既定方针中求创新，以便为汉王朝的进一步发展创造条件。

吕后的许多活动，表面上看似乎是她主观愿望的实践，实际上她的一切活动都受到当时历史条件的制约。这些条件是：秦末农民战争和楚汉战争造成的客观环境，刘邦等一批创业者制定的大政方针，刘邦生前安排在各个重要岗位上的功臣宿将，已经安定下来并且希望继续安定的人民，等等。吕后充分利用这些条件，顺应历史的潮流，小心翼翼地在刘邦确定的轨道上行进，使汉王朝的政治、经济和文化稳步向前发展，从而起到了从刘邦至文、景时期过渡桥梁的作用。因此，吕后是一个对汉初历史发展做出了巨大贡献的值得肯定的历史人物。

良相模范：萧何

萧何（？—前193），秦泗水郡沛县（今属江苏）人。他虽然没有显赫的家世，但据"贫无行，不得推择为吏"的秦朝选官制度推断，他能够在秦朝被推择为县吏，估计不会是赤贫之辈，他很可能出身于中小地主阶层，并且受过一定的教育。萧何以在沛县做文吏开始了自己的政治生涯。由于他办事认真，待人宽厚，具有超出其同事的聪明才智，因而不久就以"文毋害"被晋升为沛县的主吏掾，即县令以下主事的官员。萧何利用职务之便，广泛结交县内的吏民豪杰，在他们之中树立了很高的威信。刘邦是萧何很早就结识的好友之一。还在他未做亭长时，就已经与萧何建立了较深厚的情谊。刘邦不拘小节，率意而行，几次触犯秦朝的法律，全赖萧何从中斡旋和庇护，才得以化险为夷。后来，刘邦做了泗水亭长，因其办事不够严密，常出纰漏，也是由于萧何的保护，才得以渡过困厄，平安无事。有一次，刘邦奉命到咸阳去服役。县中一般小吏都送他三百钱作盘费，独有萧何赠予他五百文。这件小事也说明，刘邦与萧何远在丰沛起义之前已经相知甚深了。当时，秦王朝实行御史监郡制度。监察泗水郡的御史十分欣赏萧何的才干，特将他辟为卒史，即郡丞以下的主要属吏，让他协助自己工作。在当时泗水郡的属吏中，萧何的能力和成绩均居第一。

由于萧何的工作特别出色，御史准备上奏朝廷，推荐萧何到秦王朝中央做官，可能此时的萧何已经预感到秦朝面临的危机，因而婉言谢绝了一般官吏梦寐以求的晋升机会，继续留在沛县做他的小吏。

公元前 209 年（秦二世元年）七月，陈胜、吴广领导的农民起义军首先从大泽乡发出了反秦的怒吼。在此之前，刘邦也聚众数百人隐于芒砀山泽之间待机而起，同时与萧何等保持着秘密联系。大泽乡起义的消息传到沛县以后，萧何与曹参就极力劝说沛令顺应民心，举兵反秦。同时建议他招来刘邦及其徒众，共谋大计。可是，当刘邦和樊哙兴冲冲地率众前来沛城时，县令又反悔了。他不仅下令紧闭城门对刘邦等一行数百人拒不接纳，而且还企图杀害与刘邦有联系的萧何与曹参。在此危急关头，萧何与曹参一起，秘密从城上缒下，逃到刘邦的队伍之中。然后，协助刘邦共同攻下沛城，杀死沛令，领导了丰沛起义。此后，刘邦称沛公，做了这支起义军的首领。萧何被任命为沛丞，负责全面管理这支起义军的行政和后勤事务，跟随刘邦南征北战，成为最有力的辅佐之一。

公元前 206 年（汉元年）十月，刘邦统帅的十万大军攻占关中，秦王子婴在轵道旁束手投降，秦王朝宣告灭亡。起义军浩浩荡荡开进秦首都咸阳以后，将士兵卒纷纷跑到秦朝的府库中掠取金帛财物，全军上下，沉浸在一片欢腾之中。这时候，只有萧何对那些金银财物不屑一顾，而是带着他手下的官吏悄悄地进入秦朝的丞相府，将那里保存的法律文书和各种档案材料全部加以清点接收。这一举动充分显示了萧何较之其他将领的远见卓识。以后，"汉王所以具知天下阨塞，户口多少，强弱之处，民所疾苦者，以何具得秦图书也"（《史记·萧相国世家》）。显然，当其时，将领士卒们看到的是眼前的金银财宝，萧何想到的是全国的山川形势，各地的土地、户口、物产以及百姓的疾苦；将领士卒们追求的是眼前的享受，萧何考虑的却是未来大汉王朝的统一大业和建国规模；将领士卒陶醉于已经取得的巨大胜利，萧何思谋的是即将到来的艰苦斗争和国家机器的运转。为县吏时的行政实践，不仅锻炼了萧何的才能，而且大大开阔了他的眼界。进入咸阳的这一举动，已显露出大汉王朝未来宰相的胸襟、气魄和视野。如果说，在推翻秦王朝的斗争中，萧何已为刘邦立下很大的功劳；那么，应该说，他的接收秦王朝丞相府档案一举，可以抵得上他以前的全部功劳。

当刘邦为首的起义军上下还沉醉在打下咸阳的欢悦中时，公元前 206 年（汉元年）十二月，风云突变，项羽统帅的四十万大军击破刘邦据守函谷关的军队，气势汹汹地打进关中，杀掉秦王子婴，火烧阿房宫，掠取秦宫的宝货妇女。之后，又擅自裂地分封，把他最嫉恨的刘邦封为汉王，驱之山川阻隔的汉中地区的山坳里。面对项羽这种违约食言、以势压人的蛮横行径，刘邦几乎气红了眼，打算立即与项羽拼个你死我活。周勃、樊哙、灌婴等人极力相劝，刘邦犹余怒未息。这时候，萧何严肃地对刘邦说："虽王汉中之恶，不犹愈于死乎？"这一发问，一下击中刘邦的要害，使他在吃惊中清醒过来，忙问萧何："何为乃死也？"萧何十分冷静地分析说：

今众弗如，百战百败，不死何为？《周书》曰："天予不取，反受其咎。"语曰："天汉"，其称甚美。夫能诎于一人之下，而信于万乘之上者，汤武是也。臣愿大王王汉中，养其民以致贤人，收用巴蜀，还定三秦，天下可图也。（《汉书·萧何传》）

萧何对形势的透辟分析，显示了他深邃的战略眼光。显然，在当时楚强汉弱的情况下，如果刘邦图一时之快硬拼一气，只能对项羽有利。项羽凭战胜之余威，驱使归附的诸侯王共同对刘邦作战，后果将是十分严重的。唯一正确的策略是暂时隐忍不发，寻找有利时机再行决战。萧何所提出的"养其民以致贤人"的政治措施，"收用巴蜀，还定三秦"的军事策略，实际上已规定了在即将开始的楚汉战争中汉军的基本政策，预示了楚汉战争的基本进程。在萧何的娓娓劝导下，暴怒中的刘邦最后平静下来，高高兴兴地带着他三万多人的基干队伍和文武臣僚来到汉中。刘邦宣布就汉王之位的同时，也宣布任命萧何为丞相，担任了汉政权的主要行政首脑。

在持续四年之久的楚汉战争中，萧何虽然没有上前线亲自督兵冲锋陷阵，但他坐镇大后方所做的卓有成效的工作，却为刘邦夺取这场战争的最后胜利立下了不可磨灭的功劳。可以这样说，没有刘邦、韩信、彭越、曹参、周勃等在前线指挥士卒英勇鏖战，没有张良等神机妙算般地运筹帷幄，项羽数十万精锐之师是不会自动放下武器，束手就擒的。但是，如果没有萧何在后方精心经营以保证兵源和军需物资的充足供应，庞大的汉军也是寸步难行。

刘邦来到汉中后，即加紧进行"还定三秦"的谋划。而萧何从事的最重要的一项工作就是"留收巴蜀，填抚谕告，使给军食"（《汉书·萧何传》）。他与郦商将军一起带兵到巴蜀进行了接收工作，顺利地将该地纳入了汉王的行政系统，使巴蜀与汉中连成一片，其丰富的人力资源，充足的粮秣，成为刘邦与项羽攻战的巩固而稳定的战略后方。

萧何任丞相后，从战争的需要出发，特别注意为刘邦物色谋略出众、智勇超群的军事人才。在他接触到韩信并与之交谈后，立即断定韩信是一个出类拔萃的帅才，决定伺机向刘邦推荐。可是，还没有等到萧何推荐，韩信就因自己得不到刘邦重用愤而自南郑出走。萧何得到这个消息之后，来不及报告刘邦就骑马上路，昼夜兼程，决心把韩信追回来。由于情况不明，加上当时汉军中出走的人很多，以致有人向刘邦报告说萧何逃走了，使得刘邦既惋惜又愤怒，痛感失去了最有力的辅佐。不几天，萧何与韩信一起返回南郑。刘邦且喜且怒，骂萧何说："若亡，何也？"萧何正色回答："臣不敢亡也，臣追亡者。"刘邦听了，怒气稍息。可是，当他知悉萧何所追的不是别人，而是其貌不扬、在军中没有什么知名度的韩信时，立即又怒气上升，大骂萧何说："诸将亡者已十数，公无所追；追信，诈也。"萧何严肃地回答："诸将易得耳，至如信者，国士无双。王必欲长王汉中，无所事信；必欲争天下，非信无可与计者，顾王策安所决耳。"萧何又进一步告诉刘邦："王计必欲东，能用信，信即留；不能用，信终亡耳。"刘邦沉思了一会儿，说："吾为公以为将。"萧何说："虽为将，信必不留。"刘邦说："以为大将。"于是就要召见韩信拜为大将。萧何又制止他说：

王素慢无礼，今拜大将如呼小儿耳，此乃信所以去也。王必欲拜之，择良日，斋戒，设坛场，具礼，乃可耳。（《史记·淮阴侯列传》）

结果刘邦被萧何说服，决定举行隆重的仪式拜大将。此消息一经传出，"诸将皆喜，人人各自以为大将。至拜大将，乃韩信也，一军皆惊。"（《史记·淮阴侯列传》）看来韩信拜将着实制造了一场轰动效应。通过这一事件，萧何的知人之明，荐贤之切，刘邦的坦诚率直，从谏如流，都表现得淋漓尽致。后来，楚汉战争的历史进程表明，韩信的破格重用对刘邦的胜利起了多么重大的作用。

公元前206年（汉元年）八月，刘邦授命韩信全盘指挥进击关中三秦王的军事行动。这时候萧何以丞相留守汉中，负责全部行政事务与军事后勤工作。他全力经营汉中、巴蜀，以此为根据地，千方百计地征集兵源，筹备粮秣军资，源源不绝地保证了前线的需要，使攻取关中的军事行动顺利成功。第二年三月，刘邦又挥师出关，乘胜东进，开始了在关东地区与楚军的角逐。这时，萧何已将丞相府搬至关中，在临时首都栎阳（今陕西富平东南）安营扎寨，受刘邦之命辅佐太子刘盈，在后方进行了大量的工作。萧何制定了各种规章制度，建立宗庙、社稷、宫室、县邑，稳定了后方的秩序，使社会生产与社会生活都走上了正常的轨道，为刘邦创造了一个可以信赖的后方基地。对于萧何，刘邦也给予了特殊的信任，特别尊重他的意见和对各项工作的安排与调度。诸凡后方的军国大事的处置，萧何事先报告的刘邦一律批准；即使事先来不及报告而于事后补报，刘邦也予以认可。在楚汉战争激烈进行的非常时期，萧何从刘邦那里得到的这种"便宜施行"的权力，使他可以独立自主地创造性地工作，大大提高了工作效能。刘邦有几次几乎全军覆没，全赖萧何在后方的积极筹措，"计户转漕给军，汉王数失军遁去，何常兴关中卒，辄补缺"（《汉书·萧何传》），保证了兵员和军资及时得到补充，使刘邦几次在失败的情况下又重新振作起来。

公元前 204 年（汉三年），刘邦率军与项羽在京、索一线对峙，双方进行着十分残酷的鏖战。萧何兢兢业业，有条不紊地进行工作，保证了前线持续不断的各种需要。为此，刘邦数次遣使者回关中，对劳苦功高的萧何进行慰问。这时候，在萧何身边工作的一个姓鲍的谋士对他说：

王暴衣露盖，数使使劳苦君者，有疑君心也。为君计，莫若遣君子孙昆弟能胜兵者悉诣军所，上必益信君。（《史记·萧相国世家》）

这位鲍生的确是一个聪明人，算是窥透了当时刘邦与萧何之间微妙的君臣关系。实际上，从当时的各种情势判断，刘邦对萧何的功绩慰勉有加，不见得含有不信任的意思。不过，作为人臣，君主愈信任，得到的权柄愈重，愈应该谨慎小心，万勿使自己的言行触犯君主的忌讳，失去信任。纵然刘邦并未对萧何疑心，鲍生的考虑也是周密的。萧何按照他的建议行事，果然取得了刘邦的欢心，进一步巩固了萧何在刘邦心目中的地位。

公元前 202 年（汉五年）十二月，登上皇帝宝座的刘邦与跟随他南征北战的文臣武将都沉浸在胜利的欢乐之中。刘邦为了酬赏他的部下，决定论功行封。但是，由于"群臣争功，岁余不决"，使封赏之事迟迟不能进行。后来，刘邦为了打破这种议而难决的局面，就首先封功劳最大的萧何为酂侯，食邑八千户。不料刘邦对萧何的封赏在将军们之中引起了轩然大波，他们一致认为这一封赏太不公平，于是异口同声地质问刘邦：

臣等身披坚执锐，多者百余战，少者数十合，攻城略地，大小各有差。今萧何未尝有汗马之劳，徒持文墨议论，不战，顾反居臣等上，何也？（《史记·萧相国世家》）

表面上看，这些将领们义正词严的质问不无道理，但只要稍加分析，就可看出他们立论的根据是一种偏见。这些人只看到自己在战场上厮杀的功劳，而且只承认这样一种功劳，看不见或不愿承认萧何坐镇后方卓有成效的工作为战争的胜利做出的巨大贡献。他们讲的这番话固然显示了作为赳赳武夫的坦率性格，但同时也表露出他们政治上的短视和思想方法的极端片面性。刘邦一方面对将领们肆无忌惮地群起争功十分厌恶，一方面更对他们抬高武功、贬低文治非常不满。因为刘邦虽然多数时间身在前线，但也很少亲自上阵拼杀，在武将眼中自然也属"无功"之列。刘邦决定对这些有着赫赫战功的将军们毫不客气地狠狠奚落一番，以便煞煞他们的傲气和威风。刘邦大声问："诸君知猎乎？"将军们回答："知之。"刘邦又问："知猎狗乎？"回答"知之"。至此，刘邦神色严峻起来，以咄咄逼人的口吻教训说：

夫猎，追杀兽兔者狗也，而发踪指示兽处者人也。今诸君徒能得走兽耳，功狗也，至如萧何，发踪指示，功人也。且诸君独以身随我，多者两三人。今萧何举宗数十人皆随我，功不可忘也。（《史记·萧相国世家》）

刘邦的话实在太尖刻，太不留情面，将军们听后，如冷水浇顶，很不是滋味，一个个面面相觑，谁也不敢再讲对萧何不满的话了。但是，这些将军们内心并未完全服气。因为实在说来，刘邦的话虽然讲得痛快淋漓，但并非没有偏颇。萧何与将军们的关系，涉及的是文、武的作用问题。将军强调自己征战的功劳固然片面，可是刘邦的一席话又把文臣的作用强调过了头，显然不利于调动武将的积极性。后来，明太祖朱元璋对此评论说："汉高帝以追逐狡兔比武臣，发踪指示比文臣，譬喻虽切而语则偏重。朕谓建立基业犹构大厦，剪伐斫削必资武臣，藻绘粉饰必资文臣。用文而不用武，是斧斤未施而先加黝垩，用武而不用文，是栋宇已就而不加涂，概二者均失之，为天下者，文武相资，庶无偏陂。"（《明太祖洪武实录》卷二七）在此问题上，朱元璋比刘邦更高一筹。

对萧何的封赏等于树了一个标尺，再加上刘邦一番声色俱厉的谈话，将军们不敢再行集体抗争，于是功臣们依次服服帖帖地接受封赏，有一百多人获得侯爵。可是，在讨论为功臣排定位次时，将军们又一次站出来为曹参说话："平阳侯曹参身被七十创，攻城略地，功最多，宜第一。"（《史记·萧相国世家》）大概刘邦鉴于前不久在论功行赏时曾严厉批驳过将军们的意见，这次排定位次就想给他们留点面子。所以，尽管他心里想把萧何排在第一名，但也不愿由自己的口说出来。这时候，担任谒者的鄂千秋窥到刘邦的内心隐秘，就径直站出来，把刘邦想要说的话说了出来：

群臣议皆误。夫曹参虽有野战略地之功，此特一时之事；夫上与楚相距五岁，常失军亡众，逃身遁者数矣。然萧何常从关中遣军补其处，非上所诏令召，而数万众会上之乏绝者数矣。夫汉与楚相守荥阳数年，军无见粮，萧何转漕关中，给食不乏。陛下虽数亡山东，萧何常全关中以待陛下，此万世之功也。今虽亡曹参等百数，何缺于汉，汉得之不必待以全。奈何欲以一旦之功而加万世之功哉！萧何第一，曹参次之。(《史记·萧相国世家》)

　　不管鄂千秋出于什么目的，也不管他对曹参等将军们的评价如何片面，但他对萧何在楚汉战争中功劳的评价还是正确的。因为与那些攻城野战的将军们相比，萧何在楚汉战争中的贡献是全局性的，而其他将领们的贡献尽管也举足轻重，但大多是局部性的。两者相较，自然是萧何的贡献更大一些。由于鄂千秋的话说到了刘邦的心坎上，刘邦立即发出会心的微笑，表示赞同，同时马上发布命令，把萧何的位次定为第一。为了显示萧何的与众不同，又赐予他"带剑履上殿，入朝不趋"(《史记·萧相国世家》)的殊荣。后来，这一赏赐几乎成为定制，用于赏赐那些权倾朝野的重臣。霍光、王莽、梁冀、曹操等，都从皇帝那里得到过这种赏赐。刘邦对鄂千秋在关键时刻站出来力排众议推尊萧何的胆识十分欣赏，决定给予酬答。他说："吾闻进贤受上赏，萧何功虽高，待鄂君乃益明。"(《史记·萧相国世家》)于是晋封他为安平侯，食邑两千户。同一天，又借机封赏萧何的父子兄弟十余人，皆有食邑。再益封萧何食邑两千户，理由是刘邦在做亭长去咸阳服役时，萧何送他的盘费比别人多了两百文。刘邦以此向人们显示，别人对他的点滴之恩，他都是熟记在心而且一定还报。

　　萧何在西汉建国以后，从刘邦那里得到了除诸侯王以外的最高封赏，担任了汉王朝最高的官职丞相。一人之下，万人之上，作为百官之长，他的实际权力超过了被封于各地的诸侯王。以萧何的功劳、才智，让他担任这一职务是刘邦非常明智的选择。如果说，西汉建国前萧何已经为刘邦建立了不世之功；那么，他担任汉王朝的第一任丞相后，仍然做出了别人无可比拟的贡献。此后一直到死，萧何协助刘邦，继续为汉王朝的巩固和发展而不倦地奋斗。他以著名的《秦律》为蓝本，制定了汉王朝的《九章律》和各种规章制度，使汉王朝的各项事业走上了稳定发展的轨道，使行政机制有序运行。做皇帝后的刘邦尽管仍然在马上奔波，可是由于萧何为首的丞相府的高效有序地运作，汉王朝的一切都在有条不紊地进行。

与此同时，萧何还时刻关注影响汉王朝稳定的不安定因素，并伺机加以排除。公元前196年（汉十一年）九月，陈豨据代郡反叛朝廷，刘邦率军亲征。被废为淮阴侯的韩信乘此时机，勾结陈豨，阴谋里应外合，在长安发动叛乱，夺取政权。留守长安的吕后侦悉内情后，立即找萧何商量对策。萧何明白当时长安空虚，韩信又是一代帅才，只有智擒才能确保万全。于是设计诈称陈豨已被杀死，诱使韩信入宫祝贺，轻而易举地将其擒杀于长乐宫钟室，为汉王朝清除了一大隐患。由于韩信的发迹得力于萧何的推荐，他最后被诛杀也是出于萧何的谋划，所以宋朝人洪迈在其《容斋续笔》中有"成也萧何，败也萧何"的评论。事实上，看起来截然相反的这两件事，萧何都做对了。他急如星火地追回韩信，郑重其事地推荐韩信，是因为看中了他的军事才干，出于战胜项羽、建立一统江山的目的。他所以精心谋划擒杀韩信，是因为此时的韩信已经变成了威胁汉王朝安全的反叛分子。这其中发生变化的是韩信，而两件绝然相反的事件中所展现出来的萧何那颗忠于汉王朝的赤心却始终没有改变。在邯郸前线指挥对陈豨叛军作战的刘邦接到韩信被诛灭的报告以后非常高兴，立即派遣使者返回首都，宣布晋升萧何为相国，益封五千户，又命令一都尉率五百士卒作为萧何的卫士。消息传出，留在首都的大小官员都到丞相府，对萧何获得特殊封赏表示热烈的祝贺。在一片喜气洋洋中，以种瓜为生的故秦东陵侯召平却前来吊唁。他意味深长地对有点迷惑不解的萧何说：

> 祸自此始矣。上暴露于外而君守于中，非被矢石之事而益君封置卫者，以今者淮阴侯新反于中，疑君心矣。夫置卫卫君，非以宠君也。愿君让封勿受，悉以家私财佐军，则上心说。（《史记·萧相国世家》）

召平的一番话可能是出于对敏感的君臣关系的过分忧虑，因为没有迹象表明刘邦对萧何的加封是出于疑忌而故意玩弄的虚伪做作。不过，处在臣下之位的人有如此深思远虑的对策还是可以理解的。沉醉于欢喜中的萧何省悟过来，觉得召平的话很有道理，就依其言而行，果然得到了刘邦的欢心。

公元前196年（汉十一年）七月，淮南王英布谋反。刘邦最后一次御驾亲征。萧何一如既往留镇京师。刘邦离京以后，数次遣使回京探听萧何的动向，得到的回答是："相国为上在军，乃拊循勉力百姓，悉以所有佐军，如陈豨时。"（《史记·萧相国世家》）萧何这种做法似乎无可厚非，也无懈可击。然而，此时萧何的一个幕僚却又从另一个角度提出了相反的看法。他说：

> 君灭族不久矣。夫君位为相国，功第一，可复加哉？然君初入关中，得百姓心，十余年矣，皆附君，常复孳孳得民和。上所为数问君者，畏君倾动关中。今君胡不多买田地，贱赁贷以自

污？上心乃安。（《史记·萧相国世家》）

你看，处在最高官位上的萧何，真有点像寓言故事中的那一对赶着驴子上市场的父子一样，怎么做都不合人意，真是"跋前踬后，动辄得咎"了。不过，这位幕僚的看法也不是没有道理。此时的萧何的确已有功高震主之嫌，再继续做收揽民心的事情就容易引起皇帝的疑心了。因此建议他强买民田以自污，目的是让刘邦知道，他的堂堂当国丞相不过是一个斤斤于为子孙谋利、以长保富家翁为满足的胸无大志的人物，从而打消对他的疑虑。萧何恍然大悟，又依其计而行，刘邦知悉以后果然十分高兴。

不久，刘邦平定英布的叛乱，凯旋长安。刚入京城，就有许多老百姓上前拦住刘邦的车骑齐声喊冤叫屈，控告萧何"贱强买民田宅数千万"。因为刘邦事先已得到报告，眼前的场面早在意料中，所以内心十分高兴，就含笑答应予以处理。刘邦回到皇宫，萧何立即前来谒见，刘邦大笑着对萧何说："夫相国乃利民！"（《史记·萧相国世家》）说着就把百姓控告萧何的上书全部交给了他本人，要求萧何自己向百姓谢罪，妥善处理好这件事情。从刘邦对此事的处理至少可以看出两点，一是他对官吏强买民田宅的事情并不看得特别严重，说明他对土地兼并是睁一眼闭一眼，甚至听之任之。二是他对萧何与民争利一事甚至有点欣赏，因为在刘邦看来，萧何的理想不过是做个富家翁，并没有更多更大的野心，所以也构不成对汉王朝的威胁。看来萧何自污以释刘邦之疑忌的目的是达到了。

然而，数月之后发生的一件小事却使萧何身陷囹圄。汉十二年（前195）初，萧何看到长安周围地区人多地少，劳动人民生计比较艰难，就请求刘邦批准把上林苑中的空闲土地交给无地和少地的农民耕种，免除其藁税。这本来是一个既对贫苦百姓有好处，又对稳定汉王朝统治有益的建议，作为当国丞相，萧何提出这样一个建议实在是小事一桩。不料刘邦听后却大发雷霆，指责萧何说："相国多受贾人财物，乃为请吾苑！"（《史记·萧相国世家》）下令将这位已经老态龙钟的元勋大臣交付廷尉，披枷入狱。遭到如此处置是萧何本人意想不到的。因为如果是在楚汉战争时期，此类事情萧何完全有权先斩后奏。现在是和平时期，即令是所奏有误，也不该对他这样严厉处置。这件事发生在刘邦死前不久，他的神经似乎已经有点不太正常了。大概由于刘邦处于盛怒之中，与萧何同辈的老臣们也不敢披其逆鳞，所以没有一个人出面为萧何说情。

但是，几天之后，一个姓王的卫尉的一番话终于使刘邦翻然省悟，使萧何从监狱中走了出来。有一天，这个卫尉在殿中执勤，他小声问刘邦："相国何大罪，陛下系之暴也？"刘邦余怒未息，恨恨地说："吾闻李斯相秦皇帝，有善归主，有恶自与。今相国多受贾竖金而为民请吾苑，以自媚于民，故系治之。"（《史记·萧相国世家》）原来在刘邦看来，萧何所请虽非军国大事，但却触及了一个与皇帝争民心的大问题。而施惠于民的事应由皇帝来做，臣子只有代主受过的份儿。萧何作为相国，对这一层考虑不周，所以刘邦才对他毫不客气。这位卫尉真是直言敢谏之臣，他平心静气地为萧何辩护说：

夫职事，苟有便于民而请之，真宰相事。陛下奈何乃疑相国受贾人钱乎！且陛下距楚数岁，陈豨、黥布反，陛下自将而往，当是时，相国守关中，摇足则关以西非陛下有也。相国不以此时

为利，今乃利贾人之金乎？且秦以不闻其过亡天下，李斯之分过，又何足法哉。陛下何疑宰相之浅也！（《史记·萧相国世家》）

　　这个卫尉的辩护词将基点放在萧何公忠体国、不谋私利上，特别指出萧何在关键时刻的表现，委婉说明刘邦对萧何的怀疑是没有道理的。由于这个辩护说理透辟，再加上刘邦在发怒过后也逐渐平静下来，意识到自己对萧何的处置不够妥当，于是令使者持节赦萧何出狱。萧何对刘邦素来忠心耿耿，对自己老来入狱困惑莫名。正在狱中苦思焦虑之际，忽然被赦出狱，自然悲喜交集，赶忙"徒跣入谢"。刘邦看着满头银发的老相国诚惶诚恐、恭谨有加地跪在自己的面前，也感到自己对他的惩罚有点过分。就自我解嘲地说："相国休矣！相国为民请吾苑，吾不许，我不过为桀纣主，而相国为贤相。吾故系相国。欲令百姓闻吾过也。"（《史记·萧相国世家》）这是刘邦与萧何君臣之间相处十多年中唯一一次不愉快的事件，但很快即得到了和解。其实这是一场误会，来得快，冰释得也快，说明刘邦对萧何的忠心还是没有怀疑的。

　　此次事件之后，这两位为创建汉王朝共同奋斗、患难与共的老人就要分手了。就在这一年的四月，刘邦去世，其子刘盈即帝位，是为汉惠帝。萧何继续做相国。两年之后，公元前193年（惠帝二年）夏天，萧何病重，惠帝亲自登门探视，慰勉有加。惠帝看到萧何很难复起，恐怕不久于人世，就问他："君即百岁后，谁可代君者？"萧何想先听听惠帝的意见，就说："知臣莫如主。"惠帝说："曹参如何？"躺在病榻上的萧何连连点头说："帝得之矣！臣死不恨矣！"（《史记·萧相国世家》）公元前193年七月，萧何平静地死去，谥为文终侯，生荣死哀，子孙世袭其爵位与西汉相始终。

萧何是西汉王朝的第一任丞相。他的政治生涯基本上与刘邦相始终，在刘邦创建和巩固汉王朝的过程中立下了不朽的功勋。作为一代开国名相，萧何的一生表现出两个十分显著的特点，一是对刘邦及其创建的汉王朝绝对忠贞，二是在国家大政方针的制定和运作上有着超出同僚的贤明。

远在刘邦领导丰沛起义之前，萧何作为秦朝的基层小吏就曾多次脱刘邦于困厄，是刘邦的救命恩人。之后，他参与谋划丰沛起义，坚持拥立刘邦为起义军的领袖。在近三年的反秦战争中，他紧随刘邦，不离左右，赞襄帷幄，筹措军需，直到打下咸阳，进入汉中。在四年之久的楚汉战争中，刘邦在前线，萧何在后方。君臣虽分离，但两地一心，配合默契，对取得战争的最后胜利起了巨大的作用。西汉王朝建立以后，刘邦做皇帝，萧何做丞相，共同支撑起汉王朝的巍巍大厦。刘邦为削平异姓诸侯王和抗击匈奴的袭扰经常东征西讨，驰骋疆场；萧何则坐镇关中主持全国政务，日理万机。萧何的忠诚几乎赢得了刘邦的绝对信任。君臣之间除了公元前195年那一次近于误会的冲突外，一直保持着坦诚相向、心心相印、相得益彰的亲密无间的关系。自从刘邦登上汉王之位以后，萧何对刘邦不仅始终忠诚不贰，而且一直小心翼翼，奉命唯谨，从来不做易于引发刘邦怀疑的事。你看，为了巩固刘邦对自己的信任，他甚至听从部下的建议，不惜做出近于虚伪的过激之行，如散家财佐军，驱兄弟子侄上前线，强买百姓田宅以自污等等。这说明萧何深谙君臣之道，善于处理微妙的君臣关系。尽管在刘邦成为帝王之前萧何与之有着兄弟般不同寻常的友情，但他在刘邦面前从未有言行上的失态，更不用说饮酒争功、拔剑击柱之类的非礼之举了。正因为萧何以十数年的实际行动证明了自己的忠贞，因此刘邦才感到他功高而不震主，位尊而不僭越，权大而构不成威胁，所以对他的信任历久不衰。惠帝时，对萧何的倚重也一如既往。萧何临终时惠帝还就下一任丞相的人选征询他的意见。

但是，如果仅仅是忠诚而无才能，那只不过是低级奴才的材料。与萧何的忠诚品格相辉映的是他过人的贤明和才干。萧何有着政治家的深邃眼光，有着战略家的高瞻远瞩。大军进入咸阳，他对宝货玉帛美人不屑一顾，直奔丞相府收缴档案文书。项羽裂地分封后，他力劝怒气冲天不惜孤注一掷的刘邦暂时隐忍入据汉中，积聚力量，等待时机，又提出抚民择将、还定三秦、东向争天下的战略设想，在关键时刻辅佐刘邦把握住了斗争的时机和方向。萧何有着杰出的行政才能，善于在千头万绪中抓住主要矛盾，从容不迫，举重若轻。在楚汉战争中，他抚定巴蜀，经营汉中，坐镇栎阳，呵护太子，制定法规，统政理民，征兵筹饷，调运军资，满足了前线的需要，为战胜项羽提供了可靠的保证。刘邦在封赏功臣时推萧何功居第一是公正的。另外，萧何还有超常的识人之明。开始识韩信于卒伍之中，荐之于统帅之位。后来当韩信野心膨胀、叛乱在即之时，又设计将其诱杀，为汉王朝清除了一大隐患。荐韩之时，急如星火，诛韩之际，不动声色。识才知奸，明察秋毫。此外，萧何虽然位极人臣，大权在握，但他谦虚谨慎，不居功自傲，自奉简约，不追求法外的特权和私利，贪赃枉法之事几乎与他无缘。萧何为自己子孙的未来设想得也很周到，史称他"置田宅必居穷处，为家不治垣屋。曰：'后世贤，师吾俭；不贤，毋为势家所夺。'"（《史记·萧相国世家》）在达官显贵中，能对自己的身后家事做如此明智安排的，实不多见。在官场中历练一生的萧何明白，在当时，任何一个家族也难以长保富贵。他与曹参之间虽然在论功行赏时积下了一些个人成见，但临死却毅然把丞相的位子属望于曹参。此时，他考虑问题的出发点是大汉王朝的长治久安。结果是"萧规曹随"，保持了西汉王朝政策的连续性，使生产恢复、经济发展的势头持续不衰。

综观萧何的一生，他作为一代名相、创业之主的有力辅佐，对于汉王朝，应该说是鞠躬尽瘁，死而后已，功德巍然，名留青史了。司马迁这样评价他：

萧相国何于秦时为刀笔吏，录录未有奇节。及汉兴，依日月之末光，何谨守管籥，因民之疾秦法，顺流与之更始。淮阴、黥布等皆以诛灭，而何之勋烂焉。位冠群臣，声施后世，与闳夭、散宜生等争烈矣。(《史记·萧相国世家》)

西晋的大诗人陆机写了《萧何颂》，文曰：

堂堂萧公，王迹是因，绸缪睿后，无竞维人。外济六师，内抚三秦，拔奇夷难，迈德振民。体国垂制，上穆下亲，名盖群后，是谓宗臣。(《文选》卷四七《汉高祖功臣颂》)

这些崇高的评价，萧何是当之无愧的。

帝者师：张良

张良（？—前186），字子房，韩国人。其祖父张开地，在韩昭侯、宣惠王、襄哀王时为相。其父张平，又在韩厘王、悼惠王时为相，史称张良祖上"五世相韩"，即本于此。张平死后二十年，即公元前230年，韩国为秦所灭。在父辈显贵之时，张良因年纪太小，没有做官。韩国灭亡以后，他由一位受人敬重的贵族公子一落而为秦王朝统治下的黔首。爵位官职、荣华富贵，一夜之间全部化为泡影，其失落感是不难想象的。从此，年少气盛的张良就对秦王朝产生了不共戴天的仇恨。不过，秦朝统治下的张良虽然在政治上降为平民百姓，但经济上仍然比较富裕，仅家僮就有三百人之多。为了一心一意为被灭亡的韩国复仇，张良顾不得为死去的胞弟举行葬礼，"悉以家财求客刺秦王"。显然，此时张良的思想和行动表明，他还是一个国破家亡的六国旧贵族利益的代表。由于秦王朝对六国旧贵族警惕性很高，一面多次迁豪，使之远离故土；一面又对一些漏网分子通缉追捕。张良在家乡目标太大，不易开展活动，只得离家出走，云游四方。他曾辗转到淮阳（今属河南）学习礼仪，又东行去拜会一个号称沧海君的隐居之士，并从他那里物色到一个大力士。张良为这位大力士铸造了一个重一百二十斤的大铁锥，伺机刺杀秦始皇。功夫不负苦心人，机会终于等来了。公元前

218 年（始皇二十九年），秦始皇东巡至阳武博浪沙（今河南郑州市北）时，隐藏于路旁树丛中的张良与大力士以突袭的方式用铁锥狙击秦始皇，但误中副车，未能成功。幸免于难的秦始皇立即下令"大索天下"，到处搜捕刺客。阳武一带被搅得鸡飞狗跳，一片恐怖气氛。张良只得改名换姓，逃到下邳（今江苏邳州市南）隐藏起来。刺杀秦始皇的壮举不啻是张良这位韩国旧贵族献给故国的一曲挽歌。他把灭亡韩国仅仅看成秦始皇个人的行为，把改变历史的进程寄托于一次暗杀的成功，说明此时他的思想还比较狭隘。

在下邳滞留期间，《史记·留侯世家》和《汉书·张良传》都记载着黄石公遗赠张良兵书的故事，情节是这样的：有一次，张良到下邳附近的一座桥上散步，迎面走来一位挂着拐杖，须发皆白的老人。张良驻足而立，看着这位老人走上桥头。不料他走到张良跟前时，脚上的鞋子突然掉到了桥下，老人抬眼瞅着张良，同时以命令的口气说："孺子，下取履！"张良又惊又气，真想上去把他痛打一顿。但看到他那老态龙钟的样子，就强忍怒气没有发作，而是顺从地到桥下拾来鞋子，跪下送给老人。老人毫不客气地伸出脚让张良给他穿上，一句感谢的话也没说，即含笑而去。张良目送老人远去的背影，怔在那里，感到十分惊异。正待准备转身，发现走出一里多路的老人又转了回来。张良意识到老人可能有话要说，就站在那里，做出洗耳恭听的样子。老人走到张良跟前，对他说："孺子可教矣。后五日平明，与我会此。"张良愈加惊异，忙跪下说："诺。"五天后的早晨，当张良如约来到桥上时，老人已先期到达。他生气地对张良说："与老人期，后，何也？"离去时，特别关照张良说："后五日会。"可是，第五日，当张良在鸡鸣之时赶到桥上的时候，那位古怪的老人又先期到达。他怒气冲冲地对张良说："后，何也？"临去时，再次叮嘱："后五日复早来。"第五天，张良唯恐后至，夜半时分就来到桥上。过了一会儿，老人才慢慢来到，见张良已恭立桥头，高兴地说："当如是。"接着拿出一部书，指着对张良说："读此则为王者师矣，后十年兴。十三年孺子见我济北，谷城山下黄石即我矣。"（《史记·留侯世家》）说完，不顾而去，很快消失在漆黑的夜幕中。天亮之后，张良展读老人所赐书，竟是《太公兵法》，这是一部相传为姜尚所著的兵书。张良如获至宝，时时诵习，从此其智谋韬略大有增进。大概因为后来张良的足智多谋给人们留下了非常深刻的印象，人们就怀疑其智慧来自天授，因而编造了上面那一段故事吧？由于流传很广，司马迁与班固就将其写进自己的历史书里。而且还记载十三年后，当张良从刘邦过济北时，"果见谷城山下黄石，取而葆祠之"（《史记·留侯世家》），张良死后，并葬黄石，让后人一同祭祀。以后，在谷城山东麓，建了一座黄石公庙，以纪念那位神秘老人。揭去这个故事的神秘面纱，应该说张良是一个勤奋好学的人，在参加刘邦的起义队伍之前，他已经熟读兵书，有着丰富的阅历，具备了过人的文韬武略，为其日后在刘邦手下赞襄帷幄，做了比较充分的准备。

大概从公元前218年（秦始皇二十九年）到公元前209年（秦二世元年）的近十年间，张良一直隐居于下邳一带。在此期间，他四处游历，熟悉了这一带的山山水水，风俗民情，深深爱上了这片富庶的土地。与此同时，他又广事交游，有意识地与不少豪杰、游侠、失意的士人建立了较密切的联系，酝酿着进行反对秦王朝的斗争。原楚国贵族项伯犯了杀人罪，被张良藏匿起来，逃避了官府的追捕。张良与项伯结下的这一段生死情谊，后来曾对张良为刘邦谋划在鸿门宴脱险起了重大的作用。

公元前209年（秦二世元年）七月，陈胜、吴广起义反秦的消息传来以后，张良认为时机已到，立即聚会百余人响应。不久，景驹自立为楚假王，屯驻于留（今江苏沛县南）。张良率众前去投奔，行至下邳西遇到刘邦的起义军，遂转投刘邦。刘邦任命张良当厩将，留在帐下服务。张良多次在紧张的战斗间隙为刘邦讲解《太公兵法》，刘邦不仅认真专注地听讲，并且能够很快地在实践中灵活地加以运用。张良想到他为别人讲解此书时，他们都难于领悟，两相对比，使张良认识到刘邦的智慧远远高出其他反秦的将领，用他自己的话说："沛公殆天授。"（《史记·留侯世家》）因而决定放弃归附景驹的念头，永远追随刘邦建立功业。张良此一决策，显示了他的知人之明。当时，景驹有着高贵的出身，在楚地有着远较刘邦更大的号召力。张良改变归附于他的念头而转投刘邦，说明他看重的是一个人的气质和能力。他明白，在未来争夺天下的斗争中，高贵的血统并不是无往而不胜的因素。在当时，以张良的出身而有如此的认识和抉择，是很了不起的。

公元前208年六月，项梁与刘邦等起义军的将领共立楚怀王的孙子为义军的共同领袖，仍号楚怀王。在当时六国后裔和贵族纷纷恢复故国、建号称王的情况下，张良对故国的情感又强烈起来，他乘机对项梁说："君已立楚后，而韩诸公子横阳君成贤，可立为王，益树党。"（《史记·留侯世家》）项梁于是令张良找到韩成，将其立为韩王，并任命张良为韩国司徒。此后，张良就暂时离开刘邦，与韩王成一起率一支千余人的队伍向西游动，目标是恢复韩国故地。但因为当时秦军在中原腹地还有相当强的力量，这支队伍虽然攻下几座城池，却不易守住，因而他们只能在颍川（今河南禹县）一带往来游击，相机打击秦军。不久，项羽率军攻击河北秦军，刘邦率部向关中地区进击，当刘邦的军队从洛阳南出轘辕时，张良率军前来配合，接连攻克韩国故地十余城，基本上肃清了秦军在这一带的军事力量。之后，刘邦令韩王成带一支部队留守阳翟，巩固占领区。同时要求张良随大军南下，参议军务。刘邦一军南下猛攻宛城（今河南南阳），因秦郡守奋力抵抗，难以奏效。刘邦因入关心切，不想在宛城纠缠，决定弃城西走，进击关中东南部的门户武关。张良认为刘邦的决策不可取，就劝诫他说："沛公虽欲急入关，秦兵尚众，距险，今不下宛，宛从后击，强秦在前，此危道也。"（《史记·高祖本纪》）这个分析是有道理的。刘邦立即采纳，星夜回师，以迅雷不及掩耳之势，兵临城下，逼降了据守宛城的秦南阳郡守，免除了后顾之忧。然后，大军西进，智取武关；转军北上，很快进至峣关之前，刘邦决定以两万军队正面攻关，迅速扫除进军咸阳的最后一道障碍。张良又劝阻说："秦兵尚强，未可轻。臣闻其将屠者子，贾竖易动以利。愿沛公且留壁，使人先行，为五万人具食，益为张旗帜诸山上，为疑兵，令郦食其持重宝啖秦将。"（《史记·留侯世家》）这显然是一个以小的代价取得大的成果的好办法。因为峣关地形险峻，秦军凭险固守，刘邦军纵使正面强攻得手，也要付出重大代价，强攻不如智取。郦食其不愧为机敏多智的说客，秦峣关守将果然在重利诱惑下同意与刘邦军联合进攻咸阳。当刘邦准备答应秦将提出的条件与之联合行动的时候，张良认为答应叛将的要求可能带来许多不必要的麻烦，而且秦军士卒的态度如何还不清楚，其中任何一个地方出了问题，都会影响全局。不如趁其思想麻痹，守备松懈之时，给他以出其不意的攻击，可以取得全胜。刘邦完全依张良的计策行事，果然一举攻下峣关，全歼秦军，咸阳的最后一道门户已经打开，迫使秦王子婴只能老老实实地在起义军的战马前投降。

刘邦率大军进入咸阳之后，立即被阿房宫那富丽的宫苑、豪华的帷帐、灿烂的珍宝，迷人的娇姬美妾所迷醉。他再也不想离开这个地方，打算尽情地享受一番，樊哙上前苦劝，刘邦根本听不进去。张良语重心长地对刘邦说：

> 夫秦为无道，故沛公得至此。夫为天下除残贼，宜缟素为资。今始入秦，即安其乐，此所谓"助桀为虐"。且"忠言逆耳利于行，毒药苦口利于病"，愿沛公听樊哙言。（《史记·留侯世家》）

在巨大的胜利面前，清醒的张良对一时糊涂的刘邦发出了中肯的劝告。他要刘邦明白，当时的形势还不容许他享乐，以暴易暴必然导致失败，只有与民更始才能立于不败之地。在张良与萧何等人的规谏下，刘邦醒悟过来，立即命令大军撤出咸阳，移驻霸上。同时封闭府库，采取一系列安定民心，稳定社会秩序的政策，给关中百姓留下了良好的印象。公元前206年（汉元年）十二月，在惊心动魄的鸿门宴上，张良以自己的机敏善断，帮助刘邦化险为夷。项羽分封时，刘邦被封为汉王，划定巴蜀作为封地。张良利用他与项伯的友情，通过项伯为刘邦向项羽求情，又得到了汉中一块封地，从而使刘邦日后向关中进军得到了一块有利的前进基地。刘邦率众去汉中时，张良送行至褒中（今陕西汉中市北），然后回韩地。分手时，张良劝刘邦烧掉汉中通往关中的栈道，向人们尤其是项羽表明自己没有东向与楚军争天下的野心，以此麻痹项羽，使之疏于防范。这时候，张良不是留在汉中辅佐刘邦，而是东归韩地辅佐韩王成，显然是出于一种远见卓识的战略思考。刘邦与张良的意图是：在韩国故地树立一个坚定的同盟者，也就等于在中原地区建立一块前进基地，为即将揭幕的楚汉战争准备一些有利条件。张良的身份是韩国贵族，曾做过韩王成的臣子，回到韩国协助韩王，看起来顺理成章，或许不至于引起项羽的怀疑。谁知此事并没有蒙住项羽的眼睛，他竭力阻止韩王成与张良结合，使之难以形成一支与自己相抗衡的势力。张良赶到韩地以后，项羽先以张良追随刘邦为理由，拒绝让韩王成回到自己的封地，接着，他又把韩王成挟持至彭城加以杀害。项羽的做法打破了刘邦与张良原来的设想。张良只得暂留韩地，寻找为刘邦出力的机会。公元前206年（汉元年）八月，刘邦、韩信指挥汉军还定三秦，楚汉战争正式开始。正当远在彭城的项羽考虑是否进兵阻击刘邦而犹豫不决时，张良立即以超然的姿态致书项羽说："汉王失职，欲得关中，如约即止，不敢复东。"（《汉书·张良传》）以为刘邦的军事行动辩护，目的是麻痹项羽，掩盖刘邦决策东进的战略意图。同时，又告以齐、赵联合反楚的消息，将项羽的注意力引向东方，从而为刘邦巩固关中占领区，做好东出函谷关的准备赢得了时间。项羽果然上当，率楚军主力北击齐国。但项羽为了阻止刘邦东进中原，又立故秦朝的吴令郑昌为韩王，在原韩国故地树起一个封国，张良因郑昌与自己的故国毫无联系，自然不会为他出谋划策。他感到自己继续留在韩地已无所作为，就于公元前205年（汉二年）十月悄悄地回到刘邦那里，全力协助刘邦谋划对项羽的斗争。七月，刘邦利用楚军主力被拖在齐国的机会，率军数十万东向攻楚，一路势如破竹，直下彭城。不久，项羽全力反攻，在彭城大败汉军，刘邦败退至下邑（今安徽砀山）后，稍稍立定脚跟。为了反击项羽，刘邦决定以关东的广大土地作筹码，封赏可以击败项羽的将领。当他向群臣征询谁可担当此重任时，张良建议说：

> 九江王黥布，楚枭将，与项王有隙；彭越与齐王田荣反梁地，此两人可急使。而汉王之将独韩信可属大事，当一面。即欲捐之，捐之此三人，则楚可破也。（《史记·留侯世家》）

刘邦接受张良的建议，一面令说客随何潜入淮南，成功地策动了黥布背楚向汉；一面给予韩信、彭越以重赏，使他们倾全力对项羽及其依附的势力作战。后来的事实证明，这三个人对刘邦最后战胜项羽都起了举足轻重的作用。张良的建议再一次说明，他的知人之明是其他人无可比拟的。

楚汉战争进行到第三个年头，公元前204年（汉三年）十二月，刘邦被项羽指挥的楚军团团包围在荥阳，形势十分危急。此时，张良因事外出，刘邦就向郦食其请教解除危机的办法。郦食其建议刘邦遍封六国的后裔为王，以为项羽广泛树敌，形成对楚军四面夹击的形势。刘邦对此未加深入考虑就答应下来，并且命人速刻王印，准备让郦食其以使者的身份去各地宣布刘邦分封的命令。在郦食其即将成行的时候，张良返回荥阳。他晋见刘邦时，刘邦正在吃饭。刘邦见到张良十分高兴，立即对他讲述了分封六国后裔的决定。张良吃惊地问："谁为陛下画此计者？陛下事去矣。"刘邦一下子怔住了，忙问为什么。张良拿起刘邦面前的筷子，一边比画，一边讲说，指出分封六国后裔有"八不可"，根本不能实行：

昔汤武伐桀纣封其后者，度能制其死命也。今陛下能制项籍死命乎？其不可一矣。武王入殷，表商容闾，式箕子门，封比干墓，今陛下能乎？其不可二矣。发钜桥之粟，散鹿台之财，以赐贫穷，今陛下能乎？其不可三矣。殷事以毕，偃革为轩，倒载干戈，示不复用，今陛下能乎？其不可四矣。休马华山之阳，示无所为，今陛下能乎？其不可五矣。息牛桃林之野，天下不复输积，今陛下能乎？其不可六矣。且夫天下游士，离亲戚，弃坟墓，去故旧，从陛下者，但日夜望咫尺之地。今乃立六国后，唯无复立者，游士各归事其主，从亲戚，反故旧，陛下谁与取天下乎？其不可七矣。且楚唯毋强，六国复桡而从之，陛下焉得而臣之？其不可八矣。诚用此谋，陛下事去矣。(《汉书·张良传》)

张良虽然出身于韩国贵族，但此时却站出来力主不能封六国之后为王，实在是难能可贵。他列举的"八不可"理由，尽管有些囿于历史传统的"迂阔"之词和对汤、武的过分美化，但在当时的历史条件下，其主导思想无疑是正确的。张良已经清醒地看到，封六国后人为王，非但不能壮大刘邦的力量，而且适得其反，还会使现有的力量受到削弱。这是因为，六国后人从刘邦那里获得王位后，不见得一定成为刘邦的同盟，而他们中的相当一批人也不见得能够形成足以影响战局的力量。特别是，一旦六国后裔有了王位与地盘之后，将会吸收一大批攀龙附凤的文武之士，刘邦麾下的能臣和骁将就可能改换门庭。一个中心就会变成多中心，势必削弱自己的力量。张良的见解显然比郦食其高出一筹。此时的张良对于秦之灭韩可能还余恨未消。但理智却告诉他，七国并立的局面已成历史陈迹，在当时的情况下，虽然"日夜望咫尺之地"的分土封侯意识还顽强地影响着一部分人，但再想恢复五霸七雄的局面已经不可能了，大概从这时候起，张良已经放弃了恢复韩国的理想。尽管西汉初年韩王信奉刘邦之命建立了一个以晋阳为中心的韩国，但自始至终看不出张良与这个韩国有什么关系。张良的意见使刘邦恍然大悟。他"辍食吐哺"，怒形于色，大骂郦食其"竖儒，几败乃公事"，下令立即销毁已经刻好的印信，打消了封六国后裔为王的念头。

公元前203年（汉四年）十一月，韩信打垮齐楚联军，基本平定齐国以后，权势欲极度膨胀。他派人致书刘邦，要求封自己为"假齐王"，即暂时代理齐王。此时的刘邦正被楚军包围在荥阳，处境异常艰难，日夜望韩信前来救援。接到韩信的书信后，刘邦十分恼怒，当着使者的面大骂韩信要挟自己。张良与陈平知道此时还必须笼络住韩信，使之不变成异己的力量。就悄悄地从后面踩刘邦的脚，同时附耳告诫他："汉方不利，宁能禁信之王乎？不如因而立，善遇之，使自为守。不然，变生。"（《史记·淮阴侯列传》）在这里，张良处事冷静、虑事周密，敏思善断的特点再一次表现出来。韩信在楚汉战争中屡建奇功，但在平定齐国后，那种臣与君市的潜意识左右了他的行动，希望以功劳换得爵位和封土。而此时，项羽的说客武涉和韩信的谋士蒯通等人正在幕后频繁活动，千方百计策动韩信背汉自立，与楚、汉形成三足鼎立之势。这时候如果不设法稳住韩信，必将对刘邦平定天下的大事带来难以预料的波折。刘邦接受张良的建议，并派他为使者，到齐地宣布封韩信为齐王。这一着果然灵验，韩信得到齐王的封号以后，权势欲暂时得到满足，立即起兵南下，造成对楚军北翼的威胁，缓解了楚军在荥阳一线对汉军的压力，楚汉战争的形势大大改观。公元前202年（汉五年）冬，当刘邦率汉军追击楚军至固陵（今河南阳夏南）时，韩信和彭越的军队却都停止了对楚军的进攻。项羽抓住机会，对刘邦指挥的汉军猛烈反击，使汉军一时又陷于困境。这时，又是张良想出了让韩信、彭越迅速率兵奔赴前线、四面夹击楚军的计策。他对刘邦说：

> 楚兵且破，（二人）未有分地，其不至固宜。君王能与共天下，可立致也。齐王信之立，非君王意，信亦不自坚。彭越本定梁地，始君王以魏豹故，拜越为相国。今豹死，越亦望王，而君王不早定。今能取睢阳以北至谷城皆以王彭越，从陈以东傅海与齐王信，信家在楚，其意欲复得故邑。能出捐此地以许两人，使各自为战，则楚易败也。（《汉书·高帝纪》）

这里张良提供给刘邦的依然是以土地封爵换取韩信、彭越效命的策略。显然，在当时的历史条件下，舍此无法调动手握重兵的韩、彭二人的积极性。刘邦依其计而行，结果是韩、彭两军南进，诸路汉军会师垓下，很快置项羽于死地，使刘邦取得了楚汉战争的最后胜利。

从进军关中到最后消灭项羽为首的强大军事集团，六七年间，张良作为刘邦身边最重要的谋士，参与了大量的政治和军事的决策。在许多关键时刻，他或帮助刘邦排忧解难，度过困厄；或提出建议，纠正刘邦错误的决策；或运筹奇谋，轻而易举地取得重大胜利。显示了张良远见卓识的政治眼光、料事如神的足智多谋和娴熟周到、详审细密的思考，以及对刘邦的矢志忠贞，直言敢谏。他被后人誉为汉初三杰之一，与韩信、萧何相伯仲，主要原因就在于此。而在这三杰之中，萧何的主要作用是镇抚后方，治政理民，保证后勤供应。韩信则是自统一军，大部分时间离开刘邦在另一个战场上独立指挥作战。只有张良，一直跟随刘邦南北驰骋，患难与共，艰危与共，一起度过了楚汉战争的日日夜夜。他的忠诚经受了刘邦处境最困难时期的考验，他的谋略智慧也恰恰在促成这种困境变成胜利坦途时得以充分地表现。"知臣莫如君"，刘邦对张良在建立汉王朝的伟业中所建立的功绩是十分清楚的。所以他在洛阳南宫总结自己战胜项羽的原因时说了"运筹帷幄之中，决胜千里之外，吾不如子房"的话，完全是一种中肯的肺腑之言。后人对张良的才干和功绩也十分推崇，明朝刘基就曾对朱元璋说："汉家四百年天下，尽在张良一借间。"（王世贞：《史乘考误》）认为张良借箸规劝刘邦放弃封六国后人的宏论显示了高瞻远瞩的战略眼光。刘邦做皇帝之后，于公元前201年（汉六年）十二月大封功臣，推尊萧何功劳第一。对于张良，刘邦也准备给予丰厚的褒奖，他要张良在齐地"自择三万户"作为封地。在当时，这是侯爵中最高的封赏了。面对刘邦慷慨的封赐，张良并没有表现出一般臣子兴高采烈的失态。他平静地对刘邦说："陛下用臣计，幸而时中，臣愿封留足矣，不敢当三万户。"（《史记·留侯世家》）留当时是一个小县，而且处于四战之地，人口不会超过五千户。结果刘邦答应了张良的请求，封他为留侯。从这一件事可以看出，张良在时人梦寐以求的名利面前是很达观的。在这一点上，他无疑超过了刘邦麾下的任何一个人。

汉王朝建立以后，张良一方面由于体弱多病，不胜繁剧，一方面也因为淡于权势，所以没有担任行政方面的具体职务。但作为刘邦的忠贞臣子和得力谋士，他立即把自己的注意力集中到如何巩固和加强汉王朝的统一与安全问题上，不失时机地提出一系列的建议，供刘邦采择。公元前 201 年（汉六年），刘邦将功臣二十多人封为侯爵以后，其余那些未得封爵的功臣"日夜争功不决"，气氛十分紧张。刘邦在洛阳南宫，远远看见诸将三三两两窃窃私语，就问张良：他们在一起说些什么？张良告诉刘邦，这些人说不定有谋反意图。刘邦大为惊异，认为当时天下已经安定，他们没有理由谋反。张良说：

陛下起布衣，以此属取天下。今陛下为天子，而所封皆萧、曹故人所亲爱，而所诛者皆生平所仇怨。今军吏计功，以天下不足遍封；此属畏陛下不能尽封，恐又见疑平生过失及诛，故即相聚谋反耳。（《史记·留侯世家》）

刘邦听后，顿时感到事态严重，就向张良请教一个万全之策。张良问刘邦："上平生所憎，群臣所共知，谁最甚者？"刘邦脱口而出："雍齿与我故，数尝窘辱我，我欲杀之，为其功多，故不忍。"张良说："今急先封雍齿以示群臣，群臣见雍齿封，则人人自坚矣。"（《史记·留侯世家》）刘邦高兴地接受了张良的建议，摆下酒宴，宣布将与他个人有宿怨的雍齿封为什方侯，并令丞相、御史立即"定功行封"。这位雍齿虽是刘邦的故人，较早加入刘邦的起义军，但在公元前 208 年（秦二世二年）据丰邑背叛刘邦，投靠魏国。尽管后来又重新归顺刘邦并且立下不少功劳，可是刘邦总难忘却他的背叛之举，二人不睦是尽人皆知的。所以雍齿受封的消息一经传出，群臣皆喜，异口同声地说："雍齿尚为侯，我属无患矣。"（《史记·留侯世家》）他们的疑惧情绪自然也就平息下去了。平心而论，刘邦分封时，群臣虽然争功，但决不至谋反，特别不会出现群起反叛的局面。

因为当时国家与社会总的趋势是走向稳定，不存在动乱的因素。同时，刘邦的部下绝大部分都是丰沛起义的故旧，中途陆续加入者也都经历过与刘邦共度患难的考验，对刘邦是忠诚的，都把自己的富贵利禄与刘邦联系在一起，他们怎么会谋反呢！对此，明智如张良者当然不会不清楚。显然，张良之所以用群臣谋反警示刘邦，恐怕主要是催促刘邦加快分封群臣的步伐，并尽量做到公正，使之得到与本人功劳相应的封赏，以安定他们的情绪，保持统治集团内部的稳定和团结。对这件事，司马光的看法是比较深入的。他说：

> 张良为高帝谋臣，委以心腹，宜其知无不言；安有闻诸将谋反，必待高帝目见偶语，然后乃言之邪！盖以高帝初得天下，数用爱憎行诛赏，或时害至公，群臣往往有觖望自危之心；故良因事纳忠以变移帝意，使上无阿私之失，下无猜惧之谋，国家无虞，利及后世，若良者，可谓善谏矣。(《资治通鉴·汉纪三·高帝六年》)

封赏引起的波澜过去不久，又发生了迁都之议。其时，齐人娄敬以布衣见刘邦，劝说他将都城由洛阳迁至关中。刘邦一时犹豫未决。因为刘邦左右的大臣大多为山东人，希望都城距家乡近一些，所以纷纷劝说刘邦留都洛阳。理由是："雒阳东有成皋，西有崤渑，倍河，向伊雒，其固亦足恃。"(《史记·留侯世家》)这时，只有张良站出来全力支持娄敬迁都关中的建议。他说：

> 雒阳虽有此固，其中小，不过数百里，田地薄，四面受敌，

此非用武之国也。夫关中左殽函，右陇蜀，沃野千里，南有巴蜀之饶，北有胡苑之利，阻三面而守，独以一面东制诸侯。诸侯安定，河、渭漕挽天下，西给京师；诸侯有变，顺流而下，足以委输。此所谓金城千里，天府之国也，娄敬说是也。(《史记·留侯世家》)

　　一方面由于张良对洛阳和关中的对比分析说理透辟，一方面更由于张良跟定刘邦后每谋必中，因而张良的一番话最后坚定了刘邦迁都关中的决心。于是，在关中平原上出现了长安这样一座举世闻名的古都。迁都问题上的争论再次显示了张良超过其他人的远见卓识。

　　刘邦晚年的时候，一度打算废掉刘盈的太子地位，而改立戚夫人之子赵王如意为太子，从而引发了一场震动宫廷内外的风波。张良从汉王朝的稳定出发，在关键时刻出奇计，保住了刘盈的太子地位。公元前196年（汉十一年），英布在淮南反叛，刘邦最后一次御驾亲征。张良为刘邦送行至曲邮（今陕西临潼东）。分手之前，对刘邦说："臣宜从，疾甚。楚人剽疾，愿上慎毋与楚争锋。"同时请求刘邦"令太子为将军监关中兵"(《汉书·张良传》)。刘邦再一次要求他辅佐太子，并任命他为太子少傅，这是张良在西汉王朝担任过的唯一的也是最后的官职。

　　可能因为体弱多病，在刘邦反击匈奴和平定异姓诸侯王时，张良没有像往常那样跟随刘邦亲临前线。但是，他仍一如既往地为刘邦出谋划策，为争取这些战争的胜利起了应有的作用。张良亲自参加的战役只有公元前197年九月至第二年冬天对陈豨的征伐。此役中，汉军攻克雁北重镇马邑（今山西朔县），就是靠了他的"奇计"。不过，自汉王朝建立之后，张良的主要活动还是备顾问。史载萧何做相国时，张良"所与上从容言天下事甚众，非天下所以存亡，故不著"（《史记·留侯世家》）。张良所讲天下事的具体内容虽然已难以稽考，但其中的绝大多数内容应该是如何巩固汉王朝，安定社会的长治久安之策。张良在西汉建国以后之所以没有担任显要官职，身体有病固然是重要原因，但最根本的恐怕还是他信奉道家，淡于名利，对于同君主可以共患难不可以共安乐有着比较清醒的认识。他只求颐养天年，悠游岁月，得以寿终，而不愿卷入激烈的政治斗争旋涡，以免招来杀身之祸。他将自己功成身退的思想用"学辟谷，道引轻身"加以掩饰。张良自述自己的人生态度说："家世相韩，及韩灭，不爱万金之资，为韩报仇强秦，天下震动。今以三寸舌为帝者师，封万户，位列侯，此布衣之极，于良足矣。愿弃人间事，欲从赤松子游耳。"（《史记·留侯世家》）实际上，张良明白，在刘邦创业时期，他与功臣们为一个共同目标奋斗，是比较容易团结一致的。一旦敌人消灭，刘邦与其功臣之间就有一个财产权力再分配的问题，这时内部矛盾最容易暴露和激化。作为一个臣子，如果太热衷功名利禄，就有可能引起君主的疑忌而使自己成为可悲的牺牲者。一个功臣要想在和平时期平安无事，最要紧的就是对权位功名、富贵利禄采取一种恬淡的态度。司马光就看出了张良"学辟谷"的行动所蕴含的深意，他评论说：

夫生之有死，譬犹夜旦之必然；自古及今，固未尝有超然而独存者也。以子房之明辨达理，足以知神仙之为虚诡矣；然其欲从赤松子游者，其智可知也。夫功名之际，人臣之所难处。如高帝所称者，三杰而已；淮阴诛夷，萧何系狱，非以履盛满而不止耶！故子房托于神仙，遗弃人间，等功名于外物，置荣利而不顾，所谓"明哲保身"者，子房有焉。(《资治通鉴·汉纪三·高帝五年》)

应该说，这番出自具有丰富官场阅历的大史学家之口的评论是很有见地的。

公元前195年（汉十二年）四月，刘邦死去。太子刘盈即帝位，实际上吕后当权。吕后对张良设计保住太子地位之功感激不尽，同时对张良学道之举很不以为然地说："人生一世间，如白驹过隙，何至自苦如此乎！"以张良的聪明洞达，他当然能够看出由于吕后专权所引起的汉朝统治集团内部矛盾的微妙变化，所以不愿意卷进去。因而，不管吕后怎样苦口相劝，张良再也没有担任什么重要官职。此后，张良又悠游岁月六年之久，于公元前189年（惠帝七年）溘然而逝。

在西汉初年的布衣将相之群中，张良尽管与其他人有着明显的出身差异，但他基本上应该算是这个群体中的一员，他以"布衣"自居亦并非谦辞。作为汉初三杰之一，张良不仅以自己无与伦比的聪明才智为汉王朝建立了不可磨灭的功勋，也为自己赢得了令时人倾慕不已的爵位封土、富贵利禄。同时，更以洞若观火的明哲，深思熟虑的举措，在权势面前恬淡自守，在统治集团的矛盾中急流勇退，终于在世人的崇敬与哀婉中得以寿终。大概由于张良淡于名利的缘故，汉初三杰之中，他的遗迹是最少的。他的封地留城，在沛县城东南十五里处，如今已淹没在烟波浩渺的微山湖中。其余几处张良祠庙也大都倾圮，只有地处陕西城固县城东北三十里的白云山上的"留侯辟谷处"，仍然以其特有的静谧和清幽，供后人凭吊。李一本《过留侯辟谷处》诗，对张良的一生作了比较中肯的评价：

> 一介尘埃士，与刘仗秘猷。
> 殊中超百代，蚤见异群侯。
> 借箸开基远，封留雅志酬。
> 泛湖同比迹，远害去遐州。

（光绪四年《城固县志》）

　　总起来看，张良以自己带点神秘色彩的一生树立了帝王之师的一种典型，将超人的智慧与参透生死的明哲结合在一起，既能施展才智，建功立业，又能进退自如，防患避祸，因而对后世产生了深远的影响。我们在东汉邓禹、三国诸葛亮、北宋赵普、明朝刘基等人身上，似乎都可以看到张良的影子。

猛将出身的贤相：曹参

西汉以后的历史学家一直以浓笔酣墨为西汉初年的黄老思想和黄老政治抒写充满激情的赞美词，但很少有人把将黄老思想与黄老政治从齐国一隅推向全国的关键人物曹参视为一流政治家，更多的人将他看作刘邦那个布衣将相群中的一个武夫。其实，曹参不仅是一位智勇兼备的统帅，更是一位大智若愚的大政治家。他在汉初政坛上的地位和作用是别人无法替代的。

曹参（？—前190）是西汉开国之君刘邦的同乡、少年伙伴，更是相知极深的莫逆之友。他协同刘邦策划丰沛起义，在三年的反秦战争和四年的楚汉战争中立下不世之功。在刘邦麾下数以十计的创业之臣中，就军功而言，除了韩信、彭越等独当一面的异姓诸侯王外，他的业绩就是最大的了。因此，后来汉初诸臣在议论创业功臣的位次时，几乎一致推尊他功劳第一，虽然最后以刘邦的意愿定了萧何第一，曹参屈居第二，但在同时的战将中，别人是难以望其项背的。尤其是，由于曹参与刘邦有着特殊的关系，战争年代又表现了对刘邦特别的忠诚，因而赢得了刘邦与继体之君汉惠帝的绝对信任。

西汉建国以后，曹参的最大功绩是相齐九年和相惠帝三年，是汉初推行黄老之治的首席政治家。

汉四年（前203），曹参以右丞相的官职随韩信率大军入齐。

十一月平定田氏后裔的武装反抗，在韩信率主力南下参加围歼项羽的垓下之战时，曹参留镇齐国。大概由此开始，他就注意齐国的山川形势、风俗民情，思谋如何治理这片民风剽悍、资源富饶的土地了。一年之后，汉六年（前201）的正月，刘邦在解决了楚王韩信以后，开始分封同姓诸侯王。为了有效地控制齐地，他封其外妇之子，在诸子中最年长的刘肥为齐王，同时任命曹参为齐的相国。实际上把治理齐国的重任交给了他。当时齐国偏在东方，距汉王朝统治中心的关中地区数千里之遥，特别是这里百姓地域观念较强，既是秦朝最后统一的地区，又是最早起事反秦的地区之一。田横及其五百士以死抗争的悲壮之举留给朝野的是长久的震撼。没有一个有威望有能力的大臣前往镇抚，刘邦是难以安枕的。刘邦之所以选中曹参为齐的相国，把治理东方最大的诸侯王国的重任交给他，就是因为曹参既战功卓著，又忠心耿耿；既威名赫赫，又沉稳多智，是一个可以托生死之任、寄千里之命的重臣。同时，由于曹参是韩信平齐的副统帅，不仅熟悉齐国的地理民情，而且有着对齐国百姓的威慑力。所以，任命曹参为齐的相国实在是刘邦经过深思熟虑的明智选择。曹参担任齐相后，也的确不负刘邦所望。无论汉王朝遇到什么危难。曹参都是召之即来，来之能战，战之必胜。汉十年（前197），代相陈豨反叛时，曹参亲率齐国之师奔赴前线，协助刘邦取得了平叛的胜利。第二年，淮南王英布反叛时，他又与齐王刘肥同率十二万大军前往参战，与刘邦亲自指挥的汉中央军一起顺利平定了这场叛乱。

曹参担任齐相国之后，为治理这个地广人众的东方大国而煞费苦心。他上任伊始，就邀请齐国有名望的"长老诸生"，就如何治理齐国、"安集百姓"征求他们的意见。但应召前来的百余名儒生"人人言殊",无法形成共识,使曹参一时也难以定夺。后来,他听说胶西有一位姓盖的老人,史佚其名,众人皆称其为盖公,善治黄老学说,很有名望,就以重金聘请他来到齐都临淄。曹参虚心向盖公请教治齐之策,"盖公为言治道贵清静而民自定,推此类具言之"(《史记·曹相国世家》),大大发挥了一通老子"我无为而民自化,我好静而民自正"的思想。这一点正与曹参的想法相契合。他于是让出自己的正堂供盖公居住,待以殊礼,使这位老人成为自己身边的政治顾问。自此,曹参治理齐国就采用黄老之术,齐国也就成为推行黄老之治的最早的试验基地。

曹参为什么选中黄老之术作为治齐的指导思想呢?事情看起来似乎出于偶然,仿佛是盖公的一番说项起了关键作用。其实,这一偶然事件的背后却蕴含着客观必然性。"在历史的发展中,偶然性起着自己的作用,而它在辩证的思维中,就像在胚胎的发展中一样包括在必然性中。"(《马克思恩格斯选集》第3卷)只要读读秦始皇那些洋洋得意、顾盼自雄的刻石之后,就能够理解他不可一世的心态,然而,不管他们意识到与否,他们的活动都必须受制于时代所设定的客观必然性,或者叫特定的社会大环境。曹参之所以选择黄老之术作为治齐的指导思想,首先是西汉初年社会大环境的制约。中国社会自公元前770年进入春秋时期,历经战国时代,到公元前221年秦始皇完成统一大业,整整五百五十年,五个半世纪的漫长岁月,是在动乱、饥馑,"杀人盈城"和"杀人盈野"中度过的,百姓期盼秦的统一能给他们带来好运,不料秦王朝却以更加苛暴酷烈的统治手段使他们陷入每况愈下的绝望中。秦王朝十多年的残暴统治,无以复加的赋役征发几乎耗尽了劳动人民的最后一点脂膏。

紧接着又是遍及最富庶的中原大地的七年战争的惨重破坏。仅仅四年的楚汉战争，就是"大战七十，小战四十，使天下之民肝脑涂地，父子暴骨中野，不可胜数，哭泣之声未绝，伤痍者未起"（《史记·刘敬叔孙通列传》）。"汉兴，接秦之弊，诸侯并起，民失作业，而大饥馑，凡米石五千，人相食，死者过半"（《汉书·食货志》）。战争之后，人口锐减，经济残破，田园荒芜，哀鸿遍野。一个昔日繁荣的曲逆（今河北顺平县），劫后余生者仅有五千户，刘邦还惊呼为"壮哉县"！称赞其为洛阳之外最富庶的城市，其他地方可想而知。当时百姓穷困到了极点，国家也面临着极其严重的财政困难，"天下既定，民无盖藏，自天子不能具醇驷，而将相或乘牛车"（《汉书·食货志》）。面对如此艰窘的社会条件，如何才能巩固新王朝的统治？这是刘邦及其臣子们无法回避而必须认真思考的问题。齐地是秦末及汉初遭受战争破坏的重灾区之一。田氏后裔反秦复国的战争，项羽楚军与田齐后裔的战争，最后是汉军与齐楚联军的战争，都是在这里进行的。作为最后一次战争的汉军副统帅，曹参对战争给齐地造成的破坏和当地百姓的疾苦耳闻目睹，想必有深切的感受。身兼治齐的大任，作为一个具有强烈责任感的政治家，他必须面对全国尤其是齐国的形势，思谋一个最佳治理之术与治理之策。其次，齐国之所以先于全国其他地方成为曹参推行黄老之术的试验基地，是因为这里是黄老思想的发源地。春秋末年至战国时期，中国思想史迎来了它第一个辉煌期，由于齐国自姜尚建国伊始就形成了尚贤与开放的风气，因而吸引了全国各地的政治家、军事家尤其是思想家前来寻求发展的机会和展演的舞台。

位于临淄西南门附近的稷下学宫，云集着从列国涌来的儒、墨、名、法、道、阴阳等各学派的思想精英，稷下学宫至宣王时达到全盛时期，前后有七十多人来此讲学或游说，受到崇高的礼遇。他们或"不治而议"，为治理齐国献计献策；或聚徒讲学，互相辩诘，彼此吸纳，著书立说。充分展示"百家争鸣"的恢宏气势，齐国成为无可争辩的学术文化中心。其中道家黄老学派的代表人物田骈、宋钘、尹文、环渊等，正是在稷下学宫的讲学与论辩中，形成了自己的思想体系与学术风格。在他们周围，肯定有一批学生和追随者，那位令曹参佩服得五体投地的盖先生显然是这个学派的一员。由于黄老思想产生于齐国，它在这里势必产生相当的影响，曹参选定黄老思想作为治齐的指导原则，应该是考虑到该思想与齐地的血缘关系。最后，曹参本人的经历、气质、品性也是他选择黄老思想的重要因素。曹参尽管出身社会下层，但从其做过沛县狱掾、为县中"豪吏"的情况看，他并非单纯的草莽武夫，而是读过书，具有相当的文化知识。参加丰沛起义后，他随刘邦、韩信转战南北，对秦朝暴政给百姓造成的苦难与民心之所向定会有深切的体察。他从秦朝二世而亡的教训中明白"刻薄寡恩"的法家思想不能成为治国理民的指导原则，也明白"博而寡要，劳而少功"的儒家思想与现实的需要还有相当距离，更明白墨家"兼爱"的理想主义不具备实行的条件，只有提倡"无为而治"、带有一定放任色彩的黄老思想及其指导下的政策，才能够最大限度地满足百姓安定生活、发展生产的愿望。全国形势、齐国的地域特点与曹参的个人气质相结合，使齐国顺理成章地成为黄老政治的试验基地。治齐九年，曹参精心推行以轻徭、薄赋、节俭、省刑为主要内容的各项政治经济政策，与民休息，不过多地干扰劳动人民的活动，使他们有充足的时间发展生产、安排生活，以恢复遭受战争破坏的社会经济，这种打着"无为"旗号的政策，恰恰反映了时代的要求和人民的意愿。因为经过战国时期列国纷争、秦末农民战争和楚汉战争之后，饱受战乱之苦的广大百姓迫切需要一个和平的环境、宽松的政策，使之安居乐业，过上温饱而安定的生活。由于曹参的治齐之策顺应了百姓的愿望，"故相齐九年，齐国安集，大称贤相"（《史记·曹相国世家》）。齐国走上了稳定发展的道路，黄老之术在试验基地结出了累累硕果。

汉十二年（前195），刘邦病逝。刘盈继位以后，宣布废除诸侯王国的相国职务，曹参由是改任齐国丞相。惠帝二年（前193）七月，汉朝丞相萧何在病逝前夕，与惠帝达成遴选曹参为继任丞相的共识。这时，远在齐国的曹参得到萧何的死讯后，立即责成其舍人准备行装，并信心十足地说："吾将入相。"尽管萧何与曹参以往在封爵功劳位次上曾结下个人成见，但是，在汉王朝丞相继承人这一重大问题上，两人却惊人地不谋而合。这说明，萧何与曹参在事关国家安危的大局上，都能抛开个人恩怨，妥善处理。因为在萧何之后，无论就资望、能力还是政绩，只有曹参继任丞相才能最大限度地保持汉王朝政策的连续性与稳定性。曹参离开齐国去长安上任前，语重心长地对继任齐国丞相的傅宽说："以齐狱市为寄，慎勿扰也。"傅宽有些不解地问："治无大于此者乎？"曹参严肃地解释说："不然。夫狱市者，所以并容也，今君扰之，奸人安所容也？吾是以告之。"（《史记·曹相国世家》）这里说的治安与市场问题并不是治齐的全部内容，但都是治乱的晴雨表。他要求后继者不要改变他依据黄老思想所制定的宽大政策，治狱治市都不要过于严酷，对犯罪的人以宽大为怀。否则，一旦逼得他们铤而走险，必然会造成动荡不安，危及国家的稳定。从这里可以看出，曹参对于国家政治的指导原则，是宁失之宽而不失之严的。应该说，在拨秦之乱而反之正的特殊历史条件下，这一原则是适合当时社会需要的。曹参任汉朝丞相以后，把自己治齐时所遵奉的黄老思想推广为治理全国的指导原则："举事无所变更，一遵萧何约束。"(《史记·曹相国世家》)使刘邦与萧何制定和推行的那一套行之有效的与民休息的政策，较好地继续下去。而不是像有些继任者那样，"新官上任三把火"，上台伊始，不问青红皂白，即一改前任之所为，甚至反其道而行之，以显示自己的才能，标榜自己的与众不同。曹参继任丞相后想到的不是显现自己的形象，而是着意于国家社会的稳定和黎民百姓的安宁。所以，他的基本行政原则是，以不变更政策求稳定，以静制动，在稳定中求发展，用发展促进稳定。他的用人原则是："择郡国吏木讷于文辞，重厚长者，即召除为丞相史。吏之言文刻深，欲务声名者，辄斥去之。"(《史记·曹相国世家》)曹参认为，只有选取此类"谨厚木讷"的属吏，才能奉公尽职，在近乎等因奉此中保证刘邦、萧何既定政策为准，不搞别出心裁的新花样，所以官务清闲，仿佛无公可办，日以饮酒为乐。一些官吏宾客见他终日无所事事，不像一个日理万机的丞相，都想忠告他一番。但是，凡是前来拜访者，一律受到醇酒招待，而且一定让你喝得醉醺醺不能说话，所以谁也不能向他提出规劝和建议。由于丞相府所用吏员都是些奉职守法、循规蹈矩的人，所以很少有人犯大的错误；即使有人因种种原因出现一点小的过失，曹参也不加深究，还时常为他们掩饰，不予惩罚。正因为这样，丞相府一直平静无事，所有政务皆按常规得以妥善处理，国家的政治和社会生活也能够正常地运转。曹参代萧何为丞相，丞相府里虽然换了主人，但看来一切平静如常，似乎没有发生一点变化。

曹参的儿子曹窋当时任中大夫，在惠帝身边服务。惠帝看到曹参任丞相后不仅没有拿一点新的法规和办法，而且日夜饮酒，逍遥自在，似乎忘记了自己身上重担一样。因而怀疑这位元勋大臣看不起自己这个年轻的皇帝。他要求曹窋回家问他父亲"何以忧天下"。结果曹窋因此被笞二百。后来惠帝与曹参君臣间有如下一段有意思的对话：

> 参免冠谢曰："陛下自察圣武孰与高帝？"上曰："朕乃安敢望先帝乎！"参曰："陛下观臣能孰与萧何贤？"上曰："君似不及也。"参曰："陛下之言是也。且高帝与萧何定天下，法令既明，今陛下垂拱，参等守职，遵而勿失，不亦可乎？"惠帝曰："善，君休矣！"（《史记·曹相国世家》）

表面上看，曹参是十分消极的，他仿佛在真诚地躬践老子的"无为而治"，而这恰恰是对秦朝"有为而治"深刻反省的结果。但他的"无为"并非真的无所作为，放弃国家对社会的管理职能，而是在执行既定政策的前提下，以一定程度的放任主义给百姓以发展生产的宽松环境，这在当时应该说是最高明的治国方略了。通过这次谈话，看来君臣之间就如何治理刘邦留下来的江山社稷达成了共识：坚定不移，老老实实地做守成君臣，在"无为而治"的方略下完成承前启后的历史使命。曹参任丞相三年，尽管无显著建树，但却自觉地确立了黄老思想作为汉帝国政治上的指导原则，也就在事实上为汉王朝日后的繁荣创造了条件，其功绩是不可磨灭的。当时的民谚这样歌颂他：

"萧何为法，颟若画一；曹参代之，守而勿失。载其清净，民以宁一。"（《史记·曹相国世家》）司马迁对他亦作了较中肯的评价：

> 曹相国参攻城野战之功所以能多若此者，以与淮阴侯俱。及信已灭，而列侯成功，唯独参擅其名。参为汉相国，清静极言合道。然百姓离秦之酷后，参与休息无为，故天下俱称其美矣。（《史记·曹相国世家》）

诚然，西汉初年选择黄老思想作为治国的指导原则不能归于曹参一个人的功劳。因为除了社会大环境的制约外，汉王朝当政者中服膺黄老思想者还大有人在。皇帝中的文、景二帝，将相中的陈平、王陵之辈，再加上景帝的母亲窦太后以及臣子中的陆贾、黄生等，都对黄老思想十分笃信与执着。正是这个群体，保证了黄老思想在汉初政坛上近六十年中独占鳌头。但是，也应该承认，黄老思想之确立为汉初的统治思想，曹参的作用是第一位的。因为，是他首先在齐国实行黄老之治，又是他在当上汉帝国的丞相后将黄老之治推向全国。历史学上有一个永恒的问题千百年来让万千的历史学家付出无穷的智慧和精力以图破译，这个问题就是英雄人物的历史作用。我们姑且把英雄人物界定为夺取和掌握了国家大政方针选择权的大人物。每到历史转折关头，英雄人物就面临多种政策选择。秦朝统一全国后，既可选择暴虐无道的治国方略，又可选择与民休息的较好政策。秦始皇选择了前者，结果促成了秦末农民起义的爆发。秦始皇死后，政策选择权转到二世胡亥手上，当其时，他既能对秦始皇的政策改弦更张，又能变本加厉地推行这个政策。

他选择了后者，也就等于给百姓选择了灾难，为自己选择了灭亡。西汉初年，刘邦在统治思想的选择上缺乏自觉意识。他先崇法，晚年又向儒倾斜，显示了浓重的实用主义倾向。所幸他与萧何等人对社会现实有极强的感应能力和适应能力，在"汉承秦制"的大前提下，能够惩"亡秦之戒"，选择了比较符合历史潮流和人民愿望的政策，使西汉王朝得以稳定发展。

曹参这个人，政治上远不及萧何的宏图远略，智谋上也不及张良的聪敏善断，但他也有比二人高明的地方，这就是对统治思想和统治政策的自觉选择和理性把握。从一定意义上讲，在汉初将黄老之治推向全国是曹参一生的最大贡献，也是齐地思想家对全国的最大贡献。历史上，政策的制定和选择虽然受到社会大环境的制约，因而具备其必然性。但是，它又反映选择者的经历、教养、气质与品格，因而又带有一定的偶然性。英雄人物的主观能动性及其历史作用往往在这里得到明晰的显现。机械唯物论者将历史上发生的一切事件都看成必然的，唯心论的英雄史观又将这一切说成是英雄"心力"对世界的"征服"，他们都是将真理向前推进一步使之变成了谬论。

"外宽内深"的公孙弘

　　以儒生而荣登相位，公孙弘在西汉是一个开其端的人物。然而，即使在其生前，对他的评价已颇有争议。《诗》博士辕固骂他"曲学阿世"（《汉书·儒林传》），主爵都尉汲黯斥责他"多诈而无情"（《汉书·公孙弘传》）。不过，公孙弘却一直得到汉武帝的赏识、信任，并得以寿终于丞相任上。西汉末期的平帝元始年间，当国的王莽以平帝的名义下诏大力表彰了公孙弘节俭的美德："汉兴以来，股肱在位，身行俭约，轻财重义，未有若公孙弘者也。位在丞相封侯，而为布被脱粟之饭，俸禄以给故人宾客，无有所余，可谓减于制度，而率下笃俗者也。与内富厚而外为诡服以钓虚誉者殊科。"（《汉书·公孙弘传》）班固写《汉书》，盛赞武帝时人才之盛，共举出十四类二十七个代表人物，而列在儒雅第一位的就是公孙弘。后来不少史学家也对公孙弘发出赞美之词，如司马光在《资治通鉴》中借班固、荀悦之口肯定公孙弘建议族诛大侠郭解。王夫之则说："公孙弘请诛郭解，而游侠之害不滋于天下，伟矣哉？"（王夫之:《读通鉴论·武帝》）并驳斥汲黯对公孙弘"布被为诈"的指控。明朝的于慎行更是对公孙弘作了全盘肯定："汉武表章儒术，公孙弘之力也。弘奏请博士弟子，第其高下，以补郎中文学掌故。又吏通一艺以上者，皆得选择，以补右职。由是劝学古文之典，遂为历代所祖。其实自弘发之，可谓有功于经术者矣。世徒以其曲学矫情，薄其相业，而不录其功，亦非通论哉！"（于慎行《读史漫录》，齐鲁书社 1996 年版）

究竟应该怎样评价公孙弘呢？笔者认为，第一，由于公孙弘以治《春秋》入仕，应究明他在儒学史上的地位和作用。第二，由于公孙弘晚年位居三公，应对他的事功加以评判。

一

按照中国人的传统观念，公孙弘属于"大器晚成"那一类大人物。他家居菑川薛邑（今山东青州北），生于公元前 200 年，其时西汉王朝刚刚建立两年，从其"少时为狱吏，有罪，免"且四十岁以后能专心学《春秋》杂说的情况看，他出身不应该很贫苦。所谓"家贫，牧豕海上"，大概是失去小吏之位后愤而从事的一种职业。他倾心学习儒家经典是在四十岁以后，这一选择显示了他对时代脉搏的准确把握，为后来走向政坛准备了条件。果然，汉武帝甫登帝位，就开始将统治思想从黄老之学向儒学转移。即位第二年，即举贤良文学对策，选拔儒生入仕。年已六十岁的公孙弘慨然应征，可能其对策思路与汉武帝相投契，因而被拔出同列，任为博士。汉武帝交给他的第一个任务是出使匈奴，此次出使的具体情况已经失载。大概他返朝后对武帝发表了一通"夷夏之辨"的迂阔之论，结果是"还报，不合意，上怒，以为不能，弘乃移病免归"（《汉书·公孙弘传》）。六年以后的元光元年（前 134），年近望七的公孙弘第二次被菑川国举荐应贤良文学对策。这次汉武帝出的题目内容是上古尧舜时为什么风调雨顺、风俗淳朴、政治清明，要贤良文学们从

"天文地理人事之纪"做出回答。公孙弘在对策中提出"治民之本"八条：

> 臣闻上古尧舜之时，不贵爵赏而民劝善，不重刑罚而民不犯，躬率以正而遇民信也；末世贵爵厚赏而民不劝，深刑重罚而奸不止，其上不正，遇民不信也。夫厚赏重刑未足以劝善而禁非，必信而已矣。是故因能任官，则分职治；去无用之言，则事情得；不作无用之器，即赋敛省；不夺民时，不妨民力，则百姓富；有德者进，无德者退，则朝廷尊；有功者上，无功者下，则群臣逡；罚当罪，则奸邪止；赏当贤，则臣下劝：凡此八者，治民之本也。故民者，业之即不争，理得则不怨，有礼则不暴，爱之则亲上，此有天下之急者也。故法不远义，则民服而不离；和不远礼，则民亲而不暴。故法之所罚，义之所去也；和之所赏，礼之所服也。礼义者，民之所服也，而赏罚顺之，则民不犯禁矣。（《汉书·公孙弘传》）

同时，又提出了"气同"，"声比"，"人主和德于上，百姓和合于下"的和合理论以及对仁、义、礼、智等所谓治之本的阐述。公孙弘对策中提出的一套观点，大都似曾相识，找不到多少新创造的东西，而只是传统儒学理论的复述与阐发。所以负责考试的太常理所当然地将他的对策排在下等，呈给汉武帝定夺。谁知汉武帝十分赏识公孙弘的对策，将其从下第拔擢为第一。召见时，又见这位老人"容貌甚丽"，内心窃喜，由是再次拜为博士，待诏金马门。大概公孙弘也意识到自己的年龄，又一次以一种时不我待的急迫心情上书推销自己的观点：

陛下有先圣之位而无先圣之名，有先圣之名而无先圣之吏，是以势同而治异。先世之吏正，故其民笃；今世之吏邪，故其民薄。政弊而不行，令倦而不听。夫使邪吏行弊政，用倦令治薄民，民不可得而化，此治之所以异也。臣闻周公旦治天下，期年而变，三年而化，五年而定。唯陛下之所志。(《汉书·公孙弘传》)

这里的公孙弘已经以周公自居，气势之盛完全不像年近七十岁的老人，所以武帝不由追问他："弘之材能自视孰与周公贤？"大话已经吹出去，公孙弘只得大言不惭地应付说："愚臣浅薄，安敢比材于周公！虽然，愚心晓然见治道之可以然也。夫虎豹马牛，禽兽之不可制者也，及其教驯服习之，至可牵持驾服，唯人之从。臣闻揉曲木者不累日，销金石者不累月，去人之于利害好恶，岂比禽兽木石之类哉？期年而变，臣弘尚窃迟之。"(《汉书·公孙弘传》)虽然自吹超过周公，却使汉武帝愈加赏识。公孙弘一岁三迁，元光二年即晋升左内史，成为主持京师政务的重要官员之一。元朔三年（前126），晋升御史大夫，第二年就代蔡泽任丞相，封平津侯，位极人臣，最后于元狩二年（前121）得以寿终。公孙弘尽管以治《春秋》荣登相位，但他在儒学理论的创新方面却鲜有贡献。《汉书·艺文志》记有《公孙弘十篇》，已佚，无从知晓具体内容。勉强可算作他思想资料的也就是《汉书》本传所载的那些对策、上书之类，其中展示的思想火花可称颂者实在寥寥无几。不过，在中国儒学史，特别是两汉经学史上，公孙弘仍然占有独特的地位。首先，公孙弘因治《春秋》，以举贤良文学对策起家，在耄耋之年火箭般地由博士而左内史，而御史大夫，而丞相封侯，由此，公孙弘本身就成为汉王朝向全国儒生发出的强有力的信息，读经是入仕的门径，晋身的阶梯，使"天下学士靡然乡风矣"（《汉书·儒林传》）。

入仕后的公孙弘也的确时刻关注着儒生的利益，在升任丞相的元朔五年（前124），即向汉武帝提出了为太学博士置弟子、复其身和以学业状况任官的一整套建议，得到了武帝的首肯。这样，儒生入仕就有了规范化的门径。随着同刘邦一起创业的武力功臣从政坛上消失，汉初的布衣将相之局成为历史陈迹，一批又一批的儒生跻入汉帝国的庙堂，西汉官吏"彬彬皆文学之士"，文化素质大大提高。这对承担越来越繁重的政务、提高行政效率是有积极意义的。其次，经过卫绾、公孙弘、董仲舒等人的努力，使西汉的统治思想基本上完成了由黄老之学到儒学的转变，实现了儒学与政治的结合。此一转变，对此后两千多年的中国产生了极其深远的影响。

如果说，在孔子、孟子、荀子生活的春秋战国时代，儒学与政治的结合还仅仅是大师们可望而不可即的理想，那么，到西汉建国伊始，儒学与政治的结合就逐步迈出了实质性的步伐。叔孙通制朝仪，张苍定章程，使汉高帝刘邦从实用的层面上认识了儒学的价值，因而才出现他以太牢之礼曲阜朝圣的场面。但此后惠、文、景时期由于黄老之学的兴盛，儒学与政治的结合暂时中断。不过，由于汉初一批儒学大师的努力，儒学的勃兴成为不可阻挡之势。而在董仲舒之手推出的新儒学使汉武帝认识到它巨大的思想价值。由此，导致了一个"罢黜百家，独尊儒术"政策的出台，在推动此一政策出台和此后实践儒学与政治结合的过程中，公孙弘以丞相之尊发挥了别人不可替代的作用。比如，他"习文法吏事，缘饰以儒术"，推动了儒学与刑法的结合。此后在两汉司法实践中盛行的"《春秋》决狱"，他应该是重要的启诱推动者之一。汉武帝时期执掌司法权的张汤就以公孙弘为老师，时时请教之。尽管如此，由于公孙弘在理论上缺乏创造，出道时又已是垂垂老者，因而在儒学思想史上的地位不仅难以同董仲舒相比肩，就是与在他前后活跃于思想界的陆贾、贾谊、儿宽、京房、刘向、刘歆等相比，也逊色多了。

二

公孙弘从元光五年（前130）第二次被征为博士，到元狩二年（前121）卒于丞相任上，前后十个年头。其间任博士、左内史约四年，任御史大夫两年，任丞相四年。十年之中，他的政绩不过如下数项：

1. 元光五年（前130），汉武帝实施通西南夷的计划，"巴蜀苦之"。公孙弘应武帝之命前往视察，"还奏事，盛毁西南夷无所用，上不听"（《汉书·公孙弘传》）。

2. 元朔元年（前128），汉武帝接受东夷秽君南闾的归诚，在今日朝鲜半岛中部设置苍海郡，第二年，卫青等对匈奴的征伐中收复河南地，置朔方、五原郡。公孙弘对汉武帝向周边少数民族用兵不以为然，"以为罢弊中国以奉无用之地"（《汉书·公孙弘传》）。他数次上书，要求汉武帝停止开边拓土的一切活动，汉武帝对公孙弘的意见不便直接否定，于是召来能言善辩的朱买臣等人与公孙弘辩论，结果是"发十策，弘不得一"。公孙弘只得谢罪说："山东鄙人，不知其便若是，愿罢西南夷，苍海，专奉朔方。"（《汉书·公孙弘传》）

以上两件事，均与汉武帝的武力拓边政策有关。这里，公孙弘较多地看到了汉武帝拓边政策的负面影响，即给国家财政带来危机，给黎民百姓带来灾难，因而多次投了反对票。但是，公孙弘却忽略了汉武帝拓边政策从总体上具有的积极意义：解除了匈奴等少数民族对汉帝国边塞地区的袭扰，开拓了疆域，加速了民族融合的步伐，促进了中外经济文化的交流。公孙弘在这一重大问题上的立场，显示了儒生政治家保守有余、进取不足的品性，说明他在政治上不可能有大的作为。

3. 元朔二年（前127），杀人不眨眼的大侠郭解被政府捕获。侦讯表明，其亲手杀人案皆发生于朝廷颁布大赦令前。而在大赦令颁布后他的党羽犯下的杀人案，他则一概不知。按律郭解应无罪释放。在朝廷议决这一案件时，公孙弘却主张族灭郭解一家。理由是："解布衣为任侠行权，以睚眦杀人，解不知，此罪甚于解知杀之。当大逆无道。"（《汉书·游侠传》）汉武帝采纳了公孙弘的建议，族灭了郭解一家。游侠是春秋战国以来社会上引人注目的群体，他们以武犯禁，无视国家法规，只是在特殊条件下才有些积极意义。任其存在，不利于国家和社会的稳定。公孙弘在此问题上所展示的传统儒家立场无疑是正确的。后世不少史学家对他的立场和识见表示了肯定。

4. 元朔五年（前124），公孙弘提出了一项禁民挟弓弩的建议："民不得挟弓弩。十贼彍弩，百吏不敢前，盗贼不辄伏辜，免脱者众，害寡而利多，此盗贼所以蓄也。禁民不得挟弓弩，则盗贼执短兵，短兵接则众者胜。以众吏捕寡贼，其势必得。盗贼有害无利，则莫犯法，刑错之道也。臣愚以为禁民毋得挟弓弩便。"（《汉书·吾丘寿王传》）对公孙弘此一迂阔而可笑的建议，汉武帝让时任光禄大夫侍中的吾丘寿王与之诘辩。吾丘寿王指出禁民挟弓弩不过是秦王朝禁令的复活，这一禁令既未消弭盗贼，亦未阻止秦朝的灭亡，其效果可想而知。最后，吾丘寿王从历史、现实、礼教多方面论证，力驳公孙弘之谬："愚闻圣王合射以明教矣，未闻弓矢之为禁也。且所为禁者，为盗贼之以攻夺也。攻夺之罪死，然而不止者，大奸之重诛固不避也。臣恐邪人挟之而吏不能止，良民以自备而抵法禁，是擅贼威而夺民救也。"（《汉书·吾丘寿王传》）面对吾丘寿王的有力驳斥，面对汉武帝否定的目光，公孙弘又一次"诎服"了。平心而论，公孙弘此项建议是为了汉帝国的长治久安，目的是防范民众对朝廷的反叛。后来的历代王朝大都执行了这一禁令。公孙弘建议的被驳回，原因有二：一是他的论述偏离防民动乱的主旨，二是此时的武帝正借助民力开边拓土。

5. 元朔五年（前 124）六月，公孙弘与太常、博士一起上书汉武帝，提出兴学、置博士弟子、任儒生为官的建议：

今陛下昭至德，开大明，配天地，本人伦，劝学兴礼，崇化厉贤，以风四方，太平之原也。古者政教未洽，不备其礼，请因旧官而兴焉。为博士官置弟子五十人，复其身。太常择民年十八以上仪状端正者，补博士弟子。郡国县官有好文学，敬长上，肃政教，顺乡里，出入不悖，所闻，令相长丞上属所二千石，二千石谨察可者，常与计偕，诣太常，得受业如弟子。一岁皆辄课，能通一艺以上，补文学掌故缺；其高第可以为郎中，大常籍奏。即有秀才异等，辄以名闻。（《汉书·儒林传》）

此外，还有任儒生为左右内史、大行卒史、郡太守卒史、中二千石属、郡属等职的建议。此一上书得到汉武帝的认可，为广大儒生入仕开启了一个畅通的门径，使西汉的官吏成分发生了质的变化。对于这一新的人才选育制度的形成，公孙弘起了别人不可替代的作用。

从元光五年（前130）至元狩二年（前121）公孙弘任政的十年间，好大喜功的汉武帝在政治、经济、军事和思想文化上有许多重大举措。如加强中央集权，严惩燕、齐、淮南、衡山诸王，推行"众建诸侯而少其力"的政策；算车船；继续对匈奴的战争，置朔方、五原郡，通西域、西南夷；迁豪徙民；命郡国按时举贤良，为博士置弟子员，等等。在以上重大决策中，公孙弘参与的谋划很少，而有一些参与还是以汉武帝的对立面出现的。公孙弘任职御史大夫和丞相之时，中朝已经建立并承担起国家重大决策的重任，丞相已处于无足轻重的地位。可以设想，如果此时的丞相职权仍像秦和西汉初年那么重要，七旬老翁的公孙弘是很难胜任的。

三

最后，应该分析一下公孙弘事君、行政和为人处事的态度。

公孙弘事君似乎可以用"圆滑"二字概之，尽管他被阿谀之讥，但与江充之类佞臣还不能等列。在通西南夷，开苍海、朔方郡等问题上，他也敢于陈述自己的真实意见，只是在数次触霉头之后，他学乖了，"每朝会议，开陈其端，使人主自择，不肯面折庭争"。有一个十分典型的故事："弘奏事，有所不可，不肯庭辩。常与主爵都尉汲黯请间，黯先发之，弘推其后，上常说，所言皆听，以此日益亲贵。尝与公卿约议，至上前，皆背其约以顺上指。汲黯庭诘弘曰：'齐人多诈而无情，始与为臣等建此议，今皆背之，不忠。'上问弘，弘谢曰：'夫知臣者以臣为忠，不知臣者以臣为不忠。'上然弘言。"（《汉书·公孙弘传》）公孙弘即使参与辩诘，但一旦发现与皇帝的意见相反，便立马服输。如谏置朔方郡和禁民挟弓弩之事，他皆取此立场。他的圆滑虽然引来不少同僚的非议，但却增强了汉武帝对他的信任，"左右幸臣每毁弘，上益厚之"。公孙弘未发达时，有过牧豕海上的经历，那显然是一段与社会下层接触较多的生活。他贵为三公后，自奉仍然比较简朴，用布被，"身食一肉，脱粟饭，故人宾客仰衣食，俸禄皆以给之，家无所余"。他生活上的节俭，使不少人认为是故意做作的"激发之行"。汲黯就向汉武帝告他"位在三公，俸禄甚多，然为布被，此诈也"。当武帝以此事诘问公孙弘时，他回答："有之。夫九卿与臣善者无过黯，然今日庭诘弘，诚中弘之病。夫以三公为布被，诚饰诈欲以钓名。且臣闻管仲相齐，有三归，侈拟于君，桓公以霸，亦上僭于君；晏婴相景公，食不重肉，妾不衣丝，齐国亦治，此下比于民。今臣位为御史大夫，为布被，自九卿以下至于小吏，无差，诚如黯言，且无黯忠，陛下安闻此言？"（《汉书·公孙弘传》）公孙弘的回答机智而得体，汉武帝非常满意；公孙弘生活上的节俭，在侈靡之风愈演愈烈的汉武帝时代，与达官贵人生活上的奢侈形成巨大反差。他的行动不能说没有一点"激发之意"，但也不乏主观的真诚，无论如何不能成为被嘲弄诋毁的口实。

公孙弘对同朝为官的僚佐，表面上十分宽厚，甚至将大部分俸禄用于宾客的生计。但实际上，"其性意忌，外宽内深"，容不得比自己高明的人，更容不得与自己意愿相左的人。元朔二年（前127），提出"众建诸侯而少其力"的主父偃，先是被武帝安排主持燕王刘定国谋反一案，逼其自杀。接着，又受任为齐国相。因齐王刘次昌行为不端，在主父偃的严厉追查下，也惊恐自杀。

由于削弱诸侯王是汉武帝的既定方针，所以对燕、齐二王的处置肯定得到他的允准。不久，尽管赵王刘彭祖告发主父偃有收受诸侯贿赂的丑行，汉武帝还是想对他从轻发落。但公孙弘一反他不肯面折庭争的行为准则，力主严惩主父偃："齐王自杀无后，国除为郡，入汉。偃本首恶，非诛偃，无以谢天下。"（《汉书·主父偃传》）狡兔死而走狗烹，武帝的面子当然比主父偃的生命更重要，锋芒毕露的主父偃最终得到族诛的下场。事实上，在汉武帝加强专制主义中央集权的一系列决策中，主父偃是一个提供思想和谋略的重要人物。虽然他有贪贿的劣迹，但族诛的惩罚还是太重了。公孙弘对主父偃的嫉恨产生于道不同，他已由"道不同不相为谋"发展到道不同则相排陷了。

与公孙弘一同举贤良文学对策并为汉武帝特别倚重的董仲舒，因对公孙弘的阿谀之态有非议，引起公孙弘的忌恨。但因为董仲舒一贯"为人廉直"，公孙弘难以找到报复他的理由，所以一直隐忍不发。元朔五年（前124），纵恣不法的胶西王相位空缺，公孙弘乘机向汉武帝推荐董仲舒为胶西王相，想通过胶西王加害董仲舒。不过，由于董仲舒比较善于处理与胶西王的关系，加上他大学问家的赫赫声名，在他为相期间，胶西王始终敬重他，自然不会加害于他。公孙弘的如意算盘落了空。大概董仲舒也觉察到公孙弘心术不正，不久就辞去相位，返家专心读书与著述了。

另一位名臣汲黯，治黄老之学，敢说敢为，经常诋毁儒学，并当面斥责公孙弘狡诈阿谀。公孙弘表面上不急不恼，甚至对汉武帝赞扬汲黯的质直敢言，但内心对他十分忌恨，总想寻机给他制造难题。公孙弘见右内史府为是非之地，难于治理，不少官员在这里栽了跟头，就极力推荐汲黯为右内史，以期使之失误罹祸："右内史界部中多贵臣、宗室，难治，非素重臣不能任，请徙汲黯为右内史。"（《汉书·汲黯传》）然而，公孙弘的企图又一次成为泡影，汲黯以他既定的无为而治的为官做人的技巧最终免祸了。

促成主父偃的族诛和对董仲舒、汲黯的包藏祸心的任用，展示了公孙弘内心的阴暗面，显露了他睚眦之怨必报的品性，使他恂恂儒者的形象大打折扣。

至此，人们不禁要问，导致公孙弘如此事君和为人的原因是什么？稍加辨析，就能发现，公孙弘之所以如此，除了他服膺的传统儒家那套"修、齐、治、平"理论特别是伴君原则外，更根本的原因是他清醒地认识到自己面临的形势，对自己有一个恰如其分的定位。他有较丰富的人生阅历，七十多岁才进入高官的行列，通过亲身践履和细密观察，他知道汉武帝是一个气势如虹、雄才大略、热衷于专制集权的帝王。中朝建立以后，此前作为百官之首、处于政务中枢的丞相已被排斥在朝廷的重大决策之外，丞相府成了等因奉此的执行机构，公孙弘明白自己不仅无力改变这一局面，而且必须适应并安于这一局面。只有如此，才能保住官位和性命。由此决定了公孙弘的事君和为人态度是小心翼翼，奉命唯谨，不越位，不争权，甘当配角，不主动参与重大决策。遇事察言观色，唯汉武帝马首是瞻，遇到尴尬场面，他就用不辩解、自我解嘲或老实认输的办法对付过去。特别是，公孙弘是一个知进亦知退的人物。元狩元年（前122），发生了淮南和衡山两个诸侯王谋反的案件，被牵连治罪的列侯、二千石高官及一般吏民多达数万人。面对统治集团内部血雨腥风的斗争，想到自己的年纪和日趋衰弱的身体，为了求得善终，他及时上书武帝，要求辞去丞相之职："陛下躬孝弟，监三王，建周道，兼文武，招徕四方之士，任贤序位，量能授官，将以厉百姓劝贤材也。今臣愚驽，无汗马之劳，陛下过意擢臣弘卒伍之中，封为列侯，致位三公。臣弘行能不足以称，加有负薪之疾，恐先狗马填沟壑，终无以报德塞责。愿归侯，乞骸骨，避贤者路。"（《汉书·公孙弘传》）但汉武帝诚心挽留他，使之最终以八十之年死在丞相的位子上。十分明显，正是因为公孙弘的所作所为投合了武帝的需要，所以武帝对他的信任才老而弥笃。既然公孙弘的存在不会给武帝的专制集权带来麻烦，又能作为儒生的人望发挥榜样的力量，武帝自然乐意让他在丞相的位子上寿终正寝了。

至此，答案已经明确：是儒家学说与汉武帝当国的时代条件造就了公孙弘这个人和他可喜而又可悲的品性。不过，比较而言，公孙弘还是幸运的。因为尽管他未能在国家的重大决策中发挥作用，但毕竟位尊名重，生荣死哀。就其才干和能力而言，这已经是最好的结局了。在他之后任丞相的李蔡、严青翟、赵周、石庆，已经是"丞相府客馆丘虚"，其后公孙贺、刘屈氂任丞相时，丞相府就"坏以为马厩车库奴婢室"了。六人中得以寿终的只有"醇谨"的石庆一人，其余五人都因种种缘由死于非命。公孙弘之后的丞相失去了更多的权力，但却又要为政治的失误承担责任，他们的命运就只能与悲剧连在一起了。

司马迁悲剧与结局

被誉为中国"史学之父"的司马迁以他"刑余"之身完成了我国历史上第一部划时代的史学巨著《太史公书》。这部被后人定名为《史记》的博大精深的史学名著，充分展示了司马迁作为百科全书式的学者与思想家的学识和才华。令后辈学人和读者一提起这个人与这部书，就油然而生一种"高山仰止，景行行止"的崇敬之情。而特别使后人痛惜不已的是这位盖世英才、史学奥林匹斯山上的宙斯，竟然遭受非人的腐刑，并且连卒年与卒因都成了千古之谜。本文不打算对司马迁与《史记》进行全面评论，仅就其悲剧成因与结局之谜提出一些新的解释。

一

司马迁在继其父任太史令十年后的天汉二年（前99）遭受"李陵之祸"，其时他正值盛年，只有三十七岁（司马迁卒年，史家有多种说法，此处从郭沫若说）。此一事件本身并不复杂：当年贰师将军李广利挂帅征匈奴，其麾下将领李陵率五千步卒深入大漠，与匈奴数万铁骑鏖战经月，由于寡不敌众，李广利又拒绝发兵救援，李陵一支孤军只能且战且退，最后全军覆没。李陵没有以身殉国，而是选择了"一失足即成千古恨"的投降一途。消息传到汉朝廷，引起武帝震怒；朝堂之上，趋炎附势、看武帝眼目行事的满朝文武自然也对李陵发出义正词严的谴责，一致要求予以严惩。只有司马迁对此持不同看法。但一碍于人微言轻，思量自己的意见讲出来不起作用，二怕与大多数朝臣的意见相左，那种茕茕孑立的滋味也不好受，故而隐忍不发。大概汉武帝发现朝臣中只有司马迁未表态，特意召问，司马迁于是和盘托出了自己的意见，结果陷入不测之罪。司马迁在《报任少卿书》中对这一事件的经过作了十分详尽的叙述：

夫仆与李陵俱居门下，素非相善也，趣舍异路，未尝衔杯酒接殷勤之欢，然仆观其为人自奇士，事亲孝，与士信，临财廉，取予义，分别有让，恭俭下人，常思奋不顾身以徇国家之急。其素所蓄积也，仆以为有国士之风。夫人臣出万死不顾一生之计，赴公家之难，斯已奇矣。今举事一不当，而全躯保妻子之臣随而媒孽其短，仆诚私心痛之。且李陵提步卒不满五千，深践戎马之地，足历王庭，垂饵虎口，横挑强胡，卬亿万之师，与单于连战十余日，所杀过当。虏救死扶伤不给，旃裘之君长咸震怖，乃悉征左右贤王，举引弓之民，一国共攻而围之。转斗千里，矢尽道穷，救兵不至，士卒死伤如积。然李陵一呼劳军，士无不起，躬自流涕，沫血饮泣，张空拳，冒白刃，北首争死敌。陵未没时，使有来报，汉公卿王侯皆奉觞上寿。后数日，陵败书闻，主上为之食不甘味，听朝不怡。大臣忧惧，不知所出。仆窃不自料其卑贱，见主上惨凄怛悼，诚欲效其款款之愚。以为李陵素与士大夫绝甘分少，能得人之死力，虽古名将不能过也，身虽陷败，彼观其意，且欲得其当而报汉。事已无可奈何，其所摧败，功亦足以暴于天下。（《汉书·司马迁传》）

这里，司马迁为李陵辩护的理由有三点：一是他品格高尚，"有国士之风"。二是他投降出于万般无奈，身不由己，内心还是向着故国的，所谓"欲得其当而报汉"。三是他尽管在此役失败，但也给敌人以重创，"功亦足以暴于天下"。平心而论，司马迁为李陵辩护的这些理由是不能成立的，因为李陵确实投降了匈奴，大节已亏，怎么能拿品格与功劳与之相抵消呢！对此，王夫之有如下一段评论：

> 李陵之降也，罪较著而不可掩……为将而降，降而为之效死以战，虽欲浣涤其污，而已缁之素，不可复白，大节丧则余无可浣也……李陵曰：思一得当以报汉，愧苏武而为之辞也？其背道也，固非迁之所得而文焉者也。（王夫之《读通鉴论》卷二）

王夫之的见解纵然有些偏激，但应该说比司马迁高明。这里问题的症结不在司马迁的意见正确与否，而在于即便他的意见是错误的，是否就应该遭受如此惨无人道的刑罚？按照现代民主制度关于言论自由的规定，司马迁当然无丝毫罪责可言；即使依照战国时代"百家争鸣"的传统，他也不应该受到任何惩罚。孔子、墨子、孟子、荀子、韩非子以及稷下学派的那些缙绅先生们，不都是在国君面前"夸主以为名，异取以为高"，各抒己见，侃侃而谈么！谁又怕与国君意见相左而为自己招来祸患呢？司马迁不是生活在现代民主制度下，他当然没有"言论自由"的理念，司马迁生活在雄才大略的汉武帝不断加强专制主义中央集权的时代，可他的头脑中偏偏没有牢固树立起"臣罪当诛兮天王圣明"的观念。作为一个受传统文化熏陶特深的知识分子，他思维的空间还停留在"天下一致而百虑，同归而殊途"的"百家争鸣"的时代：在那里，国君的绝对权威还没有树立起来，在浓浓的"礼贤下士"的氛围中，国君们面对有点趾高气扬的知识分子不合己意的议论，也只能"王顾左右而言他"。司马迁向往和眷恋着那个一去不复返的时代。他尊敬父亲的学问、志向，更服膺父亲的观念，一篇《论六家要旨》，既表明他们父子崇尚"自然无为"的道家思想，又展示了他们充分肯定其他学派优长的客观而公正的宽容态度。而在《史记》所记述的几乎所有涉及思想问题的篇章中，无不透出他那种"择善"与"兼容"的学术品格。

也许司马迁身上因袭的担子太重了，所以，尽管他也锐敏地觉察到时代的变化，但却忽略了这种变化对自己的制约。他并非不知道秦王朝加强专制集权的史实，也洞悉"焚书坑儒"的浩劫给知识分子和文化带来的灾难。不过，在司马迁看来，这一切都是脱离正轨的非常举措：秦王朝不是被高举着"伐无道，诛暴秦"的农民起义大军推翻了么！大汉王朝的缔造者刘邦不是以宣布"废秦苛法"而赢得百姓的拥护从而成为群雄逐鹿的胜利者么！况且，西汉初年，由于禁网疏阔，战国各学派的传人都很活跃。除墨、名二家未见其思想代表人物外，其余各派都有其后学著名于时。他们大都能较自由地表述自己的学说而没有受到干预。那位"诗"博士辕固作为铁杆儿的儒家学派传人，敢于当面顶撞一言九鼎、对黄老学说痴迷的窦太后，既未丢官，更没有掉脑袋。而他与黄生还能在景帝面前自由地辩论"汤武革命"，景帝不仅不怪罪他们，还以和稀泥调和他们的矛盾。这一切，展现在司马迁面前不啻是一片光明，"今上"汉武帝在司马迁眼里，更是一位世罕其匹的英明天子，正是他把汉王朝推向辉煌的顶峰。司马迁是怀着神圣的使命感为汉王朝和"今上"写史的。在与壶遂的对话中，他道出了自己的肺腑之言：

汉兴已来，至明天子，获符瑞，封禅，改正朔，易服色，受命于穆清，泽流罔极，海外殊俗重译款塞，请来献见者，不可胜道。臣下百官力诵圣德，犹不能宣尽其意。且士贤能矣，而不用，有国者耻也；主上明圣，德不布闻，有司之过也。且余掌其官，废明圣盛德不载，灭功臣贤士大夫之业不述，堕先人所言，罪莫大焉。（《汉书·司马迁传》）

正因为如此，司马迁认为他出于忠诚之心，讲点不同流俗之言，纵然得不到褒奖，总不至于下狱治罪吧。然而，"事乃有大谬不然者"，这恰恰是司马迁认识的误区，而这正是造成他悲剧的内在原因。悲剧发生前，司马迁只看到汉武帝那光芒四射的一面，没有或忽略了他那黑暗促狭的一面。其实，此时的汉武帝已经在专制独裁的路上迈开了他的父祖辈从未迈出的步子，在政治、经济和思想文化方面实施了一系列加强专制集权的政策。在他身上，乃祖刘邦、文帝、景帝对不同意见的宽容雅量已被抛得无影无踪。他已经在洋洋盈耳的谀辞中昏昏然飘飘然了。他自视圣明，绝对正确，听不得半点逆耳之言。他为所欲为，透过臣下，任用酷吏，肆意杀伐，不惜以臣下的鲜血维护自己的尊严。元狩五年（前118），丞相李蔡被逼自杀，罪名是"盗孝景园壖地"。元鼎二年（前115），御史大夫张汤与丞相庄青翟以及丞相长史朱买臣、王朝、边通等之间发生了一场内部纠斗，汉武帝毫不犹豫地一股脑儿将他们送上断头台。元鼎五年（前 112），以诸侯所献酎金成色不足为由，逼令丞相赵周自杀。

面对汉武帝的日益专断嗜杀，不少臣子包括一些著名思想家都在思谋保全自己的办法，"顺上指"成为他们理想的选择，于是佞臣的队伍不断扩大。这其中，公孙弘与董仲舒的表现比较典型。公孙弘由一介儒生举贤良文学对策，因特别善于揣摩上意，一岁中官至左内史，不久升至丞相，得以寿终。他为官的秘诀就是决不与皇帝争辩。本传记载：

弘奏事，有所不可，不肯庭辩。常与主爵都尉汲黯请间，黯先发之，弘推其后，上常说，所言皆听，以此日益亲贵。尝与公卿约议，至上前，皆背其约以顺上指。汲黯廷诘弘曰："齐人多诈而无情，始为与臣等建此议，今皆背之，不忠。"上问弘，弘谢曰："夫知臣者以臣为忠，不知臣者以臣为不忠。"上然弘言。左右幸臣每毁弘，上益厚遇之。（《汉书·公孙弘传》）

董仲舒也是以举贤良文学对策起家，在他的神学目的论的思想体系中，推演灾异占有重要地位。但是，在一次推演灾异触了霉头后，他再也不敢重操旧业了：

仲舒治国，以《春秋》灾异之变推阴阳所以错行……先是辽东高庙，长陵高园殿灾。仲舒居家推说其意，草稿未上，主父偃候仲舒，私见，嫉之，窃其书而奏焉。上召视诸儒，仲舒弟子吕步舒不知其师书，以为大愚。于是下仲舒吏，当死，诏赦之。仲舒遂不敢复言灾异。（《汉书·董仲舒传》）

较之公孙弘、董仲舒等而下之的人物，满朝文武比比皆是。然而，司马迁却没有进入这个行列。一方面，他入世不深，阅历太浅。太史令的职务，打交道的是以往留下来的文献典籍，使他终日沉浸在与古人的对话中。对于现实中官场的黑暗，人心的叵测，了解太少。况且，太史令的官位，秩级太低，俸禄微薄，又不是人人都可胜任愉快的，因而觊觎者寥寥，使他不易陷入官场争权夺利的斗争，历练的机会太少，也就难以亲身感受仕途的艰险，不易产生强烈的自我保护意识。另一方面，也是最根本的，是他错误地认为汉武帝是有道明君，自己献出一片赤诚，总不会获得"忠而见疑，信而遭谤"的结果。如此一来，造成司马迁悲剧的内因就铸成了。李陵之祸不过是外部条件，或者说是一个触发点而已。

二

由于司马迁之死史籍缺乏明确记载，后人对其死因与卒年就产生了各种臆测。写《汉书》的班固在为其作传时已经搞不清楚，所以干脆不记。东汉卫宏在《汉书旧仪注》中说："司马迁作《景帝本纪》，极言其短及武帝过，武帝怒而削去之，后坐举李陵，陵降匈奴，故下迁蚕室。有怨言，下狱死。"东晋葛洪在《西京杂记》中承袭卫说。后人联系司马迁遭受腐刑的惨剧，直认为此说顺理成章。清人王鸣盛在《十七史商榷》中对卫宏说提出质疑："今观《景纪》，绝不言其短。又迁下蚕室，在天汉三年，后为中书令，尊宠任职。其卒在昭帝初，距获罪被刑盖已十余年矣，何得谓下蚕室，有怨言，下狱死乎？与情事全不合，皆非是。"王鸣盛的辩驳足以破卫宏之论。此后，王国维写了《太史公行年考》一文，除在司马迁生年的判定上稍有疏漏（提前十年）外，其他史实的考订皆严密而精慎。他认定司马迁并非死于非命，卒年在汉武帝死日前后。再后，撰《太史公年谱》的张鹏一虽然将司马迁卒年考定在昭帝末，但没有坚持"下狱死"说。范文澜在《中国通史简编》中，对于司马迁卒年采取武末昭初说，大体上综合了王鸣盛与王国维的意见。

对于司马迁这个中国史学史、文学史上犹如泰山北斗般的伟人，史籍为什么对他的死因与卒年失记呢？要破这个谜，关键在于搞清李陵之祸对他的影响。应该承认，在司马迁之后，几乎所有的史家都承认李陵之祸对他的影响是深巨的。笔者认为，这个影响主要表现在两方面：一是他对当权者尤其是"今上"汉武帝的认识发生了质的变化，决心隐忍苟活，完成划时代的史学巨著。二是对自我认识更加明晰，定位更加准确，自我保护意识更加成熟。而集中展示这种影响的是他留下的《史记》，特别是那篇饱含着血泪的《报任少卿书》。的确，陷入李陵之祸的司马迁的痛苦是不可名状的："仆以口语遇遭此祸，重为乡党戮笑，污辱先人，亦何面目复上父母之丘墓乎？虽累百世，垢弥甚耳！是以肠一日而九回，居则忽忽若有所亡，出则不知所如往。每念斯耻，汗未尝不发背沾衣也。"（《汉书·司马迁传》）他痛苦中的思索是前所未有的深彻，留下一部史书的决心也是前所未有的坚定，对于自己人生价值的定位更是前所未有的明晰：

仆之先人非有剖符丹书之功，文史星历近乎卜祝之间，固主上所戏弄，倡优畜之，流俗之所轻也。假令仆伏法受诛，若九牛亡一毛，与蝼蚁何异？而世又不与能死节者比，特以为智穷罪

107

极，不能自免，卒就死耳。何也？素所自树立使然。人固有一死，死有重于泰山，或轻于鸿毛，用之所趋异也……仆虽怯懦欲苟活，亦颇识去就之分矣，何至自湛溺累绁之辱哉！且夫臧获婢妾犹能引决，况若仆之不得已乎！所以隐忍苟活，幽粪土之中而不辞者，恨私心有所不尽，鄙陋没世而文采不表于后也。

……仆窃不逊，近自托于无能之辞，网罗天下放失旧闻，考之行事，稽其成败兴坏之理……亦欲以究天人之际，通古今之变，成一家之言。草创未就，适会此祸，惜其不成，是以就极刑而无愠色。（《汉书·司马迁传》）

认识升华，目标明确，而实现此一目标的关键在于保住自己的伤残之躯。办法是谨言慎行，处处小心，不露半点锋芒。胸中尽管不时激荡着历史的风涛与时代的烟云，但在现实中，要尽量让人感觉不到司马迁的存在。以后，他彻底抛弃了自己邀游天下、奉征西南夷时的那种浪漫主义、理想主义和为国献身的凌云壮志，自甘于位卑秩低的史官之位，争取活下去的条件与环境。

受刑后的司马迁变得沉默寡言，低眉顺眼，对皇帝恭顺有加，对达官贵人敬而远之。人们都认为司马迁是个无足轻重的人物。但是，司马迁的灼灼才华在当时又是无人能比的，大概在其康复以后不久，汉武帝就用其所长，任命他做了类似皇帝秘书长的中书令。在这个显赫的位子上，如果司马迁存心报复，他可以弄权，可以受贿，可以拉帮结伙，聚党营私。但司马迁对此却不屑一顾。在官位上，他等因奉此，不求有功，但求无过，不陷入是非之地，不牵进政争旋涡。一切以保住自身为鹄的，以完成《史记》为职志。"身直为闺阁之臣，宁得自引深臧于岩穴邪！故且从俗浮湛，与时俯仰，以通其狂惑。"（《汉书·司马迁传》）所以，当因戾太子一案而被判死罪的好友任安致书于他，规劝他"推贤进士"时，遭到他的断然拒绝，理由是"与仆之私指谬"。此时的司马迁与受刑前的司马迁简直是判若两人了。你看，以前他以小小的太史令之官，敢于毫无顾忌地为只有点头之交的李陵仗义执言；而后，面对即将受死刑的挚友任安的请求，他却冷漠地不予理睬，尽管他此时已处在能够对武帝进言的高位上。在常理看来，这时的司马迁实在也太不近人情了。然而，这恰恰是司马迁大彻大悟的表现，透出的是强烈的自我保护意识。因为司马迁明白，为任安说情，纵使侥幸成功，也不过使个人生命得以稍稍延续；而一旦引起武帝震怒，不仅会促成任安速死，而且自己也会牵进死亡之网，那梦魂牵绕的史书就中途夭折了。在这个问题上，孰轻孰重，孰小孰大，孰得孰失，司马迁有自己的冷静决断。在他心目中，《史记》重于自己的生命，与《史记》同在是他唯一的选择。

行文至此，我们似乎可以作如下合理推断：司马迁是以正常情况而寿终正寝的。因为他与世无争又不卷入政争，类似李陵之祸的事情与之无缘；因为他忠顺地为汉武帝服务，无丝毫有违"圣意"之举，汉武帝也没有理由再加刑给这个已在他彀中的可怜之人。显然，受刑后的司马迁已经从权贵们的视野中消失了。他生时充满了屈辱，死时自然无法"备极荣哀"。最大的可能是，他在完成《太史公书》后的某一天毫无遗憾地在家人与一二亲朋的守候中悄然而逝。没有震天的哀乐，没有隆重的追悼，夏阳黄河岸畔的一抔黄土掩埋了这个傲世的天才。除了家人和一二亲朋外，谁也不晓得他的死期。待到《太史公书》传世引起轰动使人们回眸这位史学泰斗时，谁也说不清他的卒因与死期了。其实，对于司马迁来说，这并不重要。因为只要有一部《史记》留下来，他就足以永垂不朽了。司马迁毕竟有着超出常人的目光，他坚信《史记》的价值，坚信自己的价值，"要之死日，然后是非乃定"。是的，生时的荣华富贵只能是暂时的过眼云烟，只有死后的辉煌才是对生死的永恒的超越。

戾太子案

汉武帝是中国历史上在位较久的帝王之一，他以公元前140年（建元元年）十七岁时登基，到公元前87年（后元二年）以七十一岁高龄辞世，在龙庭里稳稳地度过五十五个春秋。在半个多世纪的漫长岁月里，汉武帝以他前无古人、雄视百代的生命之旅，铸造了中国历史上少有的辉煌篇章。其间，有血雨腥风的惨烈搏战，有大刀阔斧的锐意改革，更有洋洋盈耳的歌功颂德，偎红依翠的尽情享受，还有骨肉相残的旷世悲剧，垂暮之年的无奈与诀别……六十五岁以后，对汉武帝身心影响最大的莫过于戾太子一案。此一案件展露的帝王阴暗心态、人间骨肉情怀，特别是忠贞之臣的胆识和奸佞之臣的嘴脸，在中国古代社会都具有一定的典型意义。

历史上发生的许多看似偶然的事件，其实都受着必然性的制约。戾太子一案也是如此，你看，如果汉武帝在征和二年（前91）以前寿终正寝，戾太子就会顺理成章地接班，惨案就不可能发生；如果戾太子在此前不管以什么原因死去，惨案也不会发生；如果此时没有江充从中挑拨离间，惨案也就排除了发生的可能。此外，还可以举出一些"如果"，其中任何一个如果的出现，都会使惨案丧失产生的条件而胎死腹中。然而，这些"如果"都没有出现，惨案也就不可避免地发生并对汉武帝晚年的重大决策产生了深巨的影响。不可否认，戾太子一案是有许多偶然的因素在内的，但是，这些偶然因素的背后却有一只看不见的手在活动，这只手就是"独占"、"排他"、"终身制"和"世袭制"的皇权。从夏、商、周三代开始，延至大一统的秦汉王朝，国君终身制、君位世袭制就成了社会认可的制度。君权无限，不受限制，君位独占，绝对排他，也成为不容怀疑的理念。由此，觊觎和篡夺君位的外姓臣子就成为国人皆曰可杀的巨奸大憝，而法定君位继承人之间的钩心斗角则被相对宽容了。因为皇权的诱惑力实在太神奇，对皇位继承权的争夺也就在骨肉至亲间酿成了一幕又一幕的惨剧，父杀子、子弑父、兄弟相屠戮的事件不绝于史，戾太子一案就是父子因争夺皇位而酿成的惨剧。

汉武帝雄才大略，是在历史上留下震古烁今功业的伟大帝王，又是一生好色不倦、不断变换宠妃的雄精天子。由于帝王的享受太令人心醉，他千方百计追求长生不老。长生不老不可得，他只能依据传统和制度预立太子，作为自己百年之后的皇位继承人。不过，父与子、皇位的占据者与继承人之间也是有矛盾的，解决矛盾的办法多数是改易太子，由儿子弑父或逼宫夺位以解决矛盾则是少数。戾太子一案是汉武帝与其预立的法定皇位继承人之间矛盾积累的结果。

汉武帝十七岁登基。他的第一个皇后陈阿娇乃自己的表姊妹。因为他们的结合是一次政治联姻，正是这次联姻使他从哥哥刘荣那里夺得了太子之位。但他与陈皇后之间却毫无爱情可言，陈皇后也未给他留下一男半女，最后被废居长门宫，在孤苦凄清中，度过了后半生的岁月。武帝登基数年后，在姐姐平阳公主家里遇到了年轻漂亮、歌喉清丽、舞姿绝伦的卫子夫。

尽管她出身卑微，还是被武帝收入嫔妃之列，一时宠冠后宫。她一连为武帝生下三个女儿，元朔元年（前128）又生下儿子刘据。年近而立的汉武帝因得子兴奋异常，当年三月，卫子夫即被立为皇后，成为武帝嫔妃中获得皇后名分的两个人之一。元狩元年（前122）刘据被立为太子，他就是死后被谥为"戾"的那个悲剧的主角。在相当长的时期内，刘据的太子地位是相当巩固的。

这是因为：（1）他是武帝下诏预立的法定继承人，已经布告天下，在全国臣民中有着广泛的影响。（2）在他周围形成了一个势力强大的权势集团。他的舅父卫青在其出生前已任车骑将军，主持对匈奴的军事。元朔五年（前124）又升任大司马大将军，成为武帝新设立的朝廷最高决策机构中朝的首领。元狩元年（前122），他的表兄霍去病任骠骑将军，同舅舅卫青一起，驰骋在征伐匈奴的战场上。后来，霍去病也官至大司马，成为朝廷最显赫的官员。十多年的对匈奴战争，使汉王朝取得了开疆拓土的巨大胜利，也造成了以卫青、霍去病为代表的军人权势集团。卫青"凡七出击匈奴，斩捕首虏五万余级，一与单于战，收河南地，置朔方郡，再益封，凡万六千三百户；封三子为侯，一千三百户，并之二万二百户。其裨将及校尉侯者九人，为特将者十五人"（《汉书·卫青霍去病传》）。霍去病"凡六出击匈奴，其四出以将军，斩首虏十一万余级。浑邪王以众降数万，开河西酒泉之地，西方益少胡寇。四益封，凡万七千七百户。其校尉吏有功侯者六人，为将军者二人"（《汉书·卫青霍去病传》）。在他们周围，有一大批功勋卓著的军人，其中，李广、张骞、公孙贺、李蔡、曹襄、韩朔、苏建、李息、公孙敖、李沮、张次公、赵信、赵食其、郭昌、荀彘、路博德、赵破奴等，皆有名于时。他们或出将入相，或为九卿郡守，一时间成为朝廷政治的重心。有这样的权势集团为后盾，刘据的太子地位之巩固，自不待言。（3）相当一段时间内，汉武帝对刘据寄以厚望。因为武帝二十九岁时才有了这么个儿子，实在是喜不自胜，所以加意培养，期盼他成功接班。"少壮，诏受《公羊春秋》，又从瑕丘江公受《穀梁》。及冠就宫，上为立博望苑使通宾客，从其所好，故多有以异端进者。"（《汉书·武五子传·戾太子刘据》）

元鼎四年（前113），武帝为刘据纳史良娣，不久生子刘进，使武帝喜得长孙。后来，虽然汉武帝发现刘据"性仁恕温谨"，才能平平，"不类己"，但观察王夫人、李姬、李夫人生的四个儿子也毫无出众之处，所以并没有改易太子的打算。而当卫子夫和刘据因感到宠衰不自安时，汉武帝还特意让大将军卫青传话给他们母子说："汉家庶事草创，加四夷侵凌中国，朕不变更制度，后世无法；不出师征伐，天下不安；为此者不得不劳民。若后世又如朕所为，是袭亡秦之迹也。太子敦重好静，必能安天下，不使朕忧。欲求守文之主，安有贤于太子者乎！闻皇后与太子有不安之意，岂有之邪？可以意晓之。"（《资治通鉴》卷二二）这里，武帝的表态显然不乏主观的真诚，以致感动得卫皇后"脱簪请罪"。

当然，他们父子之间在观点和政策上并非完全一致。如武帝"用法严，多任深刻吏；太子宽厚，多所平反"；武帝坚持以武力征伐四夷，太子则主张用怀柔之策缓和彼此的关系。一次，面对太子的进谏，武帝笑着说："吾当其劳，以逸遗汝，不亦可乎！"（《资治通鉴》卷二二）然而，这些分歧并没有使武帝产生改易太子的念头，一方面因为太子已经长大，虽不像自己一样有着宏图远略，但是可成为守成之主。另一方面，因为太子背后有一个强大的卫氏权势集团，改易太子必然引起朝野的震荡。况且，此时的武帝子嗣中也找不到一个在品格和才干方面超越太子的人。所以，武帝不仅没有改易太子的念头，而且创造条件让他参与政务，以便在实践中增长才干，"上每行幸，常以后事付太子，宫内付皇后；有所平决，还，白其最，上亦无异，有时不省也"（《资治通鉴》卷二二）。

然而，时间可以改变人，更能够改变事物。刘据的太子地位并不总是安如磐石，因为构成他地位稳固的那些条件并不是一成不变的。首先，随着大规模对匈奴和其他周边少数民族战争的结束，军人权势集团的地位逐渐削弱。元狩六年（前117），如日中天的霍去病英年早逝，使卫氏集团失去最具发展前途的栋梁之材。紧接着，卫青的长子卫伉"坐法失侯"。五年以后，卫青的另外两个儿子，阴安侯卫不疑、发干侯卫登，"皆坐酎金失侯"（《汉书·武五子传·戾太子刘据》）。元封五年（前106），大将军卫青病逝，卫氏集团失去了最后一棵遮风挡雨的参天大树。这样，皇后卫子夫和太子刘据就没有了最有力的奥援。其次，随着卫子夫年老色衰，汉武帝已经移情其他宠妃王夫人、李姬、李夫人，最后是钩弋夫人。卫子夫皇后的名位虽在，但武帝却对她越来越疏远，贵为皇后想见武帝一面已经十分困难。

疏生隙，隙生疑，疑生仇。卫子夫对武帝日益隔膜，对自己的皇后位子能否保住也越来越没有信心。日益增长的对武帝的畏惧和不信任，使她疑惧丛生，草木皆兵。这种情绪必然传染给自己的儿子，影响太子对皇帝父亲的感情。再次，太子刘据在相当长的时间内显然安于自己的地位，对自己继承皇位充满了信心和期待。然而，随着年龄的增长和时事的变迁，特别是卫氏集团的瓦解，太子感到自己越来越处于孤立无援的境地。征和二年（前91），汉武帝已是六十七岁高龄，太子也近不惑之年，连孙子都有了。然而，他能否继承皇位的不确定因素却越来越多：父亲尽管高龄，但依然精力充沛，他什么时候寿终正寝不可预料，如果自己在他之前死去，龙座的滋味就永远尝不到了。况且，与自己竞争皇位的人也越来越虎视眈眈，燕王刘旦"为人辩略，博学经书杂说，好星历数术倡优射猎之事，招致游士"（《汉书·武五子传·燕刺王刘旦》)，对皇位垂涎三尺。广陵王刘胥"好倡优逸游，力抗鼎，空手搏熊彘猛兽，动作无法度"（《汉书·武五子传·广陵厉王刘胥》)，也不是等闲之辈。尤其是钩弋夫人怀孕十四个月而生的刘弗陵，"壮大多知，上常言'类我'，又感其生与众异，甚奇爱之"（《汉书·外戚传》)，更是有潜力的竞争者。即使武帝先于自己死去，自己能否顺利地登基也存在许多变数。更为严重的是，太子与武帝在许多重大问题上意见不一，使朝臣分成了拥太子派和反太子派，"群臣宽厚长者皆附太子，而深酷用法者皆毁之；邪臣皆党与，故太子誉少而毁多"（《资治通鉴》卷二二）。在这种情况下，宵小之徒就会乘机在他们父子之间搬弄是非，加大父子之间的裂痕。由于太子的一举一动都在反太子派的监视之下，使他终日生活在如临深渊、如履薄冰的境遇中，唯恐遭到暗算。这样一来，太子对武帝的父子亲情日趋淡薄，尊贵的父亲不仅难得一见，而且还必须时刻提防来自他那里的惩罚。由是，父子之间的关系变得越来越冷漠，越来越敏感，越来越脆弱，越来越不可捉摸。太子的神经时刻处于高度紧张状态，一有风吹草动，就极易采取非理智的行动。

最后，就汉武帝而言，他对太子的信任度与时间的积累成反比。刘据是他的长子，是曾经使他神魂颠倒的宠后卫子夫的儿子。相当长的时间内，他对太子恩宠有加，将他视为刘氏皇统和自己辉煌事业的继承人。然而，当他发现这个儿子缺乏帝王的气度和才能，且在许多方面又与自己的政见相左时，他很可能发出"我下的是龙种，但生出的是跳蚤"的慨叹。尽管他在刘弗陵出生前没有改易太子的打算，但对太子的观点和才干却日趋不悻，在感情上也日渐疏远了。长期缺乏思想的交流，缺乏感情的沟通，加上宵小之徒不时在耳边说太子的坏话，必然使武帝产生对太子的疑忌。刘弗陵出生后，武帝对他百般呵护，看着他一天天成长，性格、才情又特别"类己"，与太子相比，武帝显然更中意于小儿子，内心深处很可能生出改易太子的念头。正在这时，对太子不利的信息不断反馈到武帝那里，使他对太子的忠诚孝顺产生了疑问：难道太子等不及了，急于抢班夺权吗？你是太子，我死之后你就会名正言顺地登上皇帝位子；但我活着的时候你要抢这个位子就是忤逆之子，为国宪和家法所不容。由于对太子的疑忌日生，一旦出现非常事件，武帝也极有可能采取非理智的行动。

随着时间的推移，武帝与太子间的矛盾越来越深，双方对皇位保持着十二分的敏感：武帝怀疑太子可能抢班夺权，太子怀疑武帝听信谗言取消自己皇位继承人的资格。在这种情况下，只要有一突发事件出现，双方就可能以非理智的办法使矛盾朝有利于自己的方向解决。恰在此时，巫蛊事件出现，佞臣江充上下其手，乘机离间，使武帝和太子那敏感的神经再也经受不住这一强烈的撞击，父子相残的悲剧也就揭幕了。

西汉盛行"巫蛊"术。办法是将桐木刻制的偶人作为自己仇人的象征埋入地下，意在为其下葬，然后念咒表达自己的愿望，并以祭祀祈求鬼神佑助法术成功。

征和元年（前92），发生了致丞相公孙贺一家族灭的巫蛊案。公孙贺武人出身，曾随卫青征伐匈奴，因功封侯。他娶卫子夫之姊君孺为妻，与汉武帝有连襟之亲，因而倍受重用，先为太仆，太初二年（前103）继石庆为丞相。他的儿子公孙敬声接替了自己太仆的职务，父子并居公卿位，一时尊贵莫比。但公孙敬声"骄奢不奉法"，依仗皇亲国戚和自己的官位，"擅用北军钱千九百万"。案发后，公孙贺救子心切，自请逐捕阳陵大侠朱安世以赎子之罪。朱安世被捕后，自狱中上书，"告敬声与阳石公主私通，及使人巫祭祠诅上，且上甘泉当驰道埋偶人，祝诅有恶言。下有司案验贺，穷治所犯，遂父子死狱中，家族"（《汉书·公孙贺传》）。受牵连致死的有卫子夫生的诸邑公主、阳石公主以及卫青的儿子长平侯卫伉。

这一案件，使太子和卫皇后受到巨大的震撼，认为汉武帝已对他们的骨肉开刀，很难说刀锋下一步不砍到自己头上。正当太子与皇后一夕三惊、惴惴不安之际，佞臣江充借此案件推波助澜，一起牵连广泛震动朝野的大案就形成了。江充是赵国邯郸人，他因妹妹嫁赵太子刘丹成为赵王的座上客。后与赵太子发生龃龉，即入长安诣阙告发太子丹种种不法事，致使赵太子死狱中。江充的胆识得到汉武帝赞许。任命他以谒者的官职使匈奴，归来后拜为直指绣衣使者，"督三辅盗贼，禁察逾侈"。江充六亲不认，严厉打击贵戚及其子弟，深得武帝赏识，"上以充忠直，奉法不阿，所言中意"（《汉书·江充传》）。接着，江充将在驰道中行进的武帝之姑馆陶公主的车骑"尽劾没入官"，又惩办了在驰道中行进的太子家使，由是与太子结怨。

公孙贺案结束后，武帝居甘泉宫，生病，江充目睹武帝老态龙钟，怕他死后太子报复自己，于是决定借巫蛊陷害太子。他面见武帝，绘形绘声地将武帝生病的原因归咎为巫蛊，"于是上以充为使者治巫蛊，充将胡巫掘地求偶人，捕蛊及夜视，视鬼，染污令有处，辄收捕验治，烧铁钳灼，强服之。民转相诬以巫蛊，吏辄劾以大逆无道，坐而死者前后数万人"（《汉书·江充传》）。而面对日益扩大的案情，汉武帝自然十分震惊，他不辨真假，"疑左右皆为蛊祝诅"，满眼都是敌人。江充窥透武帝心思，就使胡巫檀何骗武帝说："宫中有蛊气，不除之，上终不差。"武帝对此深信不疑，指令江充穷治不贷。江充带人"入宫至省中，坏御坐掘地"。武帝又命按道侯韩说、御史章赣、黄门苏文等协助江充督办这一案件。"充先治后宫希幸夫人，以次及皇后、太子宫，掘地纵横，太子、皇后无复施床处"（《资治通鉴》卷二二）。江充在太子宫掘得桐木人、帛书（天知道这些东西是怎么来的）后，得意扬扬地宣告："于太子宫得木人尤多，又有帛书，所言不道，当奏闻。"（《资治通鉴》卷二二）面对气势汹汹的江充，想到皇后和自己派往甘泉宫的使者被武帝拒绝接见，太子此时犹如热锅上的蚂蚁，陷入极度恐惧之中，他征求自己的少傅石德的意见，希望有一个万全之策。此时的石德明白束手等待是凶多吉少，且自己也难保老命；铤而走险，或许有一线希望。于是建议太子以武力诛奸，进而夺位登基。他说："前丞相父子、两公主及卫氏皆坐此，今巫与使者掘地得征验，不知巫置之邪，将实有也，无以自明，可矫以节收捕充等系狱，穷治其奸诈，且上疾在甘泉，皇后及家吏请问皆不报，上存亡未可知，而奸臣如此，太子将不念秦扶

119

苏事耶？"（《汉书·武五子传·戾太子刘据》）太子知道师傅的应对方略虽然有成功的希望，但却要冒很大的风险，必须以身家性命作赌注。不到万不得已，不能走这条路。他回答师傅："吾人子，安得擅诛；不如归谢，幸得无罪。"（《资治通鉴》卷二二）太子想面见武帝，自我辩白，纵使失去太子之位，也可能保住性命。待真相大白后，说不定武帝会待己如初。太子的思考不是没有道理，可是，此时太子晋见武帝的途径却已被江充堵死。江充一次次向武帝报告的就是太子"反形已具"，不可救药。面对这一形势，太子知道束手就擒，只有死路一条；武力反抗，或许能冲出一条生路。征和二年（前91）七月壬午，太子命客诈称武帝使者，带兵将江充逮捕，杀死韩说，章赣却在混斗中受伤突围，逃到甘泉宫向武帝告变。太子将全部怒火集中于江充，亲自监临，将其斩首。临刑前，他斥骂江充："赵虏！乱乃国王父子不足邪！乃复乱吾父子邪！"（《汉书·江充传》）与此同时，又将协助江充制造巫蛊案的胡巫烧死于上林苑中。太子杀掉江充后，一不做，二不休，回兵攻入丞相府，丞相刘屈氂只身狼狈而逃，连印绶都来不及带走。丞相长史乘驿站车马奔甘泉宫向武帝报告。武帝大吃一惊，坚信太子谋反，下令丞相像周公诛管、蔡一样讨伐太子，赐玺书说："捕斩反者，自有赏罚。以牛车为橹，毋接短兵，多杀伤士众，坚闭城门，毋令反者得出。"（《汉书·刘屈氂传》）接着，武帝自甘泉宫来至长安城西的建章宫，就近指挥对太子的军事行动。武帝下诏发三辅近县兵马以及朝中二千石以下官员，统由丞相统帅，讨伐太子。太子遣使矫制赦长安中都官囚徒，发武库兵器，命石德统帅，与刘屈氂指挥的兵马对战。一时间，长安城内，刀光剑影，杀声震天，血肉纷轮。经过五天的厮杀，太子兵败，逃出长安。

汉武帝认定太子为不肖子孙，严令各地缉拿。臣子中虽有不少人认为太子无罪，但谁都不敢向盛怒中的武帝陈明自己的观点。这时，并州壶关（今山西屯留东）的三老令狐茂送来了辞气恳切的上书，其中说：

臣闻父者犹天，母者犹地，子犹万物也。故天平地安阴阳和调，物乃茂成；父慈母爱，室家之中子乃孝顺。阴阳不和则万物夭伤，父子不和则室家丧亡。故父不父则子不子，君不君则臣不臣，虽有粟，吾岂得而食诸！昔者虞舜，孝之至也，而不中于瞽叟；孝己被谤，伯奇放流，骨肉至亲，父子相疑。何者？积毁之所生也。由是观之，子无不孝，而父有不察。今皇太子为汉嫡嗣，承万世之业，体祖宗之重，亲则皇帝之宗子也。江充，布衣之人，闾阎之隶臣耳，陛下显而用之，衔至尊之命以迫蹴皇太子，造饰奸诈，群邪错谬，是以亲戚之路隔塞而不通。大子进则不得上见，退则困于乱臣，独冤结而无告，不忍忿忿之心，起而杀充，恐惧逋逃，子盗父兵以救难自免耳，臣窃以为无邪心。《诗》云："营营青蝇，止于藩；恺悌君子，无信谗言；谗言罔极，交乱四国。"往者江充谗杀赵太子，天下莫不闻，其罪固宜。陛下不省察，深过太子，发盛怒，举大兵而求之，三公自将，智者不敢言，辩士不敢说，臣窃痛之。臣闻子胥尽忠而忘其号，比干尽仁而遗其身，忠臣竭诚不顾鈇钺之诛，以陈其愚，志在匡君安社稷也。《诗》云："取彼谮人，投畀豺虎。"唯陛下宽心慰意，少察所亲，毋患太子之非，亟罢甲兵，无令太子久亡。臣不胜倦倦，出一旦之命，待罪建章阙下。（《汉书·武五子传·戾太子刘据》）

这位三老的上书，有理有据，以情感人，使盛怒中的汉武帝回归理性思考。然而，悔之已晚，无论他采取什么措施，已经不能拯救太子及其家人的性命了。太子带着家人逃亡至湖（今河南灵宝西），藏在泉鸠里一户清贫人家。为了生计，太子派人寻觅一个富裕的故人，结果被发觉，遭到地方官吏的围捕，自思难以逃脱，即"入室距户自经"，两个儿子也被杀死。在此之前，卫皇后已被武帝逼令自杀。此一事变的结果，是卫皇后家族及其与武帝生的儿女、孙辈，除太子之孙刘询被侥幸搭救外，尽皆死于非命。武帝忆起与卫子夫的千般恩爱，想到太子以及孙辈的无辜而亡，心情肯定是异常沉痛的。当沸沸扬扬的巫蛊事件尘埃落定，许多人都不相信它的真实性，认定多为冤、假、错案。武帝也进一步清醒，明白太子的行动是被逼上绝路。恰在此时，高寝郎田千秋上本为太子讼冤，说："子弄父兵，罪当笞；天子之子过误杀人，当何罪哉！"（《汉书·车千秋传》）由于汉武帝正在反思太子一案，对田千秋的逆耳之言感到分外亲切。他亲自召见这位人微言轻的田千秋，深情地对他说："父子之间，人所难言也，公独明其不然。此高庙神灵使公教我，公当遂为吾辅佐。"（《汉书·车千秋传》）立即晋升他为大鸿胪。数月之后，又代刘屈氂为丞相，封富民侯。至此，汉武帝将其后悔之怒又转移到制造巫蛊之祸的佞臣江充等人身上。他下令族灭江充之家，将苏文烧死在横桥上。他为自己的冲动内疚：为什么当时不听听儿子的申辩？为什么让一个花言巧语的佞臣牵着鼻子走？他命作思子宫，筑归来望思之台于太子殉难的湖县。此刻，由血缘联系自然而生的父子之情又在武帝身上复苏了。

既然类似戾太子一案的父子骨肉相残的悲剧在历史上屡屡

发生，就表明在其背后有着一个起制约作用的历史必然性，这个必然性就是权势欲对人的自然本性的扭曲。在此一悲剧中，人的自然本性被扭曲者不止一人。武帝的人性被扭曲了，他只重皇位不思父子之情；太子的人性被扭曲了，他只重太子之位而不思为子之道；江充等佞臣的人性更被扭曲了，他们为了保住既得利益而不惜离间父子，拆散夫妻，将数以千万计的人纳入血泊，冷酷地欣赏人们在绝望与疯狂中走向死亡。这些人的结局也往往是在最惨无人道的酷刑中结束生命，他们是含笑走向死亡，还是后悔莫及地走向刑场，只有天知道！

戾太子一案对汉武帝的创痛是深巨的，由此引发的反思也是深刻的。由该案引起的几个事件，深深影响了其后历史的走向。

（1）征和三年（前90），武帝粉碎了刘屈氂与李广利合谋立昌邑王为太子的阴谋。贰师将军李广利是武帝宠幸的李夫人的兄长，昌邑王刘髆的舅父，而李广利又与丞相刘屈氂结为儿女亲家。刘屈氂督兵与太子恶战固然奉武帝之命，但其私心显然也是驱动力之一。戾太子死后，李广利与刘屈氂合谋立昌邑王为太子，目的是巩固和扩大自己已拥有的权力。他们的密谋被发现后，武帝毅然将二家族灭。刘髆不具备帝王之才，李广利与刘屈氂也非安国抚民的顾命之臣，他们的死灭应是朝廷与国家之福。

（2）田千秋代刘屈氂为丞相，为武帝从好大喜功的有为政策向与民休息的"无为"政策转变创造了条件。

（3）田千秋就任丞相以后，深感应该改变武帝连兴大狱，造成君臣、君民，尤其是统治集团内部关系紧张的局面，"乃与御史，中二千石共上寿颂德美，劝上施恩惠，缓刑罚，玩听音乐，养志和神，为天下自虞乐"，面对这一寓劝于颂的祝祷，武帝也对自己相信巫蛊之类行径作了深刻的反思："朕之不德，自左丞相与贰师阴谋逆乱，巫蛊之祸流及士大夫。朕日一食者累月，乃何乐之听？痛士大夫常在心，既事不咎。虽然，巫蛊始发，诏丞相、御史督二千石求捕，廷尉治，未闻九卿廷尉有所鞫也。曩者，江充先治甘泉宫人，转至未央椒房，以及敬声之畴，李禹之属谋入匈奴，有司无所发，今丞相亲掘兰台蛊验，所明知也。至今余巫颇脱不止，阴贼侵身，远近为蛊，朕愧之甚，何寿之有？"（《汉书·车千秋传》）征和四年（前89），武帝封泰山时，又对群臣说："朕即位以来，所为狂悖，使天下愁苦，不可追悔。自今事有伤害百姓，糜费天下者，悉罢之。"（《资治通鉴》卷二二）武帝的反思，成为他晚年转变政策的思想基础。

（4）由于戾太子一案的刺激，汉武帝的病躯再也没有恢复过来。此后，他虽然勉强支撑着巡视雍、安定、北地、东莱，封泰山，但昔日的雄风已经难以再现了。垂暮之年，他除了对自己一生的功过进行反思外，考虑最多的恐怕就是皇位继承的人选了。一个能够守成的儿子死于非命，其余两个成年的儿子燕王刘旦和广陵王刘胥都不具备一国之主的品格和才智。武帝于是瞩望于年仅七岁的少子刘弗陵。后元元年（前88）七月，武帝在决定立刘弗陵为太子后，下令将其生母，年轻的钩弋夫人赐死。此一举措将朝野惊得目瞪口呆。面对臣民"且立其子，何去其母乎"的疑惑，武帝解释说："是非儿曹愚人之所知也。往古国家所以乱，由主少，母壮也。女主独骄蹇，淫乱自恣，莫能禁也。汝不闻吕后邪！故不得不先去之也。"（《资治通鉴》卷二二）第二年二月乙丑，七十一岁高龄的武帝病卧五柞宫，自知将不久于人世，于是正式下诏立刘弗陵为皇太子。只隔一天，武帝即崩逝。由于武帝晚年宣布改弦更张，恢复文景时期的政策，加上顾命大臣霍光等选举得人，就使西汉王朝在武帝之后又出现了一个稳定发展的时期，史称"昭宣中兴"。

赵飞燕姐妹谋杀皇子案

　　中国古代史上历时百年以上的王朝，大都经历艰苦创业、兴旺发达、日渐衰颓、最后灭亡这样几个发展阶段，呈现周期性变化的规律。在创业与兴盛时期，往往是天与人归，风调雨顺。纵有惊有险而能化夷转安，仿佛有鬼神暗中相助，一切都天从人愿。只看帝室那旺盛的生育能力，数以十计的皇子皇孙绳绳而出，联翩而降，就足以展示其兴盛的气势了。与之相反，一到王朝的末期，总是天灾人祸相继发生，艰难险恶接踵而至，仿佛有魑魅横梗，魍魉作祟。帝室的生育能力也弱化到极致，有时几代人都生不出一个继承大统的儿子。此种现象，在西汉末、东汉末和清末一再出现，最为典型。西汉自成帝于竟宁元年（前33）继位，历成帝、哀帝、平帝、孺子婴（《汉书·外戚传》）世四十多年，谁也没有生出儿子，最后导致王莽窃位篡政，在两汉之际平添出一个十四年的新朝。不过。据《汉书》记载，汉成帝并非未生儿子，他与许美人和宫女曹宫各生了一个儿子，但都被赵飞燕、赵合德姐妹二人秘密害死了。两千多年前的这桩公案虽然史有明载，历代学者也未生疑，但细检有关记述，此一案件疑点甚多，以情理推断，恐难成立。

　　这一桩公案的主要当事人是成帝、赵飞燕和赵合德。所以，究明此案还须从他们说起。汉成帝名刘骜，是汉元帝的长子。

初为太子时，"好经书，宽博谨慎"，很得元帝欢心。后来，元帝虽然发现他并不是理想的皇位继承人，但因种种因素的制约，元帝改易太子的想法未能实现，刘骜也就保住了太子地位，并于竟宁元年登上了龙位。平心而论，汉成帝并非一无是处。他面目姣好，又"善修容仪"，是一个美男子。他平时十分注意自己的形象，上车时，一定先端端正正地站好。在车内，不回头看，不很快地说话，不用手指指画画。每逢上朝，他端坐殿上，不苟言笑，"尊严若神"，有穆穆天子之容。他的智商甚高，"博览古今"，喜好音乐舞蹈。在他做皇帝的二十五年中，也做过一些好事，如罢斥了元帝时的佞臣石显，撤除了中书宦官；多次下诏，鼓励臣民直言进谏，奖励孝悌力田，减免租赋，大赦罪人，等等。但是，从总体上看，成帝不是一个励精图治的好皇帝。他放弃那些本属于自己的权柄，放手让王莽外戚集团专政擅权，势力急剧膨胀，终成尾大不掉之势；面对日益激化的社会矛盾，他除了发布一些节俭、省刑、减免租赋之类不关痛痒的诏令之外，拿不出具有实际意义的切实可行的办法；特别重要的是，他太爱享受，太迷恋女色，从而使汉王朝的腐败之风愈演愈烈，作为一个巨大的腐败源起了极其恶劣的作用。

汉成帝的皇后许氏是大司马车骑将军之女，她漂亮、聪慧、善史书，曾在一段时间宠冠后宫。后来，因其无子，且又与大将军王凤不睦，再加上年岁渐长，色衰爱弛，终于在鸿嘉四年（前17年）被废，最后逼令自杀。在此前后，成帝还宠幸过班婕好及其侍者李平。但不久，因为得到了赵飞燕及其妹妹赵合德，他的注意力就全在她们姐妹身上了。赵飞燕本名赵宜主，她出生之时大概有些怪异，所以被父母抛在一边，三天不予理睬，目的是让她死去。谁知三天后她依然活得很精神，于是就将她养起来。长大后，送入宫中做了婢女。不久，又转到阳阿公主家。

这位青春少女长得娇小玲珑，异常美丽，而且聪慧机敏，善解人意，对于歌舞有一种特殊的感悟能力。不论多么复杂的歌舞，她不仅一学就会，并且能够超常发挥。那婉转清丽的歌喉，婀娜多姿的身段，使所有见过的人为之倾倒。由于她体轻如燕，舞姿似飞，故号曰飞燕。她的艳名很快在京师达官贵人中流传，自然也瞒不过成帝。为了一睹赵飞燕的芳容，成帝借一次外出化装冶游的机会，悄悄地溜到阳阿公主家里。阳阿公主竭诚招待，不用说，赵飞燕的歌舞是非看不可的。成帝眼见她俏丽的容颜、优美的舞姿，耳听她动人的歌声、甜甜的话语，直觉得仿佛仙女自天外飞来，不由得如醉如痴，难以自已。为了日日能够与她厮守在一起，成帝将其召入宫中，宠爱无比。

不久，赵飞燕又将其妹赵合德引进宫中，成帝见妹妹比姐姐更娇艳动人，也下令收进宫中，姐妹"俱为婕妤，贵倾后宫"。一时间，成帝的心思全在她姐妹二人身上，对其他嫔妃不屑一顾。相形之下，真是"六宫粉黛无颜色"了。

许皇后被废后，成帝一心一意想立赵飞燕为皇后，无奈皇太后王政君嫌她出身卑微，坚决不予批准。急得成帝茶饭无心，愁眉不展。此时，太后姐姐之子淳于长正做侍中，在成帝身边任职，他看准这是讨好成帝的好机会，于是千方百计在太后面前为成帝说情，终于得到太后的认可。永始元年（前16）四月，成帝先封赵飞燕的父亲赵临为成阳侯，改变她家卑微的身份。六月，就封她做了皇后。赵飞燕做了皇后，虽然获得了那个时代作为女人的最显赫的地位，但成帝对她的宠爱却大不如前。因为在成帝眼里，最光彩照人的是她的妹妹。成帝封赵合德为昭仪，让其居住在昭阳宫中。为了讨她的欢心，特命人将该宫精心装饰一番：中庭涂以彤朱之色，殿内油漆一新。门限以黄铜镶饰，并涂上黄金。上殿的阶梯以白玉砌成，殿内壁上露出的如带一般的横木以金环装饰，同时，嵌入蓝田玉璧、明珠、翠羽，其富丽奢侈，为诸宫之最。赵飞燕姐妹虽然相继专宠后宫十多年，但谁也没有生出孩子。姐妹二人明白，由于成帝的皇后嫔妃谁也没生出儿子，因而生子就成为巩固和提高自己地位的重要条件。为此，二人不惜冒险与其他男人偷情，以期生出挂在成帝名下的孩子。然而，天不从人愿，二人机关算尽，也没有能怀孕生孩子。绥和二年（前7）春天，成帝暴病而亡。由于成帝身体素质强健，又值四十五岁之盛年，他的突然死去引起朝野的猜疑，一时间，议论纷纷，都归罪于赵昭仪的纵欲无度。皇太后下令大司马王莽等朝廷有关官员对成帝死因进行调查，赵昭仪知道自己难脱干系，只得自杀以求解脱。

哀帝继位之后，赵飞燕虽然被尊为皇太后，但由于成帝这柄巨大的保护伞已倒，新皇帝又不是自己的儿子，加上出身寒微，缺乏朝内外有力臣子的奥援，她由此陷入十分危险的境地。果然，哀帝即位仅仅数月，司隶校尉解光就上书皇帝，提出赵飞燕姐妹谋害成帝两个亲生儿子的案件。此一案件牵扯到一大批人，案情十分曲折复杂。上书中说：我命令属下的从事掾业和从事史望二人，验问知内情的掖庭狱丞籍武、不久前任中黄门的王舜、吴恭、靳严，在宫中任婢女的曹晓、道房、张弃，以及曾任赵昭仪御者的于客子、王偏、臧兼等人，都说曹宫是曹晓的女儿，曾任中宫史，精通史、诗，教授皇后。道房与曹宫结为同性夫妇，关系密切。元延元年（前12）六七月的某一天，曹宫对道房说："皇帝同我睡过觉。"后数月，曹晓入宫，见女儿肚子大了起来，就问怎么回事，女儿回答说："我怀上了皇帝的孩子。"十月中旬，曹宫就在掖庭的牛官令舍生下了一个男孩，有婢女六人侍候。随即中黄门田客持皇帝诏记，将孩子盛于绿色绨缯做的书囊中，封口盖上御史中丞的大印，交于籍武说："取牛官令舍妇人新生的孩子和婢女六人，全部收系暴室狱中，不要问孩子是男是女，也不要问是谁的儿子！"籍武遵命将曹宫、新生儿及六个婢女一起收进暴室狱。曹宫对籍武恳求道："请妥善藏好我儿子的胎衣，您应该明白这孩子是谁的儿子啊！"三天以后，田客又持诏记于籍武，悄声问："那孩子死了么？请在简牍背面书告我。"籍武即在简牍背面写上："小孩子仍在，没有死。"田客默然有顷，把籍武拉到室外，小声怒斥说："皇上与昭仪十分震怒，为什么还不杀！"籍武伏地叩头，哭着说："不杀这孩子，我知道自己活不成；杀了这孩子，我也活不成！"他请田客转奏自己给皇帝的上书，其中说："陛下未有继嗣，儿子无贵贱，都是您的血胤，请留意吧！"奏入宫内，田客旋又持诏记与籍武说："今夜漏上五刻之时，你抱持孩子交于王舜，地点是东交掖门。"籍武悄声问田客："陛下见到我的上书，有什么表示？"田客神秘地说："瞠目结舌。"籍武按时将孩子交给王舜，王舜根据成帝的诏命将孩子留在宫中，并为之选了一个乳母抚养他。王舜嘱咐乳母："精心养育这个孩子，有重赏。但千万不要将此事泄露出去！"王舜为孩子选定的这个乳母就是张弃，此时孩子已经生下八九天了。三天以后，田客又持诏记，封记与第一次一样，交与籍武。籍武见其中有一封闭着的小绿匣子，诏记的意思是："告诉籍武将匣中的物品与书信交给狱中的妇人曹宫，由籍武监视她将药喝下去。"籍武打开小匣子，见其中有两枚裹着的药丸，一张名曰赫蹏的薄纸上写道:"告诉伟能(即曹宫),必将此药喝下去,不能再入宫中,一切你自己应该明白!"曹宫读毕,悲愤地说:"果然如此,他们姐妹兄弟想专擅天下,我的儿子额上有一撮粗壮的头发,很像孝元皇帝,他们容不下。现在孩子在哪里?他危在旦夕,怎么能让皇太后知道此事?"说完,即仰药自杀。接着,六个宫婢被召入宫。她们出来以后对籍武说:"昭仪对我们说:'我知道你们无罪,但却不能让你们活下去,你们是愿意在宫内自杀,还是愿意在宫外被杀?'我们愿意在宫内自杀。"籍武如实将情况上奏。张弃抚养那孩子十一天后,宫长李南携诏书将他取走,以后再也不知他的下落了。还有许美人生子的问题。许美人住在上林涿沐馆,皇上数次召她到饰室,一年数次召幸,有时留数月或半年之久,元延二年(前11)美人怀孕,当年十一月产下儿子。皇帝下诏中黄门靳严带儿科医生及五种和药丸三,送到美人住处。后来,昭仪御者于客子、王偏、臧兼,听昭仪对成帝说:"你常骗我说你从中宫(皇后之宫)回来,如果是这样,许美人的儿子是怎么生出来的?难道许氏还要被立为皇后么?"说着她怒从中来,用手打自己,回头去撞击窗上的柱子,又从床上滚到地下,痛哭失声,不肯吃饭,怒气冲冲地对成帝说:"你今天就没法安置我,我要回家去。"成帝也生气地说:"今有意将事情告诉你,你反倒怒气冲天,真是不可理喻!"成帝也拒绝用食。昭仪稍稍平静了一会儿,说:"陛下早知如此,为什么不吃饭?陛下曾发誓对我决不负心,今天许美人竟生下儿子,这不是负约吗?为什么?"成帝讨好地说:"正因为与你们姐妹有约,所以不立许氏。我一定不让天下女子超出赵氏,你不必担忧就是了。"接着,成帝诏使靳严持绿囊盛书信送交许美人,并对靳严说:"美人一定送东西给你,你收下放在饰室门帘子外就可以了。"许美人用一苇子编织成的匣子放置所生之子，将匣子封闭，与绿囊所盛书信一起交给靳严。靳严依成帝吩咐，将匣子与书信放置饰室帘子外南面以后即离去。成帝与昭仪坐饰室内，命于客子开启匣子。客子还未解开封匣的绳子，成帝就将于客子、王偏和臧兼支使出去，自己关上门，独与昭仪在室内。不一会儿，又招呼于客子等三人，让他们将匣子封好，与绿色缯囊一起放置于屏风东。中黄门吴恭受命，将匣子与绿囊交给籍武，封缄上盖有御史中丞的印鉴。他对籍武说："告诉你，匣中有一死儿，你埋于偏静处，不要使人知晓。"籍武于是在监狱的院墙边挖一小坑，将小孩子埋葬。王业、任骊、公孙习以前在长定宫许贵人、成都侯和平阿侯家做婢女，后免为庶人。不久，成帝召她们入宫，做了昭仪的私人婢女。成帝崩逝后，遗体还未入殓，悲哀中的昭仪自知罪恶深重，又明白王业等人曾为许贵人和王氏家族的婢女，怕她们将自己的罪行泄露出去，就将大婢女羊子等人赐给她们各十人，以使她们感到安慰、满意，同时，嘱咐她们千万不要说出昭仪一家的罪恶。元延二年（前11）五月，原掖庭令吾丘遵对籍武说：掖庭之中，丞吏以下吏员都与昭仪相通，没有什么人可以讲点真心话，独独可以与你讲点私房话。我没有儿子，无所畏惧，你是有子嗣的人，恐怕不敢仗义执言吧？掖庭中的嫔妃宫女，凡为皇帝生子者就被杀死，因怀孕而被强令堕胎者更是不计其数。我想与你一起将此事告之当政的大臣，可是骠骑将军王根贪财受贿，不能与之计较大事，怎么设法让太后知道这些事情呢？不久，吾丘遵病重，对籍武说："我很快就要死了，以前讲的事情，你一个人恐怕办不了，切记守口如瓶！"（《汉书·外戚传》）

解光在讲述了上面的案情以后，即要求对赵氏一家予以严惩："赵昭仪倾乱圣朝，亲灭继嗣，家属当伏天诛。前平安刚侯夫人谒坐大逆，同产当坐，以蒙赦令，归故郡。今昭仪所犯尤悖逆，罪重于谒，而同产亲属皆在尊贵之位，迫近帏幄，群下寒心，非所以惩恶崇谊示四方也。请事穷竟，丞相以下议正法。"（《汉书·外戚传》）

哀帝于是下令免去赵飞燕兄弟新成侯赵钦、侄儿成阳侯赵欣的爵位，贬为庶人，家属徙辽西郡。正当哀帝对如何处置赵飞燕犹疑不决时，议郎耿育上疏为之求情。其中说："愚臣既不能深援安危，定金匮之计，又不知推演圣德，述先帝之志，乃反覆校省内，暴露私燕，诬污先帝倾惑之过，成结宠姜妒媚之诛，甚失贤圣远见之明，逆负先帝忧国之意。夫论大德不拘俗，立大功不合众，此乃孝成皇帝至思所以万万于众臣，陛下圣德盛茂所以符合于皇天也，岂富世庸庸斗筲之臣所能及哉！且褒广将顺君父之美，匡救销灭既往之过，古今通义也。事不当时固争，防祸于未然，各随指阿从，以求容媚，晏驾之后，尊号已定，万事已讫，乃探追不及之事，讦扬幽昧之过，此臣所深痛也！"（《汉书·外戚传》）这里，耿育对解光揭出的案情持怀疑态度，对其落井下石的品格也毫不客气地加以痛责。由于哀帝得继皇位乃赵飞燕大力促成，加上她与哀帝祖母傅太后关系密切，哀帝自然不愿为之过甚。这样，终哀帝之世，赵飞燕总算暂时保住了皇太后的位子，但也只能在深宫中遥望蓝天白云，过她孤苦凄清、寂寞难耐的日子。

元寿二年（前1）六月，哀帝崩逝。与哀帝不睦的王氏外戚集团在对哀帝宠臣和外戚严厉打击的同时，也没有放过赵飞燕。王莽挟持太皇太后王政君下诏曰："前皇太后与昭仪俱侍帏幄，姊弟专宠锢寝，执贼乱之谋，残灭继嗣以危宗庙，诼天犯祖，无为天下母之义。贬皇太后为孝成皇后，徙居北宫。"尔后，王莽认为此一惩罚太轻，于是在一个多月后，又下诏给予更严厉的惩罚："皇后自知罪恶深大，朝请希阔，失妇道，无共养之礼，而有狼虎之毒，宗室所怨，海内之仇也，而尚在小君之位，诚非皇天之心。夫小不忍乱大谋，恩之所不能已者义之所割也，今废皇后为庶人，就其园。"（《汉书·外戚传》）赵飞燕知道自己隐忍苟活而不可得，在接到诏书的当天就自杀了。

平心而论，赵飞燕姐妹的悲剧是咎由自取，很难引起社会的同情。但是，解光讲述的曲折离奇地害死两个皇子案却是扑朔迷离，疑窦丛生。从情理推断，它存在的可能很小，十之八九是一桩冤案。

第一，本案列举的证人虽然超过十名，但却拿不出物证。曹宫所生儿子既然被宫长李南持诏书取走，其下落应该追查得出来，可是没有追查。许美人生的儿子死后被籍武埋于"狱楼垣下"，案发后照理应掘取尸骨以为证，解光等也没有做。没有物证，这些证人的证词的可靠性就使人生疑：谁又能保证它不是在某些人导演下精心编造的呢！

第二，皇帝们个个希望有子嗣继承皇位，"不孝有三，无后为大"，无子对于皇帝更是大忌。成帝既然与许美人和曹宫生有儿子，且自己又完全了解其内情，怎么会在赵昭仪挟持下杀害亲子呢？许美人的名分实实在在，她与成帝生出儿子是天经地义的事情。如果此事当真，以成帝中年盼子的心情推断，完全应该大事庆祝。即使碍于赵氏颜面低调处理，不事张扬也就可以了，断不至于与赵氏合谋杀死孩子。再说曹宫，以皇帝的威严和权力，只要一纸诏书，就可以给她一个婕妤、美人之类的名号，名正言顺地确定自己与孩子的关系，完全用不着偷偷地寻乳母抚育，更不可能屈服于赵氏姐妹的压力处死曹宫，使自己的亲生骨肉不知所终。只要成帝还有常人的理智，上面两件事是断断做不出来的。试想，成帝乃祖刘邦年轻时风流成性，与情妇曹氏生子刘肥，做皇帝以后，即公开承认与情妇的关系，又将齐国这一东方大国封给这个儿子。朝中大臣和嫔妃们谁也没有提出异议。成帝另一个祖宗景帝在酒醉的情况下与唐姬的侍女生下了儿子刘发，后来被封为长沙王。对此事景帝周围的人谁也没有说三道四。成帝与许美人和曹宫生儿子，总比刘邦与情妇生子、景帝与侍女生子更名正言顺吧！

第三，成帝做皇帝时，王政君及王氏外戚已经基本上控制了汉王朝的大权，在成帝周围安插了许多耳目。赵昭仪与成帝一起如此处置两个孩子，难道能一点都不走漏风声？试想，王政君与王氏外戚盼望成帝生儿子的心情恐怕不亚于成帝自己，他们对成帝嫔妃怀孕生子之事肯定异常关切。中朝班子中不乏王氏族人、亲友，宫女队伍中亦不会缺少亲信。一个小小的赵昭仪，在如此环境中做出如此伤天害理之事而又能瞒过王氏外戚集团，几乎是不可能的。既然此事存在的可能性差不多等于零，那么，解光又为什么能编造出这样情节离奇、人证众多的宫闱秘闻呢？而赵昭仪和身为皇后的赵飞燕面对诬陷又为什么不出来澄清事实真相、奋力抗争？这里的原因其实更为简单：赵飞燕姐妹出身卑微，她们的发达靠的是汉成帝的色令智昏。不过，成帝在世时虽然给了她们的外家以封侯的赏赐，但并未给他们任何实质性的权力，根本无法形成盘根错节的权力网络，与王氏外戚集团相比实在不可同日而语。赵飞燕姐妹当年的盛气凌人，飞扬跋扈，靠的是成帝至高无上的权位。成帝一死，她们立即陷入孤立无援的困境。特别是由于她们在成帝当国时不知检点，树敌太多，与其他外戚、嫔妃间积怨太多太深。及至成帝寿终正寝，宿敌们一齐出来向赵飞燕姐妹身上泼脏水，有的趁机落井下石，众口铄金，使她们百口莫辩。而事实上对她们来说，自我辩解的权力已经被剥夺了。事已至此，赵昭仪明白汉宫廷中数以千百计的楼宇再也没有自己可以容身的空间，她也就只能以自杀求解脱，到地下追随她亲爱的夫君了。赵飞燕因为在拥立问题上有恩于哀帝，又隐忍苟活了六个年头，最后也惨死在王莽的淫威下。

第四，成帝活了四十五岁，他嫔妃成群却无一人生子，这说明他本人无生育能力。否则，无论赵飞燕姐妹怎么一手遮天，也不能使成帝断子绝孙，成帝既无生育能力，许美人与曹宫为之生子之事以及赵飞燕姐妹谋杀二子之事就不会存在。致赵飞燕姐妹于死命的这桩谋杀二子案显系精心编造的冤案，它的编剧兼导演不是别人，乃是日后首开帝国王朝篡位记录的巨奸大憝王莽。你看，是作为大司马大将军的王莽，纠合一班朝廷官吏在成帝死后以"治问皇帝起居发病状"为名逼赵昭仪自杀。又是他在哀帝死后挟太皇太后王政君以解光罗织的罪状逼使赵飞燕步其妹后尘自杀身亡。而解光上奏所谓二皇子被害案恰恰是在哀帝尊赵飞燕为皇太后，并封其弟侍中驸马都尉赵钦为新成侯之后数月，此时赵飞燕地位已经稳定下来。没有王莽背后支持，身为司隶校尉的解光恐怕不敢拂逆哀帝的意志向赵飞燕家族发难。而王莽指使解光编造此一假案，目的仅仅是为清除赵氏亲族在朝中的那点可怜的势力制造借口而已。

王莽的理想及失败

始建国元年（9）元旦，王莽废掉他自己拥立的西汉王朝最后一个皇位继承人、年仅五岁的孺子婴，在群臣的欢呼声中登上了皇帝的宝座，建立了以"新"为国号的又一个王朝。

篡政成功是有其必然原因的

王莽的篡政之所以获得成功，一是西汉历史的发展给他提供了千载难逢的良机，二是王莽卓有成效的主观努力使可能变成了现实。

西汉王朝自武帝以后开始走下坡路，各种社会矛盾逐渐尖锐。首先是土地兼并日益剧烈，大量破产的自耕农沦为奴婢。诸侯王、列侯、公主等"田宅无限，与民争利"（《汉书·哀帝纪》），在封地内外竞相兼并土地。不少功臣、外戚、官僚地主和富商大贾，一方面从皇帝那里得到大量作为封赏的土地；一方面又利用其政治权力，通过霸占、强夺、贱买等手段，侵吞农民的土地。如董贤和王莽就分别从皇帝那里获得二千顷和二万五千六百顷土地的赏赐。酷吏宁成在故乡南阳"贳贷陂田千余顷，假贫民，役使数千家"（《汉书·宁成传》）。土地兼并造成了自耕农的大量破产，这既激化了地主与农民之间的矛盾，也影响了国家的赋税收入，加剧了统治阶级的内部矛盾。其次，从武帝开始，对百姓的盘剥加重。例如，西汉的官禄总额在吕后时不过数十万石，武帝时增至六百万石。农民的负担除正常的田租、口赋、算赋外，还有"不可胜供"的"乡部私求"。再加上"豪民侵陵，分田劫假"，其负担实际上往往高于正税十余倍。频繁的兵役和徭役更使"父母忧愁，妻子咏叹，愤懑之恨，发动于心，慕思之情，痛入骨髓"（《盐铁论·徭役》）。再次，也是从武帝开始，汉朝的法令日趋繁密，刑罚更加酷烈，遍布城乡的贪官酷吏，上下勾结，罗织罪名，严刑逼供，草菅人命，以至"死人之血流离于市，被刑之徒比肩而立。大辟之计岁以万数"（《汉书·路温舒传》），一派惨不忍睹的人间地狱景象。在这种情况下，百姓们的生活自然每况愈下，一步步堕入苦难的深渊。成帝时的司隶校尉鲍宣形容他们的境遇是"有七亡而无一得"，"有七死而无一生"，连成帝也承认他面临的形势是："灾异数见，岁比不登，仓廪空虚，百姓饥馑，流离道路，疫疾死者以万数，人至相食，盗贼并与"（《汉书·薛宣传》）。与此同时，整个统治阶级迅速腐化，西汉王朝日益显露出日薄西山、气息奄奄的衰颓之象。不少人也认为"汉德已衰"、"气数已尽"，希望另有"贤德"的人来取代刘氏的统治。他们把战国以来流行的"五德终始说"与"三统说"结合起来，酝酿着颇具声势的改朝换代思潮。正在此时，王莽引人注目地崛起于政坛，成为众所瞩目的代汉人选。

王莽，字巨君，祖籍济南郡东平陵，后迁魏郡元城（今河北大名县），是战国时齐国贵族的后裔。竟宁元年（前33）成帝刘骜继位，王莽的姑母王政君做了皇太后。从此，王氏外戚集团的势力迅速膨胀起来。王莽的伯父、叔父王凤、王音、王商、王根等相继任大司马大将军领尚书事，一门十侯，姻亲党徒遍布朝野，牢牢地控制了汉朝中央和地方的权力，成为西汉历时最久、实力最雄厚的外戚官僚集团。王莽的前辈为其铺平了迈向顶峰的道路，造就了代汉的坚实基础。

由于王莽的父亲王曼早逝，在王氏外戚集团中，王莽发迹的机会显然比不上他的同宗兄弟。然而，他却以"倾其诸父"的显赫声名，成为王氏宗族中代汉的唯一人选。这里，王莽的主观努力起了决定作用。当其同宗兄弟"罗钟磬，舞郑女，作倡优，狗马驰逐"（《汉书·元后传》）的时候，王莽却摈弃声色，刻苦攻读儒家经书，广泛结交朝野知名之士，同时更小心翼翼地侍奉执掌朝廷大权的伯父、叔父，因而获得了很多人的赞誉和王政君的垂青。他很快由黄门郎升为射声校尉，不久再升骑都尉、光禄大夫、侍中。绥和元年（前8），王莽设计打败了自己的竞争对手——他的姑表弟、时任卫尉的淳于长，接替王根担任了大司马大将军。第二年，成帝病死，定陶共王刘康的儿子哀帝刘欣继位。在与傅、丁两个外戚集团争权夺利的斗争中，王莽暂时失势，丢掉官位，回到他南阳的封地过了六年蛰居生活。元寿二年（前1），哀帝病死，王政君重主朝政，下诏重任王莽为大司马大将军。王莽复出后，挟持王政君，立年仅九岁的中山王刘衍为（孝平）皇帝，逼令佞臣董贤、成帝赵皇后、哀帝傅皇后自杀，消除傅、丁二家外戚集团的势力，进一步网罗亲信，诛除异己，较前更牢固地控制了汉王朝的权力。之后，王莽娴熟地以董仲舒创造的"神学目的论"为武器，不断地制造符命祥瑞，一步步地扩大自己的权力，提高自己的官位。元始元年（1），他获得"安汉公"的封号。元始四年（4），他设法让自己的女儿做了平帝的皇后。元始五年

（5），再获"加九锡"的殊荣。自此，王莽无论是从服饰、冠冕，到门卫、车骑、府第，都已经接近了皇帝的气派。不久，王莽先后铲除了公孙闳、段犹等反对派，同年十二月，为了清除篡政的障碍，他残忍地鸩杀了十四岁的汉平帝，立年仅两岁的孺子婴为帝位继承人，同时逼王政君封他为"摄皇帝"。居摄元年（6），再逼王政君封他为"假皇帝"。居摄三年（8）底，王莽就假借哀章所献符命，宣布"改正朔，易服色"，斩断刘汉皇统，建立新朝，并于次年元旦举行隆重的登基典礼，由假皇帝变成了真皇帝。

在王莽篡汉立新的过程中，除了汉王朝的个别宗室贵族和忠于它的僚属发动了零星的武装反抗之外，基本上没有遇到什么麻烦。这是因为，刘汉王朝的腐朽无能已经使几乎一切阶级对它丧失了信心，而王莽在篡汉过程中所实行的一系列政策恰恰赢得了大多数人的拥护。他宣布把古文经立为学官，大量增加博士弟子员名额，广建辟雍、学舍，为知识分子提供了更多的做官机会；他以爵位利禄收买拉拢汉朝宗室贵族，使其视自己为他们利益的代表；他数次献田献钱，救济贫苦农民，又逼使杀死奴婢的儿子自杀，在当时深受兼并之苦的百姓中产生了良好印象，从而把改变自己悲惨处境的希望寄托到王莽身上。更由于王莽虚伪奸诈，特别善于运用两面派的权术，把蓄谋已久的篡弑活动伪饰得几乎不露形迹，从而水到渠成地实现了自己的野心。

荒唐的"新政"

王莽的篡汉虽然取得了成功，但由于他所推行的一系列改制措施绝大部分遭到了失败，他所建立的新朝也就只能成为一个短命王朝。尽管他建立的是一个国号叫作"新"的王朝，但他打出来改制的却是复古的旗号。他以《周礼》为蓝本，把所有的改制措施都涂上一层古色古香的油彩。公元9年，王莽颁布了王田奴婢政策："更名天下田曰'王田'，奴婢曰'私属'，皆不得买卖。"（《汉书·王莽传》，下引不再注）即将土地的所有权归为国有，禁止买卖；并且还规定：男丁不满八人，而所占土地超过九百亩（一井）的要退出超额部分，分给同族、邻里、乡党；无田农民按一夫一妇百亩受田。这个政策表明王莽对当时社会矛盾的清醒认识。但由于其基点是变土地私有制为土地国有制，违背了土地运动的客观规律，政策本身又存在不可克服的矛盾，因此失败是必然的。这个政策是向大土地所有者妥协的产物，它允许丁男一人可以保有九百亩土地，使分家析产成为大土地所有者大量保留土地的办法。但由于它毕竟有九百亩的限额规定，当然也就使大土地所有者受到一定程度的损害，从而引起他们的激烈反抗。更重要的是，它无法满足无地少地农民的愿望。因为即使将全国土地按民户均分，每户亦仅得六十多亩。考虑到地主多占土地和宽乡、狭乡等情况，实际能分到无地或少地农民名下的土地实在是寥寥无几。显然，王田政策开给广大农民的是一张无法兑现的空头支票。在王田政策推行过程中，各级官吏更是上下其手，贪赃枉法、营私舞弊，结果造成"农商失业，食货俱废"和"天下警警然，陷刑者众"的悲惨局面，引起了社会的极大混乱。王莽奴婢政策的实质也只是冻结现状，丝毫没有改善他们的处境。由于王田、奴婢政策在一定程度上损害了豪强地主的利益，又不能满足广大农民的土地要求，再加上制度严酷，必然会引起各个阶级的

反对。王莽在这个政策碰得头破血流之后，只得于始建国四年
（12）下诏废止。

公元10年，王莽开始推行对工商经济活动的管制措施，后
来发展为五均六莞政策。五均是在长安、洛阳、邯郸、临淄、
宛、成都等市设五均司市师，负责评定物价、收购滞销物资、
经管赊贷等经济活动。六莞指盐、铁、酒由政府专卖；铜冶钱
布由国家铸造；名山大泽由国家管理；五均、赊贷由政府办理。
这些政策的出发点虽是为了抑制富商大贾的过分盘剥，但因为
执行政策的官员大都是原来的大工商主，他们"乘传求利，交
错天下"，与郡县官吏狼狈为奸，把这一政策变成了巧取豪夺的
工具。由于它给王莽搜刮了大量的财富，尽管遇到了强烈的反
对，王莽还是坚持执行下去，直到垮台的前一年才宣布废除。

从公元7年（居摄二年）到23年（地皇四年），王莽四次
下诏改革币制，五次下诏重申币制改革的命令和禁止民间私铸
货币的严酷刑罚。每次改革，都是以小易大，以轻易重，运用
政治权力加强对人民的掠夺。如第一次币制改革时，以新铸的
重十二铢的大泉兑换五十枚五铢钱，就是相差二十多倍的不等
价交换。又加上改革频繁、手续烦琐、币材太滥、品类复杂、
币制改革引起了社会生活的极度混乱。为了保证币制改革的进
行，王莽使用严刑峻法对付触犯禁令的人："民犯盗铸，伍人
相坐，没入为官奴婢。其男子槛车，儿女子步，以铁锁琅当其
颈，传诣钟官，以十万数。到者易其夫妇，愁苦死者十六七。"
由于触犯法禁者太多，于是出现了"徒隶殷积，数十万人，工
匠饥死，长安皆臭"（《后汉书·隗嚣传》）的惨状。因为王莽的
币制改革从根本上违背了货币运动的客观规律，所以其失败也
是必然的。正如彭信威指出的："中国历代币制的失败，多有

142

别的原因，而不是制度本身的缺点。只有王莽的宝货制的失败完全是制度的失败。"（《中国货币史》，群众出版社 1954 年版）

王莽为了使自己的新朝在一切方面都要有个新的样子，他言必称三代，事必据《周礼》，从公元 12 年开始，还进行了定爵位、改官制以及其他制礼作乐的改制活动，这类措施，有的徒增烦扰，毫无用处；有的提供机会，为官吏贪赃枉法大开绿灯；有的在统治集团内部制造矛盾，加速了王莽政权的分崩离析。

如果说，王莽政治经济方面的改革措施显示了他的复古癖，那么，其民族政策则表现了他大汉族主义的自大狂妄，公元 9 年他登上帝位以后，立即派出五威将军王奇等十二人，分赴匈奴、西域和周边其他少数民族，更换汉朝授予这些少数民族首领的印信，将其"王"的称号一律改为"侯"。这些强加于少数民族的污辱政策，破坏了西汉中期以来汉与匈奴、西域等少数民族的友好关系，制造了连年不断的边陲战争，给各族人民的生命财产造成了巨大的损失。为了对匈奴作战，王莽于公元 10 年从全国征调三十万部队出征。公元 19 年，再次招募天下丁男及死罪囚、吏民奴上前线，又下诏取天下吏民财产的三十分之一作为军赋，对全国人民进行了一次空前的大劫掠。这些祸国殃民、破坏民族友好关系的不义战争，进一步激化了民族矛盾和阶级矛盾，成为大规模农民起义的导火线。

危机四起，"新政"破产

从王莽开始篡政起，拥刘派的反莽起事和零星的农民起义即接二连三地爆发。公元 17 年吕母起义之后，以农民为主体的反莽斗争进入高潮，形成了南方绿林、东方赤眉、北方铜马为代表的三支起义大军。他们互为犄角，纵横驰骋，从四面八方向王莽政权发起了猛烈的冲击。为了对付汹涌澎湃的农民起义的浪潮，王莽除了督兵镇压、厉行屠杀政策之外，还玩弄了一系列可悲又可笑的骗术。他一会儿铸造象征权力的威斗，一会儿颁布三万六千年历纪的新历法，一会儿建造供奉祖宗神灵的九庙，一忽儿试验"登仙术"，最后在起义军兵临城下的危急关头，又搞了一幕君臣对天号啕大哭的闹剧。在全部改制的过程中，王莽有时清醒，有时糊涂，而贯穿始终的则是空前绝后的荒唐。地皇四年（23）六月，绿林军在昆阳（今河南叶县）城下，以少胜多，打垮了王莽四十万主力大军，使其受到致命的一击。在农民军的打击下，王莽统治集团内部众叛亲离，分崩瓦解，公元18年，他杀死离叛的孙子王宗，21年，杀死离叛的儿子王临。昆阳之战以后，他最信任的爪牙刘歆、王涉和董忠也企图发动政变。一些地方大员，如陇西隗嚣、淮阳刘永、巴蜀公孙述、淮南李宪、楚地秦丰、琅琊张步、东海董宪、汉中延岑、夷陵田戎等，都宣布脱离王莽，拥兵自立。地皇四年（23）九月，绿林军打进关中。十月一日攻破长安。十月三日，彻底粉碎王莽党徒在渐台的顽抗。商人杜吴将藏身于渐台一所小房子里的王莽杀死。校尉公宾就顺势取下王莽的头颅。其尸体被拥来的义军战士砍斫净尽。不久，王莽的头被传之宛市（今河南南阳），并悬于该市城门之上，又被四乡百姓取下踢来掷去，还有人把王莽那善于骗人的舌头切下来生吃了。王莽激怒了人民，也受到了人民最严厉的惩罚。

目前，我国学术界对王莽"新政"的评价还存在较大的分歧。笔者认为，不管王莽改制中的某些条款看起来有多少值得肯定的地方，也不能改变它维护以王莽为首的王氏外戚集团利益的实质。而其失败的根本原因，在于它违背了经济发展的客观规律和生产力发展的客观要求。王莽改制虽不乏缓和社会矛盾的主观动机，但得到的结果却是使汉末已经十分尖锐的社会矛盾更加激化，使汉末已经十分严重的社会危机进一步加深，从而作为一种催化剂，加速了农民起义的爆发。

王莽改制的失败，说明西汉王朝两百多年积累起来的社会矛盾是统治阶级自身无法解决的，只有农民的暴力手段才能够使这些社会矛盾得到暂时缓解，从而为生产力的继续发展创造一些条件。农民起义和农民战争推动历史前进的巨大作用，正是从这里得到体现。

刘歆：角色错位的悲剧

　　地皇四年（23）七月，新朝四辅之一、国师、嘉新公刘歆，在参与谋杀王莽的政变密谋败露之后，自杀身死，为自己的一生画上了一个悲惨的句号。刘歆是中国文化史上有着辉煌建树的学者，又是一个热衷于功名利禄的庸人。他的悲剧，既带有时代的必然性，又与其思想性格有着密切的联系。剖析刘歆的一生，探索其悲剧产生的原因，对于认识两汉之际知识分子的命运不无启示意义。

一

　　刘歆出身于汉宗室贵族。他的高祖是刘邦同父异母的最小的弟弟刘交。在刘邦兄弟四人中，刘交的文化素质最高。他"好书，多材艺，少时尝与鲁穆生、白生、申公俱受《诗》于浮丘伯"，显然是一个儒家知识分子。秦末，他随刘邦参加丰沛起义、反秦战争与楚汉战争，与刘邦既有手足之情，又具君臣名分。西汉建国后，被封为楚王，据地薛、东海、彭城三十六县。他特别尊宠儒家学者，其同窗好友穆生、白生、申公等都被任为中大夫，成了王庭的座上客。他好《诗》，并为之作传，有《元王诗》传世。以后，他的后代虽然在政治斗争中升沉不定，但基本上保持最重视文化知识的传统，传至刘德，"修黄老术"，任宗正，获封侯之赏。其子刘向，即是刘歆的父亲。

刘向，字子政，聪颖好学。宣帝时，刘向十二岁，即以父荫为辇郎，十八岁晋升谏议大夫。元帝即位，任散骑宗正给事中，与太傅萧望之、少傅周堪等结合，同把持朝政的外戚许、史之家和中书宦官弘恭、石显等斗争，结果被免为庶人十年。直至成帝即位，石显伏诛，刘向才再次被起用，任光禄大夫。他见成帝母元后外家王凤等专擅国政，就借领校中五经秘书的机会，撰《洪范五行传论》十一篇，以上古春秋六国符瑞人事相比类，上奏成帝，冀其醒悟，以抑削王氏外戚之权，但不为成帝采纳。后又撰《列女传》、《新序》、《说苑》上奏，多次上书言得失，希望成帝接受历史教训，做一个励精图治、大有作为的皇帝，以挽回西汉王朝每况愈下的颓势。无奈成帝是高祖、武帝的不肖子孙，一个无赖儿郎，加上常年生病，他无魄力、无能力，也不愿意裁抑王氏集团，只能对着刘向的奏章"常嗟叹之"。面对如此孱弱无能的汉成帝，刘向痛心疾首。然而，在当时的情势下，他又只能将改变此一局面的热望寄托在这位形式上具有无限权力的皇帝身上，于是再次上书成帝。奏书中，刘向从春秋战国时外戚、权臣篡权、欺主、弑君，到汉初吕氏专权的教训谈起，然后沉痛地指出，今日王氏外戚集团的威势较以往有过之而无不及，进而尖锐指出："事势不两大，王氏与刘氏亦且不并立，如下有泰山之安，则上有累卵之危。陛下为人子孙，守持宗庙，而令国祚移于外戚，降为皂隶，纵不为身，奈宗庙何！"最后，他建议成帝下定决心，当机立断，"销患于未然"（《汉书·刘向传》）。在当时王氏外戚熏焰张天、炙手可热的情况下，刘氏宗室贵族中的绝大部分人为保住自己的富贵利禄，或献媚王氏，或缄口不言，一般臣子更是噤若寒蝉。刘向的上书如此大胆，如此直白，如此不顾个人安危，显示的是他那对于刘氏王朝的赤胆忠心。刘向的上书虽然深深地打动了成帝，但成帝此时已难以有所作为。他召见刘向，"叹息悲伤其意"。他任命刘向为中垒校尉，目的大概是使之得到一点慰藉吧。

刘向是当时最有学问的知识分子之一。他身上既有知识分子的政治敏感，也有知识分子的迂腐之气，他对学问专心致志，"为人简易无威仪，廉靖乐道，不交接世俗，专积思于经术，昼诵书传，夜观星宿，或不寐达旦"（《汉书·刘向传》），因而在文献学、目录学、经学等许多方面成就卓然。特别是他校书中秘后，即着手对我国上古以来留传下来的大量典籍进行分类整理，开始撰写我国目录学上的奠基著作《七略》，其贡献为后人广泛称道。然而，在政治上，他的迂腐又是十分明显的。尽管他对王氏外戚擅权的危险早有觉察并不幸言中，但他提出的挽救办法以刘氏贵族取代王氏外戚，则是绝对行不通的。这是因为，此时刘氏贵族已经腐败，他们之中很难找出在魄力、能力方面与王氏相匹敌的人物。刘向可算宗室中的佼佼者了吧，但他除了具备当时第一流的学问外，行政、谋略概非其所长。成帝对他的忠贞十分感佩，数次欲用其为九卿，皆因王氏外戚的阻挠而未能实现，结果只能终老于列大夫的官职。

二

刘歆，字子骏，是刘向三个儿子中最小的一个。他少小聪慧，读书用功，对学问有一种超常的感悟能力，再加上家学渊源，少年时即以学问闻名京师。有人向成帝推荐他"通达有异才"，于是被"破例召见"。刘歆在成帝面前"诵读诗赋"，旁征博引，侃侃而谈，赢得成帝的欢心。成帝准备任刘歆为中常侍，留在身边服务，但因大将军王凤的阻挠而作罢。大概此后不久，刘歆做了黄门郎，同王莽一起在宫廷服务。河平中，又受诏协助其父领校秘书，讲六艺传记，"诸子、数术、方技、无所不究"。刘向死后，他承袭父亲的职务，做了中垒校尉。哀帝即位后，经任大司马的王莽推荐，任侍中大夫，不久即转升骑都尉，奉车光禄大夫，挤进了高级官吏的圈子。但王莽不久即去职，刘歆在哀帝时的主要工作，还是整理国家藏书，完成了其父开其端的中国第一部目录学的著作《七略》。此书后虽亡佚，但因《汉书·艺文志》即在其基础上损益而成，其首创之功不可没。

刘向、刘歆父子生活在董仲舒所系统化的天人感应的神学目的论泛滥的时代氛围中，因而推演阴阳、论说灾异就成为当时儒生们展示学问的重要方面。他们父子自然也不例外。由于他们学识渊博，所以对历史上记载的符瑞灾异的解释就颇有权威性。据《汉书·五行志》载，他们共推演灾异一八二事，言论二二六则，超过其他任何人，包括始作俑者的董仲舒。这些推演灾异的言论，表明刘氏父子在自然观上基本没有超越神学目的论的体系。然而，正如侯外庐先生所指出的，刘氏父子在整理文史资料方面又展示了其思想上的鲜明的人文主义倾向。呈现此一矛盾的原因不外乎两个方面：第一，他们推演灾异，认识的对象是自然界。由于当时科学水平的限制，加上时代思潮的制约，在无法对自然现象做出科学解释的情况下，也就只好用非科学的天人感应加以附会。第二，整理文史资料，认识的是人类的社会活动以及这些活动留下的成果，这里展示的是人的主观能动性即其思想与行动的轨迹，因而对其因果律的探索较易从人事出发。不管正确与否，这种探索是从人自身出发，从社会思想文化的演变出发，而摈弃了超自然超人事的外力作用。例如，在《七略》的《诸子略》中，他们父子在司马谈《论六家要旨》的基础上，增加了纵横、杂、农、小说，以十家九流对先秦诸子进行分类概括，特别是将这些流派与殷周的"王官"联系在一起，力求理清每一学派的思想渊源（《汉书·艺文志·诸子略》、《七略》遗文《诸子略总序》），其观点正确与否，千百年来学术界聚讼纷纭，莫衷一是。但有一点可以肯定，《七略》毋庸置疑地显示了刘氏父子可贵的人文主义和清醒的现实主义。

刘歆再一个重要贡献是挑起了经学上的今古文之争，从而打破了今文经学独霸思想学术阵地的局面。刘歆在校秘书时，见到了古文《春秋》，十分喜爱，此前，《春秋左氏传》尽管已在社会上流传，但因其"多古义古言"，研习者对它还停留在"传训诂"的水平。刘歆则进一步"引博文以解经，转相发明，由是章句义理备焉"。他认为《春秋左氏传》的价值远在《公羊传》与《穀梁传》之上，原因在于"左丘明好恶与圣人同，亲见夫子，而公羊，穀梁在七十子后，传闻之与亲见，详略不同"（《汉书·刘歆传》）。刘歆曾以此观点与乃父辩诘，刘向难不倒他。不过刘向始终推尊《穀梁传》，父子二人在经学上几近分道扬镳了。刘歆借助校秘书的机会，上书哀帝极力主张把古文经典的《春秋左氏传》、《毛诗》、《逸礼》、《古文尚书》等列于学官。哀帝命他与治今文经的五经博士们辩论，博士们心虚胆怯，"不肯置对"。刘歆于是致书太常博士，一方面大讲古文经典的价值，一方面对今文经进行猛烈的攻击，并严正指出："若必专己守残，党同门，妒真道，违明诏，失圣意，以陷于文吏之议，甚为二三子不取也。"（《汉书·刘歆传》）其言有根有据，义理昭然，态度不亢不卑，有一种逼人的气势。这封书信，一石激起千层浪，在政坛学界掀起万丈波涛。治今文经学的大师们，尤其是那些因治今文经而获得高官厚禄的官僚们，对刘歆的挑战更是惊恐万状，生怕刘歆在动摇他们赖以安身立命的学术的同时，也动摇了他们的富贵利禄。于是对刘歆群起而攻之，"诸儒皆怨恨"。为了摆脱困境，他只得请求离开京师，先做河内太守，又徙五原、涿郡太守，数年后以病免官。不久，复出任安定属国都尉。刘歆的遭遇说明，在阶级社会里，权势战胜真理是司空见惯的现象。但不久哀帝去世，刘歆昔日的好友王莽重新秉政，他又受到重视，步步高升，由右曹太中大夫、中垒校尉、羲和、京兆尹，封为红休侯。平帝在位期间（1—5），他借助王莽的权势，使他钟情的古文经终于立于学官，同时受命治明堂、辟雍，考订律历，著《三统历谱》，典儒林史卜之官，成为思想学术界的领袖。可是，当刘歆将自己的功名利禄完全与王莽联系在一起之后，他在飞黄腾达的同时也逐步陷入困境，在矛盾遑遽中苦苦挣扎，最后酿成了自杀身死的悲剧。

三

平帝元始元年（1），王莽任大司马大将军之后，刘歆与王舜、王邑、甄丰、甄邯、平晏、孙建、崔发、陈崇等成为王莽核心集团的主要成员，他还做了王莽集团的头号理论策士。此后，以王莽名义提出的那些奏议，十之八九出自刘歆之手，文教礼乐方面的建议也大都由刘歆提出。那些不具体具名的"群臣奏议"、"奏言"之类的文件，一般也由刘歆炮制。

元始四年（4），"莽奏起明堂、辟雍、灵台，为学者筑舍万区，作市常满仓，制度甚盛。立《乐经》，益博士员、经各五人。征天下通一艺教授十一人以上，及有《逸礼》、古《书》、《毛诗》、《周官》、《尔雅》，天文、图谶、钟律、月令、兵法、《史篇》文字，通知其意者，皆诣公车。网罗天下异能之士，至者前后千数，皆令记说廷中，将令正乖谬，壹异说云"（《汉书·王莽传上》）。这些措施，显然出于刘歆的谋划。通过此举，王莽就把在朝在野的绝大部分知识分子都拉到自己方面来。接着，刘歆又起草了一个"群臣奏议"，称颂王莽此举是"唐虞发举，成周造业，诚亡以加"的灿然功德，恳请朝廷给王莽加"九锡"的封赏。第二年正月，在刘歆的佐助下，王莽举行了祫祭明堂的大典。在群臣的欢呼声中，王莽得到了加"九锡"的封赏。不用说，那一篇对王莽极尽阿谀之能事的封赏策文，又是刘歆的杰作。

由于在一系列活动中刘歆为王莽立下很大功劳，所以他也同陈崇等人一起得到列侯的封赏。

平帝死后，王莽选两岁的孺子刘婴为帝位继承人，王莽本人也由安汉公"宰衡"而"摄皇帝"、"假皇帝"，使篡政之势犹箭之在弦。紧追其后的刘歆也步步攀升，少阿、羲和、京兆尹的桂冠接踵而至。居摄三年（8）九月，王莽的母亲功显君死去。此时的王莽虽然已经做了"假皇帝"，但仍不过居代理之职，还无法建立起自己的皇统，因而如何为母亲服丧就成为令他头痛的大问题。此时，刘歆的学问又派上了大用场，他与博士诸生七十八人经过一番研究，为之制定出一套奇特的服丧礼仪，并在奏文中将这一套服丧礼仪说得于古有据，于情合理。

功显君是王莽的生母，按理王莽应以亲子的礼仪服丧。然而，此时的王莽已获得"摄皇帝"与"假皇帝"的头衔，而这个"摄"和"假"表明他代理着汉朝的刘氏皇统。刘歆明白，王莽宁愿牺牲亲子之情也不放弃到手的代理皇帝的名分，因而就为之损益出那一套四不像的服丧办法。刘歆以自己的学识为王莽解决了一大难题，而他对王莽的功用从此也就完结了。

此后，王莽加快了篡汉即真的步伐。居摄三年（8）年底，以无赖哀章献符瑞为契机，王莽宣布代汉自立，建立新朝。尽管刘歆没有参与此事的谋划，但鉴于他一贯追随自己的表现，王莽做皇帝后，还是给了他四辅之一的国师、嘉新公的高官。不久，又封刘歆之子刘叠为伊休侯，将刘歆的女儿刘愔纳为太子王临的夫人。这显示王莽对刘歆还是充分信任的，希望他继续为自己服务。然而，随着王莽由"摄"、"假"到即真做皇帝，刘歆与他之间的裂痕却悄悄地扩大了。原因很简单，作为汉宗室贵族的刘歆，尽管不反对王莽的擅权，但却不能认同改变刘氏皇统。当王莽最后改变这个皇统的时候，刘歆表面上随波逐流，跟着其他臣子在王莽面前高呼万岁，其实内心是十分痛苦的。因为他毕竟与刘氏皇统有着血缘联系，眼睁睁地看着祖宗的基业为外姓之人篡夺，而自己还必须为之欢呼，他不能不产生一种深深的负罪感。所以，刘歆对登上帝位的王莽的态度日渐消极。第二年，他的两个儿子侍中东通灵将、五司大夫隆威侯刘棻，右曹长水校尉、伐虏侯刘泳以及其弟子侍中骑都尉丁隆等都陷入了甄丰、甄寻父子的谋叛案，丢掉了性命。他们的活动至少是得到刘歆默许的。这次事件之后，刘歆大概也就失去了王莽对他的最后一点信任。他的官位尽管还保留着，但却被彻底逐出权力圈子，犹如废物被冷落一旁。此后的刘歆，作为一个无权无勇的知识分子，手中实在也没有多少反抗王莽的手段，他只能面对王莽层出不穷的荒唐行径，无可奈何地摇头叹息。他一面默默地闭门自守，看着新朝日益走向衰败和灭亡，一面也不动声色地思索自救的良策，避免与王莽同归于尽。但刘歆也明白，王莽是一个心狠手毒、杀人不眨眼的专制魔王，只要自己对他稍有不轨的表示，就会给自己的家族带来灭顶之灾。因此，刘歆异常谨慎，不敢贸然参加反叛王莽的活动。所以，从始建国三年（11）至地皇二年（21）的十余年间，历史上见不到刘歆活动的记载。估计此期他行的是韬晦之计，等因奉此地敷衍着王莽。然而，地皇二年的王临之狱，却使他受到又一次的沉重打击。太子王临与妻子刘愔曾密谋诛杀王莽，但还未付诸实行，王临就被贬为统义阳王迁到洛阳长住。地皇二年，王莽妻病，王临在给母亲的一封信中表露了对王莽的怨恨。王莽发现后，穷究严治，王临与刘愔皆自杀身死。刘歆作为王临的岳丈，显然难以摆脱干系。况且，刘歆的二子一女都死在王莽手上，这种刻骨铭心的仇恨只能使他彻底斩断与王莽残存的感情的思缕，使之在条件成熟时加入反叛王莽的行列。

地皇四年（23）六月，昆阳之战敲响了王莽的丧钟，即使王莽最信任的臣子也明白新朝的末日已经来临。为了摆脱为王莽殉葬的命运，一批朝廷重臣策划了诛杀王莽的政变密谋。其核心人物是卫将军王涉、大司马董忠和仍任国师的刘歆。王涉是王根的儿子，王莽的叔伯兄弟。他家中养着一个名叫西门惠君的道士，此人好天文谶记，他对王涉说："星孛扫宫室，刘氏当兴，国师公姓名是也。"王涉信之不疑，就密告大司马董忠，

154

二人一拍即合。以后，他们数次到刘歆那里，以谈说星相为名探询刘歆的态度。刘歆鉴于以往儿女流血的教训，且对王、董二人的真实思想也吃不准，就以缄默对之。不久，王涉单独密访刘歆，涕泣着晋上披肝沥胆的忠言，刘歆被感动，相信了王涉的至诚。他大讲天文人事，认为南阳义军必成。王涉于是和盘托出他的政变计划："董公主中军精兵，涉领宫卫，伊休侯（即刘叠）主殿中，如同心合谋，共劫持帝，东降南阳天子，可以全宗族；不者，俱族灭矣！"（《汉书·王莽传下》）政变成功的条件是秘密与突发，从当时的形势看，王涉、董忠与刘歆等人如果密切配合，选准时机，迅速发难，成功的可能甚大。但此时的刘歆仍不脱知识分子斯斯文文的脾性，同时又特别迷信天象瑞征，坚持等太白星出现才可发难。结果迁延时日，错过最佳时机。时间一长，很难保密。最后，此起密谋终因司中大赘孙伋与陈邯的告密而失败，参与密谋者被一网打尽，刘歆也只能以自杀结束自己的生命。

刘歆的悲剧具有深刻的时代根源，在自然经济条件下，帝国的政治制度为有才干的知识分子设定的道路，基本上是一元的而非多元的，这就是做官从政的利禄之路。儒学大师董仲舒首先是朝廷的九卿或王国的太傅、相之类的高官，其次才是一个思想家、学者。而他做学问是为了从朝廷那里猎取官位，同时以自己的学问为这个王朝服务。后来他虽然弃官居家教授弟子，但那是不得已而为之的下策。大史学家司马迁首先必须以太史令的官职获得微薄的俸禄，然后才能潜心于他的史学撰述。简言之，当时的社会还基本上不能为知识分子提供比做官更理想的职业。"学得文武艺，售于帝王家"，这就是当时所有追求荣华富贵的知识分子的出路。以司马迁的学识和素养，他可以在史学、文学、天文历法任何一个领域中卓然成家，做一个纯粹的学者，可当时社会没为他提供这个条件。即使以治经为职业的知识分子，也必须争得一个博士的头衔，作为谋生的手段，才能在太学中觅一席之地。而这些博士官们，又很少将此职务视为终身职业，他们在向弟子传授经义的同时，想到的是以此为跳板，去做朝廷的九卿或地方上的州牧郡守。

刘歆生活在这样一个时代，目睹自己的前辈与同辈儒生中的佼佼者，以自己的学问猎取到高官厚禄，位极人臣，光宗耀祖，他认为那就是当代知识分子追求的价值，当然也就是自己的追求。然而，刘歆并不明白，这个由时代设定、也是自己理想追求的目标，恰恰成为导向他悲剧的陷阱。因为就刘歆的资质与特长而言，他只是一个对学问有着特殊爱好和特别感应能力的书生。在当时的学术领域，他犹如奥林匹斯山上的宙斯，如鱼得水，挥洒自如，将自己的才华充分展示出来，取得了令当世惊服、令后世惊叹的成就，已经最大限度地实现了自己的人生价值。如果刘歆不去追逐学问之外的高官，而是甘于寂寞、安于清贫地固守住自己的阵地，一以贯之地潜心研究，默默耕耘，他不仅可以在学术上取得更大的成就，而且也能够得以寿终。然而，刘歆的悲剧从其自身来说，恰恰就在于缺乏自知之明。他明白自己的长处，却没有刻意发挥；他不了解自己的短处，却又在自己所短的领域中拼命追求。同时，对于官场的黑暗、复杂、险恶、血腥又缺乏足够的认识和思想准备。这样，他就只能被一只无形的手牵引着，一步步地走向悲剧的尽头。从政做官与做学问是完全不同的两个领域，刘歆所长在学问，所短在做官。你看，他在京师之外做郡守达六年之久，连一点政绩也没有留下，足以说明他不善此道。平帝即位后，他进入王莽幕中，在仕途上虽然步步高升，但是，他的学问不仅毫无长进，而且还纳入了为王莽篡政服务的轨道。王莽篡汉立新之后，刘歆当上四辅之一的国师，位极人臣，高官厚禄，似乎得到了一个知识分子梦寐以求的一切，可是，这一切带给刘歆的并不是无限的欢悦，而是无尽的苦恼。作为刘氏宗室贵族的一员，从心理上说他不愿意江山易主。他帮着王莽取得"安汉公"的头衔，希望王莽的下一个动作不是代汉立新，而是他信誓旦旦的那个"复子明辟"。可是，当王莽由居摄而皇帝的时候，刘歆又只能投赞成票，无可奈何地看着祖宗拼命流血打下的基业轻而易举地转到别人手里。在此一事变中，刘歆既未能够如同宗室的刘崇、刘信、刘快等人那样起事反抗，也未能如同孔休、龚胜、栗融、禽庆、曹竟、苏章、陈咸之类有骨气的儒生那样采取不合作态度，而是作为篡窃者的帮凶在自己的历史上留下永远抹不掉的污点。他内心的痛苦和自责是可以想象的。

从新朝建立到他自杀身死，整整十四个年头，刘歆显然是在对自己灵魂的不断拷问中、在难以排解的煎熬中度过的。然而，他又只能将这种痛苦深深地埋在心中，不能对任何人诉说。在公开的场合，特别是在朝廷例行的礼仪中，他还必须对王莽表现出诚恐诚惶的恭敬之情，还必须将王莽的篡弑行径歌颂为应天意而顺民心的空前义举。刘歆就这样过着二重人格的生活。他时刻想摆脱这种生活，但又缺乏破釜沉舟的决心和勇气。因而只能一天天地静观时变，一面等待时机，一面思谋一个万全之策。面对凶狠残暴的王莽，特别是二子一女死于非命的鲜血淋漓的现实，他的小心翼翼固然有正确的一面，不过，遇事逡巡犹豫的知识分子的弱点也使他难以恰到好处地把握时机。他参与政变密谋反映他结束自己二重人格的最后努力，但是，由于必然和偶然的种种原因，他又只能以自杀显示自己对传统道德的回归。可惜一切晚矣，无论刘歆怎样挣扎，他都无法挣脱传统道德的耻辱柱，也无法避开近两千年间对他不忠不孝的詈骂。

刘秀其人与大汉中兴

崇尚经学　迷信谶纬

刘秀崇尚经学，把西汉武帝时开其端绪的经学治国方略又向前推进了一步。

"经"最早泛指一切著作，战国以后，它成为儒家所编著书籍的通称。汉武帝接受董仲舒的建议，实行"罢黜百家，独尊儒术"的思想文化政策以后，它进而变成由中国皇帝钦定的儒学书籍的总称。随着历史的发展，"经"的领域逐渐扩大，"五经"、"六经"、"九经"、"十二经"、"十三经"（汉时"五经"指《诗》、《书》、《礼》、《易》、《春秋》。"六经"加《乐》，已佚。唐代以《诗》、《书》、《易》加三礼，即《周礼》、《仪礼》、《礼记》，以及三传，即《春秋左氏传》、《春秋公羊传》、《春秋榖梁传》，为"九经"，至唐文宗开成间又益以《论语》、《孝经》、《尔雅》，为"十二经"，宋时列《孟子》于经部，是为"十三经"）等名目陆续出现。知识分子和官僚对"经"的阐发和议论，成为中国古代一门独特的学问——"经学"，在两汉时期它是占统治地位的思想形式。

经学成为汉王朝的官方统治思想以后，儒家经典在太学中被立为学官，由博士传授，从其受经的博士弟子考试合格，即可以做官。武帝以后，一时出现了"公卿大夫士吏彬彬多文学之士"（《汉书·儒林传》）的局面。

汉武帝时期立为学官的只有《诗》、《书》、《礼》、《易》、《春秋》五经博士。至东汉初逐渐增至五经十四博士。其中《诗》有鲁、韩、齐三家，《书》有欧阳、大小夏侯三家，《礼》有大戴、小戴二家，《易》有施、孟、梁丘、京房四家，《春秋》有严、颜二家。因为以上经书都是用当时通行的文字隶书写成，后来称之为今文经。今文经学在西汉后期取得了越来越崇高的地位，垄断了教育和学术。正在此时，古文经学崛起，对今文经学的地位提出了挑战。西汉中期以后，一批用古籀文（秦以前的文字）书写的经书，如《古文尚书》、《逸礼》、《周官》、《毛诗》和《春秋左氏传》等逐渐被发现并在民间传授。由于这些经书是用秦以前的文字写成，所以称为古文经。哀帝时，校书中秘的刘歆要求将古文经立为学官，受到治今文经的学者、公卿们的攻击。王莽秉政后，刘歆被重用，古文经始立为学官，取得了与今文经同等的地位。王莽今、古文经并用，从中寻找篡政和新政的理论根据。新朝末年，农民战争激烈地进行，更始元年（23），太学也因新朝的灭亡而停办。此后统一与割据的战争仍然继续进行，经学一时呈现十分寥落的局面。

太学生出身的刘秀了解经学的价值。当战争刚刚在关东地区平息，他就在建武五年（29）的十月来到鲁都曲阜，命大司空祭祀孔子，同时下令在洛阳重建太学，他还亲临太学视察，"赐博士弟子各有差"（《后汉书·光武帝纪》）。此后，他千方百计地将自己的活动与经义联系起来，不断地推尊孔子及其后裔。建武六年（30）十月，他在下达的要求公卿举贤良、方正、百僚上封事的诏书中，便引证《诗·小雅》的"日月告凶，不用其行"（《后汉书·光武帝纪》）作为根据。建武十四年（38）四月，刘秀下诏封孔子后裔、当时的密令孔志为褒成侯。建武十九年（43）六月，他下诏改易太子，理论根据是"《春秋》之义，立子以贵"（《后汉书·光武帝纪》）。因为《春秋公羊传》的确有"立嫡以长不以贵，立子以贵不以长"的论断。临病逝的前一年，他还"起明堂、灵台、辟雍，及北郊兆域"（《后汉书·光武帝纪》），以完善经书所记载的祭礼等礼乐制度。由于刘秀的重视，加上陆续恢复的各种制度上的保证，东汉初年，经学又重新再现昔日的盛况并发扬光大。《后汉书·儒林传》记载：

> 昔王莽、更始之际，天下散乱，礼乐分崩，典文残落。及光武中兴，爱好经术，未及下车，先访儒雅，采求阙文，补缀漏逸。先是四方学士多怀协图书，遁逃林薮。自是莫不抱负坟策，云会京师。范升、陈元、郑兴、杜林、卫宏、刘昆、桓荣之徒，继踵而集。于是立五经博士，各以家法教授，《易》有施、孟、梁丘、京氏，《尚书》欧阳、大小夏侯，《诗》齐、鲁、韩，《礼》大小戴，《春秋》严、颜，凡十四博士，太常差次总领焉。

东汉王朝建立不久，今文经的十四博士很快便立为学官。王莽当政时期立为学官的古文经学自然被取消了资格。但是，此时的古文经学在朝野已有相当大的势力，治古文经的学者强烈要求将古文经也立为学官，以取得与今文经同等的地位。尚书令韩歆上书，要求为《费氏易》与《左氏春秋》立博士。刘秀对此十分重视，诏下群臣评议，并于建武四年（28）正月亲自在云台朝见公卿、大夫、博士，就此问题进行辩难。他知道博士范升不同意立古文经的博士，点名让他发表意见，范升态度十分坚决地说："《左氏》不祖孔子，而出于丘明，师徒相传，又无其人，且非先帝所存，无因得立。"（《后汉书·范升传》）韩歆与太中大夫许淑与之辩难，互不相让，一直到中午才以无结果而告结束。范升在朝会之后，又呈给刘秀一个奏章，系统而又详尽地论证了自己的观点：

　　臣闻主不稽古，无以承天；臣不述旧，无以奉君。陛下愍学微缺，劳心经艺，情存博闻，故异端竞进。近有司请置《京氏易》博士，群下执事，莫能据正。《京氏》既立，《费氏》怨望，《左氏春秋》复以比类，亦希置立。《京》、《费》已行，次复《高氏》、《春秋》之家，又有《骓》、《夹》。如今《左氏》、《费氏》得置博士，《高氏》、《骓》、《夹》，五经奇异，并复求立，各有所执，乖庆分争。从之则失道，不从则失人，将恐陛下必有厌倦之听……今《费》、《左》二学，无有本师，而多反异，先帝前世，有疑于此，故《京氏》虽立，辄复见废。疑道不可由，疑事不可行。《诗》、《书》之作，其来已久。孔子尚周流游观，至于知命，自卫反鲁，乃正《雅》、《颂》。今陛下草创天下，纪纲未定，虽设学官，无有弟子。《诗》、《书》不讲，礼乐不修，奏立《左》、《费》，非政急务……愿陛下疑先帝之所疑，信先帝之所信，以示反本，明不专己。天下之事所以异者，以不一本也……"五经"之本自孔子始，谨奏《左氏》之失凡十四事。（《后汉书·范升传》）

　　当时主张立古文经的官员与儒生以司马迁《史记》，多以

《春秋左氏传》为据，证明《左氏传》的真实性和权威性。范升再次上书刘秀，指出《史记》"连庚五经，谬孔子言及《左氏春秋》不可录三十一事"，回击对方。刘秀于是再次将范升的奏书交博士们讨论。此时，继承父业治《左氏春秋》的郎官陈元，诣阙上疏，对范升的观点进行了系统、全面的批驳：

陛下拨乱反正，文武并用，深愍经艺谬杂，真伪错乱，每临朝日，辄延群臣讲论圣道。知丘明至贤，亲受孔子，而《公羊》、《穀梁》传闻于后世，故诏立《左氏》，博询可否，示不专己，尽之群下也。今论者沉溺所习，玩守旧闻，固执虚言传受之辞，以非亲见实事之道。《左氏》孤学少与，遂为异家之所覆冒。夫至音不合众听，故伯牙绝弦；至宝不同众好，故卞和泣血。仲尼圣德，而不容于世，况于竹帛余文，其为雷同者所排，固其宜也。非陛下至明，孰能察之！

臣元窃见博士范升等所议奏《左氏春秋》不可立，乃太史公违庚凡四十五事。案升等所言，前后相违，皆断截小文，牒毈微词，以年数小差，掇为巨谬，遗脱纤微，指为大尤，抉瑕摘衅，掩其弘美，所谓"小辩破言，小言破道"者也。升等又曰："先帝不以《左氏》为经，故不置博士，后主所宜因袭。"臣愚以为若先帝所行而后主必行者，则盘庚不当迁于殷，周公不当营洛邑，陛下不当都山东也。往者，孝武皇帝好《公羊》，卫太子好《穀梁》，有诏诏太子受《公羊》，不得受《穀梁》。孝宣皇帝在人间时，闻卫太子好《穀梁》，于是独好之。及即位，为石渠论而《穀梁氏》兴，至今与《公羊》并存。此先帝后帝各有所立，不必其相因也。孔子曰，纯，俭，吾从众；至于拜下，则违之。夫明者独见，不惑于朱紫，听者独闻，不谬于清浊，故离朱不为巧眩移目，师旷不为新声易耳。方今干戈少弭，戎事略戢，留思圣艺，眷顾儒雅，采孔子拜下之义，卒渊圣独见之旨，分明白黑，建立《左氏》，解释先圣之积结，洮汰学者之累惑，使基业垂于万世，后进无复狐疑，则天下幸甚。(《后汉书·陈元传》)

　　《左氏传》与《春秋经》，孔子与左丘明究竟是什么关系，至今学术界也是聚讼纷纭。但这并不妨碍《左氏传》的价值。陈元对范升的驳斥是有力的，他所阐发的发展进化的观念更是十分难能可贵的。最后，陈元信心十足，慷慨激昂地表示："臣元愚鄙，尝传师言。如得以褐衣召见，俯伏庭下，诵孔氏之正道，理丘明之宿冤；若辞不合经，事不稽古，退就重诛，虽死之日，生之年也。"(《后汉书·陈元传》)大概刘秀为了显示自己对臣下意见的尊重，他将陈元的奏书也交给博士们讨论，"范升复与元相辩难，凡十余上"。或许是陈元的意见占了上风，或许是刘秀偏向《左氏传》，最后的结果是刘秀下令将《左氏传》立为学官，并命太常选《左氏》学博士四人。陈元在选考中虽名列第一，但因其辩难中锋芒过露，刘秀为了显示公正，不偏不倚，就选了仅次于他的司隶从事李封为《左氏春秋》博士。然而，刘秀没有料到，他以皇帝之尊下诏决定的事情，并没有被一些人接受，而是激起治今文经学者与官员们的激烈反对。"论议欢哗，自公卿以下，数廷争之"(《后汉书·陈元传》)。不久，李封病逝，刘秀不再任命新的《左氏春秋》博士，古文经立为学官的努力最后以失败而告终。纵使如此，经过这场辩论，朝野相信古文经的人数还是逐渐增多。虽然终东汉之世古文经再也没有被立为学官，但治古文经的儒生们的地位却逐步提高，不少人也进入高级官僚的行列，打破了今文经儒生垄断官位的局面。

东汉初年，刘秀十分重视博士官的选用，因而今文经学的五经十四博士很快就安排到位了。如范升是治《梁丘易》的博士，洼丹是治《孟氏易》的博士，曾任议郎、侍中、太守，并"入授皇太子及诸王小侯五十余人"（《后汉书·儒林传》）。张兴也是治《梁丘易》的博士，明帝时官至太子少傅。戴凭为《京氏易》的博士，官至侍中、虎贲中郎将。欧阳歙为治《欧阳尚书》的传人，家学渊源，八世为博士，光武朝官至大司徒，因赃罪判死刑。牟长也治《欧阳尚书》，建武二年（26）任博士，官至河内太守。高诩家学渊源，世治《鲁诗》，光武初年任博士，官至大司农。伏恭治《齐诗》，建武中任博士，历官太守、太仆、司空。薛汉世习《韩诗》，建武初任博士，官至太守。《大戴礼》、《小戴礼》亦立博士，但无卓然名家者，因而《儒林传》中也未留下名字。曹充治《庆氏礼》，建武中为博士，后官至侍中。丁恭习《公羊颜氏春秋》，建武初任博士，封关内侯，历官少府、侍中祭酒、骑都尉，是刘秀身边的智囊人物。周泽也习《公羊颜氏春秋》，建武末年"征试博士"，历官右中郎将、太常。甄宇亦习《公羊颜氏春秋》，建武中征拜博士，官至太子少傅。此外，还有张玄习《颜氏春秋》，也拜为博士。

正因为刘秀崇尚经学，在人事制度上又实行"退功臣，进文吏"的政策，许多儒生、博士获取了高官。即使未立为学官的古文经学，也有不少人因治其学名家而获取官位，所以，苦读经书成为一时的社会风气。桓荣年轻时家庭穷困，但仍"讲诵不息"，他的族人桓元卿讥笑他说："但自苦气力，何时复施用乎？"桓荣笑而不答，用功不辍。后来果然因治经学名家而为帝王师，官至太子少傅、太常。面对荣华富贵，他叹息说："我农家子，岂意学之为利乃若是哉！"（《后汉书·桓荣传》）刘秀崇尚经学，重用儒生的传统为他的子孙所继承，从而使两汉经学在明帝、章帝时期达到它兴盛的高峰，正如《后汉书·儒林传》所论：

> 建武五年，乃修起太学，稽式古典，笾豆干戚之容，备之于列，服方领习矩步者，委它乎其中。中元元年，初建三雍。明帝即位，亲行其礼。天子始冠通天，衣日月，备法物之驾，盛清道之仪，坐明堂而朝群后，登灵台以望云物，袒割辟雍之上，尊养三老五更。飨射礼毕，帝正坐自讲，诸儒执经问难于前，冠带缙绅之人，圜桥门而观听者，盖亿万计。其后复为功臣子孙、四姓末属别立校舍，搜选高能以受其业，自期门羽林之士，悉令通《孝经》章句，匈奴亦遣子入学。济济乎，洋洋乎，盛于永平矣！

> 建初中，大会诸儒于白虎观，考详同异，连月乃罢。肃宗新临称制，如石渠故事，顾命史臣，著为通义。又诏高才生受《古文尚书》、《毛诗》、《穀梁》、《左氏春秋》，虽不立学官，然皆擢高第为讲郎，给事近署，所以网罗遗逸，博存众家。

刘秀崇尚经学，使汉武帝开启的经学治国达到其成熟期，基本上适应了当时中国古代宗法社会的需要，其积极作用是应该肯定的。崇尚经学，有利于思想统一。因为无论今文经还是古文经，都尊孔子为圣人，把儒家经典看作神圣不可侵犯的教条，将其理论作为评判是非的标准。在政治上，它们都鼓吹专制主义中央集权的大一统理论，维护王朝政治上的统一和帝王的绝对权威，同时又宣扬"王道"、"仁政"、"轻徭薄赋"、"节俭省刑"等政治思想，为专制统治筹措长治久安之策。在伦理思想上，它们都提倡三纲、五常、六纪等道德信条，用以规范和调节人们之间的关系。它们都重视教育，培养了一个稳定的知识分子群体，为国家提供源源不断的具有较高文化素质的官吏队伍。特别是，它以一以贯之的强大的舆论导向，影响着社会风气的形成。正如范晔所指出的：

自光武中年以后，干戈稍戢，专事经学，自是其风世笃焉。其服儒衣，称先王，游庠序，聚横塾者，盖布之于邦域矣。若乃经生所处，不远万里之路，精庐暂建，赢粮勤有千百，其著名高义开门受徒者，编牒不下万人，皆专相传祖，莫或讹杂。至有分争王庭，树朋私里，繁其章条，穿求崖穴，以合一家之说。故扬雄曰："今之学者，非独为之华藻，又从而绣其鞶帨。"夫书理无二，义归有宗，而硕学之徒，莫之或徙，故通人鄙其固焉，又雄所谓"诼诼之学，各习其师"也。且观成名高第，终能远至者，盖亦寡焉，而迂滞若是矣。然所谈者仁义，所传者圣法也。故人识君臣父子之纲，家知违邪归正之路（《后汉书·儒林传》）。

如果说，刘秀崇尚儒学其积极意义是主要的话，那么，他迷信谶纬，就没有多少积极意义可言了。自从今文经学在西汉被立为学官，成为占统治地位的意识形态以来，它就沿着经学神学化的路子发展。到两汉之际，随着社会危机的日趋严重和政治斗争的尖锐激烈，统治阶级越来越崇尚谶纬迷信，今文经学也就越来越多地与谶纬迷信相结合，使儒家宗教化，经学神学化，孔子教主化。

什么是谶纬？"谶"，是一种"诡为隐语，预决吉凶"的粗俗的迷信，它假托神学的预言，为现实政治斗争服务。如秦始皇时期的方士卢生就曾传播过"亡秦者胡也"的谶语。西汉末年王莽篡汉立新的时候，也曾命令其党徒制造过大量的符命图谶。"纬"，是"经之支流，衍及旁义"（《四库全书总目提要》卷六《易纬》下），是儒生用阴阳灾异、神道迷信来解释、演绎和附会儒家经典的著作，同样是一种编造的宗教神学。纬书大都与经书相对应，差不多都有一个怪诞神秘的名字，如易纬有《乾凿度》、《乾坤凿度》，书纬有《考灵曜》、《刑德放》等，还有的附会《河图》、《洛书》，如《稽曜嘉》、《灵准听》等，因为在纬书中更容易随心所欲地制造荒诞不经的内容，更有效地为统治阶级服务，所以特别得到统治者的青睐，一些儒生也就趋之若鹜，一时间，谶纬之学的地位反而超过经学。

刘秀生活在谶纬之学极度泛滥的时代。参加反莽的起事前，宛人李通就以所谓《河图》的谶语"刘氏复起，李氏为辅"劝刘秀拉起队伍，投入反对王莽的斗争。刘秀最后率宗族宾客起事反莽，当然是时代条件的推动，但这个谶语也可能发生一定影响。公元 25 年，刘秀在河北已经稳稳立定了脚跟，手下的将领们都劝他"速正大位"，登基做皇帝，但他一直犹豫。可是，当他行至鄗时，当年在太学读书的同舍好友强华自关中赶来，向他奉上《赤伏符》，其中的谶语"刘秀发兵捕不道，四夷云集龙斗野，四七之际火为主"，却为他作了舆论先导。六月，他就举行登基大典，在祝文中，还郑重其事地提及谶记"刘秀发兵捕不道，卯金修德为天子"。中元元年（56），即在他逝世的前一年，他就"宣布图谶于天下"（《后汉书·光武帝纪》），向全国公布谶纬学的合法地位。

由于谶纬是一种神学迷信，因而受到一批头脑清醒的具有唯物论倾向的儒生和思想家的抵制与批判。如儒生郑兴，少学《公羊春秋》，属今文经学派。晚年治《春秋左氏传》，转向古文经学派。他被刘秀任命为太中大夫后，多次上书，匡正时弊，但因反对谶纬，就得不到重用。一次，刘秀就郊祀之事征求郑兴的意见，说："吾欲以谶断之，何如？"郑兴直言相告："臣不为谶。"一下子触怒了刘秀，大怒："卿之不为谶，非之邪？"郑兴惶恐地说："臣于书有所未学，而无所非也！"好歹使刘秀的怒气未继续发作，但从此对他也不感兴趣了。"兴数言政事，依经守义，文章温雅，然以不善谶故不能任"（《后汉书·郑兴传》）。还有一个叫尹敏的儒生，南阳堵阳（今河南方城）人，与刘秀是同乡，也因反对谶纬得不到重用。尹敏初习《欧阳尚书》，后又治《古文尚书》、《毛诗》、《穀梁》、《左氏春秋》，转向古文经。建武初年，任郎中，辟大司空府。刘秀知道尹敏"博通经记，令校图谶"，特别指示他"蠲去崔发所为王莽著录次比"，即将崔发等为王莽篡汉制造的那些符命谶记之类一律删除。尹敏认为谶书不可信，不值得花费力气校订，就说："谶书非圣人所作，其中多近鄙别字，颇类世俗之辞，恐贻误后生。"但刘秀仍然坚持要尹敏校订。尹敏故意开玩笑，在校订时于缺文处增加了六个字："君无口，为汉辅。"意思是尹敏应成为汉朝的辅佐。不久，刘秀在阅读校正过的图谶时发现了这几个字，就召来尹敏问他究竟，尹敏坦率地说："臣见前人增损图书，敢不自量，窃幸万一。"（《后汉书·尹敏传》）刘秀对尹敏如此以恶作剧表示对图谶的轻蔑十分不满，虽然没有治他的罪，但自此也就把他打入"另册"，不予升迁了。

比之郑兴、尹敏，桓谭的遭遇更惨：他竟因直言不讳地反对谶纬几乎送了自己的老命。桓谭字君山，沛国相（今安徽濉溪北）人，"好音律，善鼓琴。博学多通，遍习"五经"，皆诂训大义，不为章句。能文章，尤好古学。数从刘歆、扬雄辨析疑异。性嗜倡乐，简易不修威仪，而喜非毁俗儒，由是多见排抵"（《后汉书·桓谭传》）。西汉哀、平之时，桓谭才是一个秩级很低的郎官。董贤为大司马，欲与之交好，桓谭知道他自身难保，拒绝与之交往。"当王莽居摄篡弑之际，天下之士，莫不竞褒称德美，作符命以求容媚，谭独自守，默然无言"（《后汉书·桓谭传》）。王莽时，被任为掌乐大夫，更始至长安，拜其为太中大夫。刘秀即位后，经大司空宋弘推荐，被任为议郎给事中。他多次上书，提出了许多有价值的建议，但因不合刘秀的口味，自然不予采纳。桓谭见刘秀特别迷信谶纬，"多以决定嫌疑"，就又一次上书，对谶纬神学给以有力的批驳，冀刘秀翻然悔悟：

臣前献瞽言，未蒙诏报，不胜愤懑，冒死复陈。愚夫策谋，有益于政道者，以合人心而得事理也。凡人情忽于见事而贵于异闻，观先王之所记述，咸以仁义正道为本，非有奇怪虚诞之事。盖天道性命，圣人所难言也。自子贡以下，不得而闻，况后世浅儒，能通之乎！今诸巧慧小才伎数之人，增益图书，矫称谶记，以欺惑贪邪，诖误人主，焉可不抑远之哉！臣谭伏闻陛下穷折方士黄白之术，甚为明矣；而乃欲听纳谶记，又何误也！其事虽有时合，譬犹卜数只偶之类。陛下宜垂明听，发圣意，屏群小之曲说，述"五经"之正义，略雷同之俗语，详通人之雅谋。（《后汉书·桓谭传》）

书奏到刘秀那里，愈发引起他的不高兴。不久，刘秀召群臣讨论灵台的位置，他问桓谭："吾欲以谶决之，何如？"桓谭沉默许久，想掩饰过去，就说："臣不读谶。"刘秀追问为什么？桓谭知道不说不行了，于是索性将自己的观点和盘托出，"极言谶之非经"。刘秀感到再也无法容忍，大发雷霆之怒："桓谭非圣无法，将下斩之。"（《后汉书·桓谭传》）桓谭明白闯了大祸，只得伏地叩头求饶。刘秀望着白发苍颜的桓谭额头已经叩出血来，怒气方消。决定免他一死，赶出京师，到六安（今属安徽）去做郡丞。桓谭自洛阳赶往六安，一路上"忽忽不乐"，还未到任所，即死在途中。可以说，这位七十多岁的大思想家，是为捍卫真理而死于君主专制权威之下的。

在中国古代的创业帝王之中，刘秀完全应该排在出类拔萃之列。为什么连桓谭、郑兴和尹敏之辈都看穿的谶纬迷信，明智的刘秀却对它执迷不悟，情有独钟呢？

时势既孕育出英雄人物，同时也给这些人物划定不可逾越的时代界限，即给他们套上时代的局限。刘秀生活的时代，谶纬迷信泛滥成灾。在今文经学成为社会主导思想的情况下，从朝堂到鄙野，从城市到乡村，士农工商，各色人等，都生活在这种氛围里。除了桓谭之类少数理智清醒的思想家以外，大多数人对谶纬的神圣性不敢表示怀疑，或很少有怀疑。刘秀虽是时代的精英人物，但在对待谶纬迷信的态度上，他属于那个时代的大多数人之列。而作为一个创业的帝王，这一点恰恰使他能够与当时大多数人有着千丝万缕的联系。

在当时的百姓心目中，皇帝是真命天子，他之所以成为皇帝一定是天意安排。刘秀做了皇帝，他对那些神化自己、展示天命攸归的谶语一定是充满敬畏之情。不管他内心是否笃信，他必须承认其神圣性，否则，他岂不是失去了做皇帝的根据？其实，对于臣子，刘秀并不想强迫他们相信谶纬，只是要求他们随声附和而已。当然，对于揭露其虚幻的言行他是不能容忍的，因为这可能动摇他的地位。刘秀晚年之所以郑重其事地"宣布图谶于天下"，就是再次向臣民展示笼罩在他身上的神圣光轮。

从一定意义上说，谶纬是当时政治斗争的一种手段，一种武器。王莽曾利用它夺取了大汉王朝的万里江山，而在新末农民战争中崛起的地方实力派，称帝称王者十数计，几乎人人都用谶纬证明自己上应天命。公孙述、隗嚣等无不如此。刘秀身为宗室，血统高贵，当然更应该以谶纬为武器，反击敌手，推尊自我。

当公孙述利用谶语"数移书中国，冀以感动众心"（《后汉书·公孙述传》）的时候，刘秀致书公孙述，对他引用的谶记一一做出相反的解释，目的就是撕破公孙述的伪装。刘秀之钟情谶纬，也不排除其中的策略意义，犹如乃祖刘邦之尊儒，内含"英雄欺人"的意思。

刘秀虽然迷信谶纬，但他知道夺取天下，战胜对手主要靠正确的政策、战略和策略，靠将士们的流血牺牲，奋力拼搏。因此，在涉及现实的政治、经济和军事问题上，刘秀尽管也以谶纬神学加以文饰，以树立信心，激励将士，振奋百姓，瓦解敌人；但是，他主要还是将自己的基点放在制定政策，谋划战略、策略，简选将帅，精心组织指挥上，表现了一个清醒的现实主义者的理智。

在董仲舒的神学思想体系中，符命、符瑞和灾异被看作上天意志的表现。王莽靠符命当上皇帝，又靠符命欺骗全国臣民百姓以维护自己的统治。由于在其后期符命越搞越滥，因而其神圣性也越来越引起人们的怀疑。所以，刘秀在做皇帝以后，一方面对灾异颇为重视，因为它影响到百姓的生活与社会的安定，另一方面又对符瑞之类为自己歌功颂德的事情表示冷漠，同样展示了他的理智。建武五年（29）四月开始，旱、蝗之灾严重。在五月的一份诏书中，刘秀忧心忡忡地说："久旱伤麦，秋种未下，朕甚忧之。将残吏未胜，狱多冤结，元元愁恨，感动天气乎？"（《后汉书·光武帝纪》）建武六年（30）九月的一次日蚀，也使他诚惶诚恐。第二年三月，又一次发生日蚀，刘秀"避正殿，寝兵，不听事五日"，并下达了这样的诏书：

> 吾德薄致灾，谪见日月，战栗恐惧，夫何言哉！今方念愆，庶消厥咎。其令有司各修职任，奉遵法度，惠兹元元。
>
> 百僚上封事，无有所讳。其上书者，不得言圣。（《后汉书·光武帝纪》）

当年四月，再次下诏，大赦天下。建武二十二年（46）九月发生地震，他在下达赈灾的诏书中承认这是"天谴"，并承认责任在己："日者地震，南阳尤甚。夫地者，任物至重，静而不动者也。而今震裂，咎在君上。鬼神不顺天德，灾殃将及吏人，朕甚惧焉。"（《后汉书·光武帝纪》）面对灾异而自警自励，并采取各种措施加以救助，以消除或减少灾异带来的各种损失，不能不说是一种明智之举。与此相反，刘秀对待符瑞则比较慎重。中元元年（56）六月，刘秀已经登基三十多年，经过精心治理的东汉王朝，此时已是国泰民安，一片兴旺景象。于是好事者纷纷呈报符瑞，以讨刘秀的欢心："是夏，京师醴泉涌出，饮之者固疾皆愈，惟眇、蹇者不瘳。又有赤草生于水崖。郡国频上甘露。"（《后汉书·光武帝纪》）这时，群臣奏言，要求命史官撰集其事，以传来世：

> 孝宣帝每有嘉瑞，辄以改元，神爵、五凤、甘露、黄龙，列为年纪，盖以感致神祇，表彰德信。是以化致升平，称为中兴。今天下清宁，灵物仍降。陛下情存损挹，推而不居，岂可使祥符显庆，没而无闻？宜令太史撰集，以传来世。（《后汉书·光武帝纪》）

面对一个接一个呈报上来的符瑞，听到群臣洋溢盈耳的颂歌，花甲之年的刘秀在最易昏昏然、飘飘然的时刻基本上还能保持清醒的头脑，"常自谦无德，每郡国所上，辄抑而不当，故史官罕得记焉"（《后汉书·光武帝纪》），这的确是难能可贵的。因为作为最高统治者的帝王，最容易导致为所欲为，暴戾恣睢，自以为是，失去对周围事物的感知能力。而刘秀的过人之处，恰恰就在于直到晚年，他仍然保持着比较清醒的头脑，有着还能够客观地认知现实真情的明智。

勤劳节俭　谦和纳谏

刘秀建立东汉王朝，虽然自诩"中兴"，史家也以此为喻，但此一"中兴"与西周的"宣王中兴"，西汉的"昭宣中兴"却有质的区别。因为"宣王中兴"与"昭宣中兴"都是在王统、皇统未中断的情况下跃出低谷、进入一个新的发展阶段，而刘秀的"中兴"却是一次真正的艰苦创业。其与乃祖刘邦之创立西汉、后来的朱元璋之创立明朝没有实质性的区别，唯一的不同是他与皇统已经中断的西汉王朝在血缘上还能找到一点联系。他之强调"中兴"，与其说是因为他有光复旧物的决心和使命感，不如说是他出于策略的考虑使自己的创业活动得到更多百姓的拥护。正因为刘秀走的是布衣创业之路，所以在他身上就展现出许多创业之主共有的特点：察民生之苦，知稼穑之难，因而能勤劳俭约，兢兢业业。他虽有着刘氏血统，生于父亲为县令的官舍，但因"九岁而孤"，只能以平民百姓度过青少年时代。在农村环境中，他"性勤于稼穑"，与手足胼胝的农民不乏感情的丝缕。做皇帝以后，他始终不忘百姓的疾苦，创业的艰辛，一直到寿终正寝，都保持了勤俭的作风。《后汉书·循吏传》颂扬说：

初，光武长于民间，颇达情伪，见稼穑艰难，百姓病害，至天下已定，务用安静，解王莽之繁密，还汉世之轻法。身衣大练，色无重彩，耳不听郑卫之音，手不持珠玉之玩。宫房无私爱，左右无偏恩。建武十三年，异国有献名马者，日行千里，又进宝剑，贾兼百金。诏以马驾鼓车，剑赐骑士。损上林池御之官，废骋望弋猎之事。其以手迹赐方国者，皆一札十行，细书成文。勤约之风，行于上下。数引公卿郎将，列于禁坐。广求民瘼，观纳风谣。故能内外匪懈，百姓宽息。

刘秀一生，大部分时间处于征战之际，金戈铁马，席不暇暖。他的足迹遍布今日之河南、湖北、河北、山东、安徽、江苏、陕西、宁夏、甘肃，关键时刻，亲临前线，运筹帷幄。全国统一后，百废待兴，他也难以安卧洛阳宫中肆意享乐，仍然是风尘仆仆，亲赴全国各地，考察官吏，了解民情，随时指导地方的工作。在洛阳，他更是勤于政务，每日听朝，处理国家大事。有时还与公卿、郎、将等一起讲论时事，如史书所载，"坐则功臣特进在侧，论时政毕，道古行事，次说在家"（《后汉书·皇后纪》）。他注意革除弊政，提高工作效率，使下情上达，皇帝的旨意迅速得到贯彻。建武七年（31）前，上皇帝的奏章必须符合规定的程式，否则不予受理。即使受理，到达皇帝那里也要经过复杂的程序，"前后相属，连月乃决"，很可能贻误大事。他发现这一情况后，立即下令改正，并亲自处理，情况很快发生变化：

奏诣阙，平旦上，其有当见及冤结者，常以日出时，驺骑驰出召入，其余以俟中使者出报，即罢去，所见如神。远近不偏，幽隐上达，民莫敢不用情。（《后汉书·皇后纪》）

刘秀熟悉国家政务，随时注意调查研究，使"臣下之行，无所隐其情"，加上有超常的记忆力，因而处理问题得心应手。有时下到郡县，"道数十岁事，若按文书。吏民惊惶，不知所以"（《后汉书·光武帝纪》）。即使战争结束，国内承平，他也无一日休息，久而成习，以致"乐此不疲"。《后汉书·光武帝纪》有如下一段记载：

初，帝在兵间久，厌武事，且知天下疲耗，思乐息肩。自陇、蜀平后，非儆急，未尝复言军旅……每旦视朝，日仄乃罢。数引公卿、郎、将讲论经理，夜分乃寐。皇太子见帝勤劳不怠，承间谏曰："陛下有禹汤之明，而失黄老养性之福，愿颐爱精神，优游自宁。"帝曰："我自乐此，不为疲也。"虽身济大业，兢兢如不及，故能明慎政体，总揽权纲，量时度力，举无过事。

　　与勤于政事相联系，他的俭约亦相当突出。他比较自觉地从各方面约束自己，借以在臣民中树立率己正人的形象。例如，秦与西汉的皇帝大都从民间选取大量妇女充塞后宫，奢侈享乐，造成"内多怨女，外多旷夫"的局面："秦并天下，多自骄大，宫备七国，爵列八品。汉兴，因循其号，而妇制莫厘。高祖帷薄不修，孝文衽席无辨。然而选纳尚简，饰玩少华。自武、元之后，世增淫费，至乃掖庭三千，增级十四。"（《后汉书·皇后纪》）成为皇帝腐败的重要表征。刘秀做皇帝后，一反乃祖的旧例，不仅减少后宫嫔妃的数量，而且更压低她们的待遇，使后宫终光武之世没有成为腐化之源："及光武中兴，斫雕为朴，六宫称号，惟皇后、贵人。贵人金印紫绶，奉不过粟数十斛。又置美人、宫人、采女三等，并无爵秩，岁时赏赐充给而已。"（《后汉书·皇后纪》）刘秀在战争年代登上帝位，其一切设施都服从战争需要，经常轻车简从，出入各地，对于展示皇帝气派的仪仗、礼乐法物不暇追求。直到平定蜀地公孙述，将他使用的那套"瞀师、郊庙乐器、葆车、舆辇"作为战利品传送洛阳后，"于是法物始备"（《后汉书·光武帝纪》）。此时已是公元37年，距刘秀登基已经十三个年头了。刘秀不以公孙述之"法物"为不祥，修旧理废，欣然使用，反映的就不仅是他的节俭意识了。

　　在中国时代，皇帝是全国的政治中心，对全国臣民有生杀予夺之权，因而也就成为全国臣民，特别是各级官吏争相阿谀逢迎的对象。地方郡国就以自己的土特产品为贡献之物不断地向皇帝进献，这在西汉时期差不多形成了制度。东汉建立后，此一制度遂即复活了。虽经刘秀下令禁止，贡献者仍然络绎不绝。建武十三年（37）正月，刘秀再次下令禁止：

> 往年已敕郡国，异味不得有所献御，今犹未止，非徒有豫养导择之劳，至乃烦扰道上，疲费过所。其令太官勿复受。（《后汉书·光武帝纪》）

此后，终刘秀之世，此一劳民伤财的进献制度大概就废止了。

刘秀还注意纠正社会上影响广泛的习俗，如厚葬之风。此一风尚由来已久，由于统治阶级率先实行厚葬，富贵人家竞相效尤，再加上儒家学派关于"慎终追远"的孝悌之义的宣传，流风所及，一般百姓也只得倾家荡产厚葬父母，从而造成比较严重的社会问题。刘秀感到此风不可长，于是一面下诏提倡薄葬，一面自己身体力行，希冀扭转这一风气。建武七年（31）正月，刘秀下达了如下的诏令：

> 世以厚葬为德，薄终为鄙，至于富者奢僭，贫者单财，法令不能禁，礼义不能止，仓卒乃知其咎。其布告天下，令知忠臣、孝子、慈兄、悌弟薄葬送终之义。（《后汉书·光武帝纪》）

此一诏令是否能起到移风易俗的作用，还须有其他条件的配合。但它至少向全国臣民表明了当今皇帝对这一社会问题的态度，贫苦百姓实行薄葬受到的社会舆论的压力相对减少了。

建武二十六年（50），刘秀开始为自己准备后事，"初作寿陵"。负责施工的将作大匠窦融"上言园陵广袤，无虑所用"，显然打算把园陵修建得富丽堂皇。但刘秀却指示他一切从简：

> 古者帝王之葬，皆陶人瓦器，木车茅马，使后世之人不知其处。太宗识终始之义，景帝能述遵孝道，遭天下反覆，而霸陵独完受其福，岂不美哉！今所制地不过二三顷，无为山陵，陂池裁令流水而已。（《后汉书·光武帝纪》）

七年以后，中元二年（57），刘秀病逝，遗诏中仍不忘"务从约省"，可以说，他将节俭的作风贯彻始终了。东汉初年，经过长期战争的破坏，人口锐减，经济凋敝，为了恢复和发展生产，必须对百姓实行休养生息的政策，这就要求整个统治阶级必须抑制自己的享受欲望，以减轻百姓的负担。刘秀作为皇帝，率先垂范，带头厉行节俭，在当时产生了很大影响，使"勤约之风，行于上下"，对形成较好的官风和民风起了促进作用。

刘秀遇事沉稳，待人谦和，扬人之善，用人之长。对敌对势力，一般也是先礼后兵，尽力招降纳叛；对臣下的行为，更是向好处推想，待人以诚。即使彭宠的反叛使自己措手不及，狼狈不堪，他也不改初衷。他礼贤下士，延揽人才，对声望卓著的耆老硕儒，尤其优礼有加。如即位之初，就访求卓茂，任为太傅，封褒德侯。对名儒张纯、郑兴、范升、陈元、桓荣之辈也给予崇高的礼遇。正因为如此，一大批精英人物才集合于他的麾下，为东汉王朝的创立和巩固进行出生入死的奋斗。刘秀作为一代创业的英主，不仅善于吸引人才，而且善于使用人才，不时吸取来自臣下的正确意见，这是保证自己的决策不出纰漏，获得成功的重要原因。虚心纳谏是所有成功的帝王成就功业的重要原因，对创业帝王就更加重要。刘秀的每一项重大决策，每一次胜利和成功，几乎都采纳了臣下的意见。例如，刘秀脱离更始到河北以后，一时还未能从胞兄惨死的悲痛中解脱出来，是冯异建议他利用对自己有利的大好形势，"行郡县，理冤结，布惠泽"，迅速在河北打开了局面。王郎据邯郸称帝后，形势大变，刘秀的处境一时变得十分困难。他接受信都太守任光的建议，传檄各地，虚张声势，聚合兵众，始立定脚跟。鉴于当时形势严峻，不少人对能否在河北成就一番事业信心不足，建议刘秀西还长安依靠刘玄。刘秀此时也有点犹豫动摇。只有邓彤力排众议，对河北形势进行了一番透辟入理的分析，指出王郎一伙乃乌合之众，只要充分发挥刘秀自身的优势，胜利可计日成功。一席话使刘秀信心大增，很快平定王郎，使河北成为刘秀的创业基地。刘秀入河北不久，太学同窗邓禹远道来归，向他提出了"延揽英雄，务悦民心，立高祖之业，救万民之命"的创业总方针，对刘秀的创业活动产生了至关重要的影响。建武八年（32），正当刘秀到陇西前线谋划对隗嚣的战争时，后院起火，颍川"盗贼群起"。刘秀只得迅速还军京师，筹划对反叛势力的斗争，他要求寇恂统兵前往，但寇恂却建议他"御驾亲征"："颍川剽轻，闻陛下远逾阻险，有事陇、蜀，故狂狡乘间相诖误耳。如闻乘舆南向，贼必惶怖归死。臣愿执锐前驱。"（《后汉书·寇恂传》）刘秀立即接受他的建议，当日大张旗鼓地南下征讨，迅速将颍川叛乱平定。此次刘秀接受寇恂建议亲征显然是一次正确的决策，而在四年前，他接受伏湛的建议放弃亲征彭宠，同样也是一次正确决策。建武三年（27），彭宠据渔阳反叛后，刘秀震怒，对于他的创业基地出现的反叛难以容忍，决定亲征。这时任大司徒的伏湛上书劝谏，希望刘秀不要亲征：

臣闻文王受命而征伐五国，必先询之同姓，然后谋于群臣，加占著龟，以定行事，故谋则成，卜则吉，战则胜……陛下承大乱之极，受命而帝，兴明祖宗，出入四年，而灭檀乡，制五校，降铜马，破赤眉，诛邓奉之属，不为无功。今京师空匮，资用不足，未能服近而先事边外；且渔阳之地，逼接北狄，黠虏困迫，必求其助。又今所过县邑，尤为困乏。种麦之家，多在城郭，闻官兵将至，当已收之矣。大军远涉二千余里，士马疲劳，转粮艰阻。今兖、豫、青、冀，中国之都，而寇贼纵横，未及从化。渔阳以东，本备边塞，地接外虏，贡税微薄。安平之时，尚资内郡，况今荒耗，岂足先图？而陛下舍近务远，弃易求难，四方疑怪，百姓恐惧，诚臣之所惑也。复愿远览文王众兵博谋，近思征伐前后之宜，顾问有司，使极愚诚，采其所长，择之圣虑，以中土为忧念。（《后汉书·伏湛传》）

伏湛的奏书尽管不乏儒生的迂腐之气，但总体看是有道理的。彭宠远在边陲，对中原的稳定影响不大。而千里远征，胜既无把握，败必引起中原震动，并且刘秀对中原的军事占领尚不巩固，如因北征使这里再起干戈，那就得不偿失了。刘秀北征的决定本因一时冲动，经伏湛劝谏，冷静下来，不仅没有御驾亲征，而且也没有把彭宠作为重点征讨对象，只遣偏师一旅，名为征讨，实则监视，等待其内部变化，不久，彭宠死于其苍头之手，渔阳之乱平息。洛阳令董宣纠杀湖阳公主苍头一案发生后，时任广汉太守的蔡茂趁机上书，劝谏刘秀抑制外戚的放纵，得到刘秀的首肯。终刘秀之世，外戚未能在政坛上兴风作浪，蔡茂的谏书还是起到了一定的作用。大司空宋弘劝谏刘秀的两件事，看起来都是小事，但从中可以看到刘秀从善如流的作风。宋弘曾仕王莽朝为共工（即少府），赤眉军入长安后，他为拒绝征召，在渭桥投水。建武二年（26）被刘秀任为大司空。刘秀要他推荐"通博之士"，宋弘就推荐了桓谭，这说明他的确慧眼识才。刘秀任桓谭为议郎、给事中，放在身边，随时备顾问。桓谭既有学问，又多才多艺，特别善弹琴。刘秀也稚好音乐，每逢宴会，即令桓谭鼓琴，"好其繁声"。宋弘知悉后，十分生气，认为违背初衷，后悔推荐。他派人盯住桓谭行踪，伺其由宫内出来，立即在大司空府着朝服召见。《后汉书·宋弘传》叙述召见情景：

谭至，不与席而让之曰："吾所以荐子者，欲令辅国家以道德也，而今数进郑声以乱《雅》《颂》，非忠正者也。能自改邪？将令相举以法乎？"谭顿首辞谢，良久乃遣之。

不久，刘秀大会群臣，一时心血来潮，又令桓谭鼓琴。桓谭见宋弘在场，内心恐惧，琴音失常，刘秀感到奇怪，就问桓谭原因何在。这时，宋弘离席，免冠谢罪说："臣所以荐桓谭者，望能以忠正导主，而令朝廷耽悦郑声，臣之罪也。"表面上是谢罪，实际上是责怪刘秀。刘秀此后就不再让桓谭任给事中了。又一次，宋弘奉召参加刘秀举行的宴会，见宫室内新添屏风，上面图画的是漂亮的仕女。宴会进行中，刘秀不时斜视屏风上的仕女。宋弘严肃地说："未见好德如好色者。"刘秀不好意思，立即命人将屏风撤去。然后笑着对宋弘说:"闻义则服,可乎?"宋弘欣喜地回答说:"陛下进德,臣不胜其喜。"(《后汉书·宋弘传》)

刘秀虚心纳谏的例子还有许多。由于他虚心纳谏,才延揽了大批人才。在当时群雄并起,逐鹿天下的形势下,天下的智能之士都在选择自己的主人,以便为其立功报效,并从他那里获得富贵利禄。虚心纳谏犹如一面高扬的旗帜,吸引大多数智能之士前来投奔。因为他们相信自己的聪明才智可以在刘秀那里得到发挥,自己的人生价值也可以在他那里得到实现。当刘秀问远道而来的邓禹"何欲为"时,邓禹的回答是:"但愿明公威德加于四海,禹得效其尺寸,垂功名于竹帛耳。"(《后汉书·邓禹传》)由于虚心纳谏,刘秀才广收群策群力之效,充分调动臣下的积极性,最大限度地发挥了他们的聪明才智,从而将自己决策的失误减到最低程度。刘秀一生经历了十多年险象环生的战争岁月,也遭受过一些失败和挫折,但因为能在关键时刻虚心听取并采纳臣下意见,他的重大决策基本上没有出现失误。有时在看来无望的情况下也能转危为安,迈向坦途,使他在群雄竞争中成为最后的胜利者。与此同时,他还处理了一系列事关全局的政治、经济、民族、外交以及文化教育等方面的重大问题,由于虚心纳谏,除个别问题,如与西域关系的决策出现失误外,绝大部分决策都比较正确并取得了成功。由于虚心纳谏,刘秀一生都保持了自己谦和有度的形象,没有因胜利而忘乎所以,没有因成功而文过饰非,更没有因洋洋盈耳的颂扬而自以为是,暴戾恣睢。

南面之术　帝王气度

建武十七年（41）十月，刘秀又一次返回故乡，修园庙，祠旧宅，观田庐，置酒作乐。时宗室诸母因醵悦，相与语曰："文叔少时谨信，与人不款曲，惟直柔耳。今乃能如此！"刘秀听到后，大笑曰："吾理天下，亦欲以柔道行之。"（《后汉书·光武帝纪》）这"柔道"二字，有着丰富的内涵，蕴含着刘秀治国平天下的全部南面之术和他特有的帝王气度。刘秀少时，与乃兄刘縯性格迥异。刘縯豪侠，不事生产，性格外向，锋芒毕露。刘秀为人谨厚，性格内向，喜怒不形于色，虽然入太学读过书，见过大世面，但却孜孜于稼穑，使人很难将他与创业帝王联系起来。然而，就是这样一个人竟成为创建一代帝业的"中兴之主"。在新朝末年天下崩裂，群雄并起的时代，不仅拔出同列，蹑足九五，荣登大宝，而且稳稳地做了三十三个年头的皇帝，创立了不朽功业，使他身上潜在的帝王的资质、气度、韬略、权术一一展现出来。

一、雄才大略，文武兼备。刘秀的事业是从参加绿林军、投身推翻王莽的军事斗争开始的，因此，他的才华首先表现为超群的智谋韬略和英勇善战。昆阳一战，惊天地而泣鬼神。刘秀以二十九岁的韶华之年，展示了他杰出的统帅之才，奠定了他在中国军事史上的崇高地位。清代黄恩彤评论说：

光武少勤稼穑，伯升以比郦阳，其与高祖，诚不侔矣。及观昆阳一战，何其神武出世表也。是时王莽遣王寻等，将兵百万，征天下能为兵法者，六十三家，数百人，并为军吏；又有长人、虎豹犀象之属，助其威武，军容之盛，为秦、汉以来所未有。而更始新造，谷少兵单，诸将皆忧念妻孥，惶怖失措，其溃败直顷刻间耳！光武乃首建大策，激励诸将，从容镇定，以数千之卒，当百万之师，先登斩馘，为众军锋，诸将乘之，遂诛王寻，尽殪其丑；三辅豪杰，闻风响应，而新莽之头，立致麾下，自古未有以至弱当至强，一战大捷，再造区夏，如此之神速者也！虽寻、邑非秦、项之比，而光武初建，事权不属，较诸高祖，实处万难之势，以武功论之，讵不后先辉映也哉！（于慎行《读史漫录》，齐鲁书社1996年版）

此后，他经营河北，讨伐王郎，军事、政治两手兼用，将十余支河北起义军收编或平定。取得河北地盘后，他不失时机地登基称帝，将复汉的大旗高高举起。紧接着，他南渡黄河，攻取洛阳，宣布以此为首都，有条不紊地进行统一中国的战争，招降赤眉，讨平秦丰，诛除彭宠，逼降张步，消灭刘永，平定李宪，联合窦融，收复陇西，最后灭掉公孙述，占领巴蜀。他多次亲临前线，指挥复杂多变的战事，更多的是运筹帷幄，决胜千里之外。特别是最后的平蜀之战，他坐镇后方，对前线战事的进展洞察如神，显示了他卓然不群的军事才干。与此同时，他根据形势的变化和军事斗争的需要，不断地出台一系列有关经济、政治、社会、文化、教育等的政策，以安定社会，发展生产，繁荣经济，造福百姓，表现了超出当时任何敌手的政治才能。而恰恰是这一方面的才干形成了对天下英才的吸引力，因为刘秀的才干预示了他成功的前景，使他们乐于与之同甘苦共命运。他们也相信从他那里会获得梦寐以求的功名利禄。

二、以屈求伸，动心忍性。刘縯、刘秀兄弟，从加入绿林军那天起，就面对着十分复杂的矛盾。王莽政权当时还相当强大，农民军必须团结一致，全力以赴，才能战而胜之。农民军内部农民领袖与汉宗室贵族以及汉宗室贵族之间也矛盾重重，稍有不慎就可能引来杀身之祸。而才能超群的刘秀兄弟正是起义军内部其他实力人物嫉妒的对象。此时，保护自己的最好办法是韬晦以待时，刘秀真正地做到了这一点，而胸无城府的刘縯却因锋芒毕露而遭到了杀身之祸。事变发生后，刘秀尽管对亲兄之死悲痛欲绝，复仇之心如火如荼，但是，他知道此刻还不是与更始分道扬镳的时候，乃以惊人的毅力忍辱待时，使自己度过了最危险也最艰难的时刻，终于保存了自己。黄恩彤认为刘秀屈己忍辱的策略已远远超过刘邦：

高祖之于项羽，初盖屈意下之，及为义帝发丧，声罪致讨，中遭挫衄，几不自存，得三杰之助，始得垓下成功。东坡谓高祖能忍，故养全锋以待其敝，似矣。及观光武之能忍，则又高祖所不及也。方南阳举兵，首建大谋者，独伯升兄弟耳。更始以绿林猾贼，窃有位号，忌伯升威名，辄加诛戮。时光武方大捷昆阳，不自言功，乃自父城驰诣宛谢。伯升官属迎吊，不交私语，深自引过而已。又不敢为伯升服丧，饮食言笑如平时。更始内惭，乃有破虏之拜，武信之封。当是时，何尝一刻忘杀兄之仇，希通侯之赏哉！处危疑之地，形迹一露，祸机随之，若非深自韬晦遵养待时，早为刘稷之续矣！其后一使洛阳，再徇河北，战郭门，拔广阿，邯郸摧破，王郎授首，功名已盛，基业渐立，而后于萧王之拜，辞不就征，自是始贰于更始。卒之，更始为赤眉所屠，而白水真人，神器攸归，蠖屈龙飞，讵非英雄之大略也哉！（于慎行《读史漫录》）

屈是为了伸，忍辱是为了雪耻。何时忍，何时伸，关键是审时度势。刘秀在昆阳大捷之后一忍再忍，是为了保存自己。渡河北上，本已独立自主，仍以忍让为怀，是因为自己的羽翼尚不丰满。辞就萧王后，迟迟不即皇帝位，是为了减少前进路上的阻力，避免过早成为众矢之的。后来，当全力对中原和东方用兵时，又对割据陇西的隗嚣和据蜀称帝的公孙述采取忍让策略，目的是不让他们干扰自己的战略主攻方向。再后，对匈奴以及其他少数民族采取衅不自我而开的怀柔政策，是为了顺利实施国内的恢复发展计划，不使边患影响大局的稳定。刘秀的以屈求伸，动心忍性的精神，不仅并时之人中难以找到，就是中国历史上所有帝王之中，亦难以找到几人。刘秀之为刘秀，这是突出的特点之一。

三、高瞻远瞩，气度恢宏。刘秀作为创业之主，与偏狭、短视、据守一隅、追求眼前享受的刘玄、王郎、秦丰、刘永、李宪、张步、隗嚣、公孙述等人不同，举凡军事行动、政治设施、经济政策、文教建设，都显示出他放眼全国，面向未来的恢宏气度。刘秀重视血统，并以自己清晰的刘汉皇族世系而自豪。但是，他又不拘泥于血统，因为血统可利用但不能依靠。他知道刘氏宗室，数以十万计，比论亲疏，他不占优势。能否奄有天下，靠的是一个"争"字。所以，当王郎争战失利，所遣接洽投降的使者对刘秀大讲王郎是成帝之子时，刘秀回答得十分干脆：就是成帝复生，也不能复得天下！意思很明确：谁能获取皇位，不是靠血统，而是靠实力；不是靠一城一地的占有，而是靠天下英才的来归。为此，他不惜爵禄，不惜重金，招降纳叛，来者不拒。原新朝的郡守县令，参加反莽起事的各路英豪，以及形形色色、大大小小的地方实力派，不问来路，不管背景，只要愿意归到大汉王朝的旗帜下，他一概欢迎，并给予相应的官爵利禄。以铜马为代表的河北义军，变成他攻城陷阵的基本力量；窦融割据的河西五郡，成为他攻取陇西、巴蜀的战略后方。对隗嚣一再招降无效，最后才忍痛用兵；对公孙述不惜用敌国之礼，仁至义尽，而后才以武力解决；而对那个刺杀彭宠夫妇的苍头子密，也封其为"不义侯"，并加以奖赏。他那些成功的政治、经济政策，出发点只有一个，即国家的稳定，社会的安宁，经济的发展，百姓的安居乐业。他恢复太学，奖掖儒生，为的是将全社会的知识分子都吸引过来为自己服务。刘秀的气度特别表现在对一些隐逸之士的宽容上。周党与严光是两个典型的例子。

周党字伯况，太原广武（今山西代县西南）人，家产千金，却轻财好义，闻名乡里。王莽篡汉后，"托疾杜门"，保持了节操。东汉建立后，刘秀征拜他为议郎，但他很快离职，与妻子居于渑池。刘秀再次征召，他一身平民打扮，见刘秀时，"伏而不谒"，恳请允准他过隐居的生活。刘秀不强其所难，爽快地答应了。其时名儒、博士范升认为周党不识抬举，上书刘秀，对他进行诋毁：

臣闻尧不须许由、巢父，而建号天下；周不须伯夷、叔齐，而王道以成。伏见太原周党、东海王良、山阳王成等，蒙受厚恩，使者三聘，乃肯就车。及陛见帝廷，党不以礼屈，伏而不谒，偃蹇骄悍，同时俱逝。党等文不能演义，武不能死君，钓采华名，庶几三公之位。臣愿与坐云台之下，考试图国之道。不如臣言，伏虚妄之罪。而敢私窃虚名，夸上求高，皆大不敬。

在范升等人的意念中，一个儒生受到君主征召，实在是求之不得、无上光荣的事情，感激涕零之不及，岂能拒不受命！刘秀将范升的奏书交给公卿们传阅，同时下了一道诏书表明自己的态度："自古明王圣主必有不宾之士。伯夷、叔齐不食周粟，太原周党不受朕禄，亦各有志焉。其赐帛四十匹。"（《后汉书·周党传》）由于刘秀的宽宏大度，周党隐居渑池，闭门著书，按照自己的意愿安静地度过了一生。

严光字子陵，会稽余姚（今属浙江）人，"少有高名"，才华横溢，是刘秀在太学读书时的同窗好友。得到刘秀做皇帝的消息后，他不仅没有前去拜谒求官，而且"变名姓，隐身不见"。刘秀没有忘记这位老朋友，派人依其形貌四处查访。后来，齐国来人报告："有一男子，披羊裘钓泽中。"根据来人描绘的形貌，刘秀猜测此人就是严光，于是郑重其事地"备安车玄纁"，派使者前去礼聘。一连去了三次，才将严光请到了洛阳。刘秀下令将他安置在北军的营舍里，由太官专门招待饮食。当时任司徒的侯霸也是严光的老朋友，他遣一人送书信给严光，并对严光说："公闻先生至，区区欲即诣造，迫于典司，是以不获。愿因日暮，自屈语言。"意思是，侯霸位列三公，屈尊纡贵来见你布衣之士，礼仪上有障碍。等到晚上，再前去相会。严光不答，遂即将一札投给来人，让他记下自己的回话："君房足下：位至鼎足，甚善。怀仁辅义天下悦，阿谀顺旨要领绝。"讽谏之意甚明。侯霸得书后，立即上呈刘秀。刘秀阅毕，笑着说："狂奴故态也。"即日来到严光下榻之所探视。严光故意卧床不起，刘秀来到床边，抚摸着严光的腹部，说："咄咄子陵，不可相助为理邪？"严光仍然故意装睡，过了好一会儿，才睁开眼睛盯着刘秀说:"昔唐尧著德,巢父洗耳。士故有志,何至相迫乎!"刘秀辞气谦恭地问:"子陵,我竟不能下汝邪?"于是叹息着乘舆而去。过了几天,刘秀又邀请严光,两个朋友无拘无束地畅叙旧情,"论道旧故,相对累日",刘秀从容问严光:"朕何如昔时?"严光回答说:"陛下差增于往。"谈得疲倦了,二人还像当年在太学时那样躺在一起酣睡,严光的脚竟搭在刘秀的肚子上(《后汉书·严光传》)。此时,二人都把对方看成朋友,消弭了身份的差别。刘秀任命严光为谏议大夫,希望他留在京师以客卿身份为自己服务,但严光坚辞不就,执意回富春山躬耕。建武十七年(41),刘秀又一次征召严光入京,被他拒绝。八十岁时终老于家。刘秀十分痛惜,下令郡县赐钱百万,谷千斛。刘秀与严光是一对忘年交的朋友,严光起码年长刘秀二十岁。当其时,刘秀贵为天子,严光始终是一介布衣之士,刘秀想任命他做官,得到富贵利禄。严光始终不接受官职,宁愿以布衣终其一生,为的是保持自己的自由之身。刘秀尊重他的选择,显示了帝王的宽宏大度。他们二人的交往,展示的是朋友的真情,留下的是千古传颂的佳话。时至今日,在浙江省的富阳市境,还有严光躬耕的遗迹。在桐庐县境的富春江畔,还有严子陵垂钓处,那临水而立的巨石,那重峦叠翠的青山,那曲折蜿蜒的清流,让后人流连忘返,遐思无穷。

四、治国有道,驭臣有术。在中国历代帝王中,刘秀不仅是创业的英主,更是治国的明君。王莽末年,群雄并起,疆场逐鹿,社会秩序一片混乱。刘秀登基后,军事政治,双管齐下,以诏书的形式,陆续发布一系列政策措施。所到之处,简派官员,恢复秩序,安定民生,发展生产,繁荣经济,到平定巴蜀之时,刘秀对全国的统治已经走上有序运行的轨道。他的治国之道已在实践中得到历史的肯定。

刘秀的文治武功之所以都取得巨大成就，其中重要原因之一是他的麾下汇集了当时的时代精英。而他对手下的文臣武将不仅做到了知人善任，扬长避短，而且驭之有术，使其心甘情愿为之赴汤蹈火。他对为自己事业死难的将领大加褒奖，亲迎灵柩，参加葬礼，赐以财物，封赏子弟，厚待遗属。对亲信臣僚待之以诚，任之以专，奖以官位，赐以封爵，使他们都能得到权力、财产和荣誉。对不放心者则暗中监视，严于防范，一旦反叛，则坚决镇压。渔阳太守彭宠在王郎诈立的关键时刻倒向刘秀，以其军力、粮食支持了对王郎的斗争，刘秀封他为建忠侯，并赐号大将军。然而，刘秀对彭宠又心存疑忌，所以派出朱浮做幽州牧，对他进行监视。曾是彭宠手下官员的吴汉、王梁、盖延等在刘秀那里飞黄腾达时，彭宠却滞留在渔阳太守的任上不得升迁。再加上后来朱浮的挑拨离间，致使彭宠走上反叛之路，最后悲惨地死于苍头之手。彭宠落到如此地步，显然与刘秀对他骨子里的不信任有关。刘秀的驭臣之术有时表现为明显的权术。如诛杀王郎后，"收文书，得吏人与郎交关谤毁者数千章。光武不省，令诸将军烧之，曰：'令反侧子自安。'"（《后汉书·光武帝纪》）这里，刘秀当着将吏们的面将其中一些人通敌的证据毁掉，以显示自己的大度，让通敌有据者此后死心塌地地为他服务。其实，刘秀当时这样做也有他不得已的苦衷。这时，他刚到河北不久，面对许多敌人，自己独立的事业才开始起步，与手下将士们的关系还不够深，只要能拉住他们与自己一起战斗就是最大的成功。显然，当时的形势不允许他同"反侧子"算账。他的高明之处恰恰就在于他将不得已而为之转化为显示自己宽容大度的举措。刘秀此一玩弄权术的杰作后来被不少野心家和权谋人物如法炮制，曹操在战胜袁绍后几乎毫厘不差地演示过一次，近代的大军阀张作霖在险胜郭松龄之后也在沈阳的大帅府如此这般地表演过一番。

刘秀的驭臣术还应首推他的"退功臣，进文吏"。对那些功劳显赫、手握重权的武力功臣在战争结束后示意他们交出权柄，于是，邓禹、李通、贾复等人纷纷辞去要职，"以列侯奉朝请"。除个别人因形势需要留在边疆或军事要地统帅军队外，绝大部分武力功臣退出了权力圈子。刘秀给予他们的交换条件是"高秩厚礼"，"优以宽科，完其封禄"，使之在崇高的礼遇、优裕的生活条件下优游岁月。与此同时，一批儒学文吏被提拔起来，在各级官位上尽心尽职。刘秀对他们御以"严猛"，使之不敢有丝毫懈怠。"光武承王莽之余，颇以严猛为政，后代因之，遂成风化"（《后汉书·第五伦传》）。对于一些贪赃枉法或渎职的官吏，刘秀则严加惩治，一点也不手软。"度田"事件中，数以十计的中央与地方大吏被送上断头台。大司徒、儒学名士欧阳歙下狱后，太学生千余人守阙为之求情，自髡剔者有之，自系狱而求代死者有之，都未能救其一命。此时，刘秀的"柔道"已经无影无踪了。显然，刘秀标榜"柔道"，并非抛弃"刚猛"与"酷烈"。他很懂得"宽猛相济"以驭臣下的道理，并能得心应手地加以运用，从总体上看取得的效果是好的。

五、约己有度，一以贯之。作为在位三十三年的帝王，刘秀既与那些一贯专横残暴、奢侈享乐的皇帝不同，也与那些先兢兢业业，后惛惛懂懂的君主迥异，而是约己有度，一以贯之。他勤俭一世，最后以遗令薄葬，画上一个圆满的句号。他约束诸侯王、公主、外戚，限制他们法外的权利，为的是保持社会的稳定与秩序。他限制后宫人数，严禁后妃干政，节制后宫用度，对形成俭朴的世风产生了良好影响。由于他注意树立自我形象，帅己正人，直接影响到官风、政风，进而影响到民风，由此形成了为后世所称道的"东京风俗"。

辉煌功业　光耀千古

中元元年（56），刘秀到泰山举行了封禅大典，为此他兴奋不已。然而，在他的车驾还未返回洛阳的时候，京师传来不幸的消息，三月戊辰，对东汉一朝完善礼仪祭祀制度做出重要贡献、最早谏议封禅的司空张纯病逝。这使刘秀一阵难过，也使他想到了自己的年纪。四月，他返回洛阳，以大赦、改元烘托封禅的喜庆气氛。接着，车驾幸长安，祭祀了高祖的长陵，向祖先汇报完成封禅的盛举。五月，返洛阳。六月乙未，司徒冯勤又病逝。在不到四个月的时间内，有两个三公离他而去，使刘秀心头蒙上了抹不掉的阴影。这些参与自己创业的老臣的凋谢，说明他们这一辈人都在无可挽回地走向自己人生的终点。他意识到，自己必须赶在死神降临之前，做完自己应做和想做的事情。这一年，他"初起明堂、灵台、辟雍，及北郊兆域"（《后汉书·光武帝纪》），进一步完善了礼仪祭祀制度，又"宣布图谶于天下"，实际上是让臣民永远记住他之成为"中兴之主"的神圣根据，十月甲申，他令司空冯鲂祭祀高帝庙，借机宣布他酝酿已久的决定：将高帝皇后吕雉的神主从高帝庙中清除出去，尊薄太后为高皇后，以表示刘氏子孙慎终追远之意；同时也是告诫后妃及其宗族：觊觎皇权没有好下场。告庙文是这样写的：

高皇帝与群臣约，非刘氏不王。吕太后贼害三赵，专王吕氏，赖社稷之灵，禄、产伏诛，天命几坠，危朝更安。吕太后不宜配食高庙，同祧至尊。薄太后母德慈仁，孝文皇帝贤明临国，子孙赖福，延祚至今。其上薄太后尊号曰高皇后，配食地祇。迁吕太后庙主于园，四时上祭。（《后汉书·光武帝纪》）

中元二年（57）正月，刘秀在洛阳北郊举行了祭祀后土的礼仪。至此，他的生命已经接近终点了。本来，刘秀就与异想天开的秦始皇不一样，他压根儿就没有长生不老的妄想。所以，还在建武二十六年（50）的时候，他就命将作大匠窦融为自己预作寿陵了。中元二年二月戊戌（初五）（据陈垣《二十史朔闰表》、薛仲三、欧阳颐合编《两千年中西历对照表》推算，东汉光武帝中元二年二月戊戌即公元57年3月29日），刘秀在洛阳南宫前殿平静地死去，走完了他六十二年叱咤风云的人生旅程，临终前，他留下遗诏说："朕无益百姓，皆如孝文皇帝制度，务从约省。刺史、二千石长吏皆无离城郭，无遣吏及因邮奏。"（《后汉书·光武帝纪》）应该说，他把谦和与节俭的作风贯彻到底了。

刘秀死后，其子刘庄继帝位，将他安葬于洛阳以北的原陵。如今，埋葬刘秀的原陵依然静卧在河南孟津县白鹤乡铁谢村旁，它北枕黄河，南倚邙山，近山傍水，气势恢宏。陵高约二十米，周长约五百米。陵园山门高大巍峨，雄伟壮观。墓冢前竖立着清乾隆五十六年（1792）的巨碑，上书"汉世祖中兴光武皇帝陵"。甬道直达山门，两侧碑林参差，为历代王朝祭祀时所立。陵园右侧建有光武祠，祠的左前方竖立着宋、元、明和民国年间的石碑四座，记录着原陵的沿革和重修祠庙的情况。陵园内生长着隋唐时期植下的柏树近一千五百株，拔地通天，蓊郁肃穆。今日登上邙山，向北俯视原陵，即可见雄伟的墓冢，掩映在郁郁葱葱的翠柏之中。每年的清明前后，晨曦中的原陵总是笼罩在浮动的烟雾中，香气四溢，如诗如梦，这就是孟津八大景之一的"汉陵晓烟"。

在中国历史上，"中兴之主"的刘秀是个备受颂赞的人物。范晔撰写的《后汉书·光武帝纪》，字里行间充溢着钦敬之情。在传后的"论曰"中，又不厌其烦地缕述与刘秀有关的异兆瑞符，竭力宣扬刘秀的"乘时龙而御天"是"天命攸归"。最后，又以一百二十个字的"赞曰"，对刘秀进行尽情地歌颂：

炎正中微，大盗移国。九县飙回，三精雾塞。人厌淫诈，神思反德。光武诞命，灵贶自甄。沈几先物，深略纬文。寻、邑百万，貔虎为群，长毂雷野，高锋彗云。英威既振，新都自焚。虔刘庸、代，纷纭梁、赵。三河未澄，四关重扰。神旌乃顾，递行天讨。金汤失险，车书共道。灵庆既启，人谋咸赞。明明庙谟，赳赳雄断。于赫有命，系隆我汉。

宋朝开国之君赵匡胤对刘秀佩服得五体投地。他在开宝六年（973）为刘秀重修陵庙，立碑赞颂，极尽褒扬。碑文中有这么一段话：

昔者汉运中缺，新室不道，九县飙起，三精雾塞，刘圣公以绣崛之衣，凭凌冠盖；刘盆子拥赤眉之众，窃弄干戈，跨州连郡，蜂飞狼起。光武皇帝振臂一呼，群心四附。决昆阳之战，克平百万之敌；拔邯郸之垒，遂应四七之符；筑鄗邑之垣，于以授

195

天命；定洛阳之都，于以顺人心。初乃起于民间，始无尺寸之土，垂手帝位，终为夷夏之君。复能日慎一日，安不忘危，或亲揽机权，晨夕乃罢；或躬阅经史，夜分乃寝。保全功臣而奉朝请，进用文吏而责时务。易凶岁为丰年，变乱代为治世。开国二百载，传位十二帝，则前之言，御大灾，捍大患，光武之道，谅无愧焉。（吴祥明、赵万爽《刘秀史迹汇编》，长江文艺出版社）

范晔的赞语与赵匡胤的碑文，都是用高度概括的语言列述刘秀的功业，而明代的于慎行，则从刘秀与其先人刘邦和刘彻的对比中，总结刘秀的特点。他说：

高祖规模阔大，苞络无遗；光武矩度精严，锱铢不爽，其大段不同如此。光武好经术，而高祖不好；光武习吏事，而高祖不习；光武善将兵，而高祖不善；光武能保全功臣，而高祖不能保；光武能绝嗜欲，而高祖不能免。以此言之，光武优矣。然石世龙（勒）遇高祖，甘与韩、彭比肩，遇光武即欲并驱中原，此何说也？英雄知人，必自有见。总之，高祖气魄大，光武察察，在其包罗中耳。至于任贤使能，躏苛除暴，其得天下之心一也，扼亢拊背，据要握枢，其得天下之势一也。两京迭建，肇祀二百，各有所矣。

武帝，守成之主也，然其气局宽大，不事局促，有开创之规。光武，创业之主也，然其勤政任贤，谨守法度，有守成之矩。武帝煞似高祖，光武煞似宣帝。（于慎行《读史漫录》）

以上分析，是相当有见地的。中国古代的创业之主不少，

196

他们的个性、修养、气质、情操，尽管看上去有天壤之别，但是，他们的共同点也十分明显，这就是顺应历史潮流的政治决策，克敌制胜的战略战术，将时代精英吸引到自己麾下的用人政策，还有那足以使人慑服的人格魅力。这一切，就使他们成为时代的英主，让百姓从他们身上看到分裂中的统一，混乱中的有序，战争中的和平，绝望中的希望，从而能够通过一系列惊心动魄的斗争，摘取最后胜利的果实，推动社会的进步，在历史上打下自己的印记。

从一定意义上说，刘秀的成功是时代所赐，而刘秀以自己和他那个群体的艰苦卓绝的努力，对时代的呼唤作了最有力的回应。

时势造英雄。这是一条不可移易的真理。本来，西汉末年的国势衰落已经使天下臣民，从最高层的鸿儒达官，到最下层的平民百姓，都对刘氏王朝失去了信心，他们都企望通过一次改朝换代使整个社会摆脱每况愈下的困境。在此思潮的推动下，王莽顺利地实现了代汉立新。然而，当王莽"新政"的惨败把更大的绝望压上臣民的心头时，臣民们从两个王朝的对比映照中又转向对刘汉王朝的怀念与期盼，"刘氏当兴"的思潮又势不可挡地回旋激荡。这一点，当时社会的每个人几乎都感觉到了，因而在各种类型的反莽起事中，几乎都打出了复兴刘氏的旗号。刘秀较之其他起事者高明的地方，不仅在于他紧紧抓住"复汉"的旗帜不放，更在于他坚持在一切所到的地方，在一切力所能及的领域"复汉官威仪"，至少在形式上"光复旧物"。这就使刘秀很快成为社会各阶层注意的中心，逐渐将其视为"复兴汉朝"的希望和正统。这说明，刘秀对时代思潮有着极为敏锐的感应能力和极其得力的顺应之道。由此即可看出，刘秀具有远远超出其同辈的政治家的高瞻远瞩的眼光与胸襟。

任何在群雄混斗中拔出同列成为最后胜利者的创业帝王，都是具有战略眼光的军事干才。即使被韩信瞧不起的那位刘邦，在战略上也远比他的对手项羽高明。而刘秀的军事才能又大大超过乃祖刘邦。从公元 23 年他骑牛参加反对王莽的起事开始，到公元 36 年讨平割据巴蜀的公孙述，十多年间，刘秀几乎无日不生活在战争之中，无日不从事攻取战守的谋划。如果说昆阳之战主要显示了刘秀超人的谋略和勇敢的一面，那么以后他在削平群雄战争中的表现则突出展示了他作为战略家和最高统帅的风貌。他胸中装着全局，极善审时度势。王莽灭亡后，他全力经营河北，虽然早已心怀异志，但一直打着"更始"政权的牌子，待到羽翼丰满才亮出独立的旗帜。尽管他参加起事前就对九五之尊的皇位心向往之，但在河北立定脚跟后却迟迟不接受群臣的拥戴。在十多年统一中国的征战历程中，他始终有一个既定的战略方针，先河北，后中原，先东方，后西陲，先关陇，后巴蜀，一时一个战略重点，一时一个打击方向，政治招降在先，军事征伐随后，全力贯彻实施自己的战略意图，决不使突发事件打乱自己的阵脚。刘秀善于将当时中国最优秀的军事精英聚集于他的麾下，刘秀了解他们的特长和脾性，待之以诚，任之以专，用其所长，使他们身上的军事潜能最大限度地发挥出来，立下各有千秋的历史功勋。正是这个以云台二十八将为核心的群体，把刘秀的战略宏图变成了现实。在刘秀麾下的将军中，机智、勇敢、坚毅、顽强或许有过刘秀者，但谁也不及刘秀的战略眼光，特别是从政治上把握战略的能力和水平，在两汉之际的历史舞台上，在数以千百计的英雄豪杰中，无一人能望其项背。

刘秀名为"中兴之主"，实际上是"匹庶开创帝业"。他的成功，既得力于正确的战略战术，更源于顺应时代潮流的政治谋略和一系列符合民心的政策。当时社会发展的最迫切的要求是由分裂走向统一，由战争走向和平，由动乱走向稳定，刘秀的一切政治谋略和政策制定都是为了顺应时代的方向，回应民意的要求。例如，他那九次释放和禁止虐杀奴婢的诏令，不仅使当时最尖锐的社会矛盾得到缓解，也使自己树立起与王莽迥然不同的形象。他那些约法省禁、轻徭薄赋、救灾恤贫，以及裁并郡国、减省官吏的政策，无疑使灾难中的广大百姓大大改善生产和生活条件，使之将社会安定、生产发展的希望寄托在中兴的新朝身上，由此奠定了刘秀最后胜利的基础，也是东汉一朝前期走向繁荣发展的最重要条件。与此同时，刘秀重申"左官律"、"附益法"以约束诸侯王和外戚勋贵，历行监察以澄清吏治，完善和发展教育以培育人才，"退功臣，进文吏"以实施儒臣秉权和经术治国，大大提高了行政效率；完善礼仪，祭祀和舆服等制度以使王朝的礼乐在规范化的前提下有序运行。所有这一切，都显示了刘秀远远超出其同辈的政治才能，刘秀削平群雄表面上看是军事上的胜利，更深一层看是政治上的成功。他的对手中有些人并不乏军事才干，他们与刘秀的差距在政治谋略上更为明显。

中国历史上的创业之主一般都具备雄才大略的帝王气质，形成独具特色的人格魅力，由此吸引大批时代精英于自己麾下，共同创造辉煌的功业。刘秀的九世祖刘邦，尽管出身草莽，贪财好色，时时露出无赖相，但由于他具有眼光辽远、豁达大度、不计小过、善用贤才、勇于纳谏等帝王气质，因而他具有对时代精英的特殊吸引力，从而组成了当时具有最高智慧的政治军事集团，创建了一代新朝的伟业。而刘邦的出身社会下层、粗鲁率直、文化水准不高等特点，恰恰成为他组成并统帅那个布衣将相群体的重要条件。与乃祖刘邦不同，刘秀身上的帝王气质是以另外的形式表现出来的。他出身高贵，有着尽人皆知的皇族血统，在当时的历史条件下对社会各阶层形成巨大的号召力。他崇尚经学，礼贤下士，本人又有太学生的身份，因而对广大儒生为代表的知识阶层产生无形的吸引力，使一大批具有较高社会声望的儒家博士投效到他的幕中，无论在战时还是在战后，这批人都起到了别人不可替代的作用。特别是，刘秀有帝王的创业气魄，有统一中国的宏图远略，有不达目的誓不罢休的顽强意志，由此而形成的巨大感召力激励一大批文武之士跟随他冒死战斗，留下许多慷慨悲壮，可歌可泣的英雄事迹。同时，刘秀又知人善任，谦和纳谏，群臣对他并不畏惧却甘愿供其驱使，纵使肝脑涂地而义无反顾。他善于驾驭群臣，赏罚分明，对立功者不惜以土地、人户、官位、珍宝重加赏赐，对背叛者与敌对势力，则严惩不贷，必欲置之死地而后快。由此使那些追逐富贵利禄的文武之士将自己的命运与刘秀紧紧联系在一起。刘秀还具有帝王特有的大度。他相信自己的事业必然获得成功，更相信这个事业一定能够吸引绝大多数时代精英的参与和拥护，因而对严子陵之类的"不臣"者十分大度和宽容，不强求他们为自己服务，允许他们依照自己的意愿选定自己的生活方式。刘秀善于协调各种矛盾，使各种具有不同利益和要求的人们各得其所。他为功臣宿将们安排了舒适安逸而丰裕的生活，较之乃祖刘邦治下功臣宿将的命运要好得多，因为刘秀更富有不忘故旧的温馨的人情味。

刘秀抛下他为之奋斗一生的锦绣江山溘然而逝。尽管仅仅活了六十二岁，但他没有痛苦，没有遗憾，他是带着成功的喜悦，带着对儿子光大祖业的信心而去的。作为一个创业之主，他的名字成为一个时代的标志，他的功业构成了一个时代的内容。

是他崛起于南阳的垄亩，在关键时刻投入反对王莽的起义队伍，在昆阳的鏖战中指挥起义军扫灭了王莽政权赖以存在的四十万精锐之师，亲手敲响了王莽政权的丧钟；

是他历经十多年征战，削平数以十计的称帝称王的群雄，使分裂的中国重归统一；

是他通过实施一系列符合实际而又行之有效的政治改革和社会经济政策，使上层建筑比较适应经济基础，生产关系比较适应生产力的发展，从而为东汉的社会稳定，经济繁荣和文化发展奠定了基础；

是他制定并实行衅不我开、以和安为主调的国内民族政策和对外政策，基本上恢复了边陲地区的和平与安宁，加强了国内各民族间和中外的经济文化交流；

是他身体力行，崇尚名节，厉行勤约，形成了较好的官风、士风和民风，使东汉一代出现了令当时与后世称慕的"东京风俗"，在历史上产生了广泛而深远的影响；

是他以高度的智慧妥善处理了十分敏感而困难的改易皇后和太子的问题。太子刘庄聪明睿智，法令分明，深得满朝文武的拥护和爱戴。刘秀改选他为皇位继承人，使自己开创的事业得以发扬光大，将东汉王朝推向一个辉煌的时代。

刘秀是在他的事业如丽日中天的时候悄然而逝的，他完成了时代赋予的使命，成就了那个时代一个人所能成就的最高功业，为历史的前进做出了别人无可替代的贡献。当然，刘秀帝业的成功在很大程度上是得益于可遇而不可求的时代条件：王莽的"新政"斫尽了社会的一线生机，波澜壮阔的农民大起义摧毁了王莽统治的根基，"民心思汉"使社会各阶层产生了对刘秀的巨大向心力，百姓对于统一、和平、安定的向往形成不可阻挡的历史潮流。刘秀的伟大就在于，他能够敏锐地感受时代的脉搏，不失时机地紧紧抓住时代赋予的机遇，最广泛地延揽人才，以最大限度的主观努力，推出切合实际的政治谋略、军事战略以及各项方针政策，来回应时代的要求，从而成为那个时代最大的赢家和最杰出的人物。

马援：名将末路

一

马援，字文渊，两汉之际扶风茂陵（今陕西咸阳西北）人。其先祖为战国时赵国名将赵奢，因号马服君，后世子孙也就以马为姓了。进入汉代，其父祖辈一直为官。马援兄弟四人，他行四，三兄在王莽时皆为二千石高官。马援少有大志，但读书不守章句，要求到边郡田牧。其兄马况预言他"汝大才，当晚成"。马况病逝后，他为亡兄"行服期年，不离墓所；敬事寡嫂，不冠不入庐"（《后汉书·马援传》。以下凡引此书，注皆省略）。后任郡督邮，因纵囚逃逸而亡命北地郡牧畜。"宾客多归附者，遂役属数百家"。马援为人豪放，常对宾客说："丈夫为志，穷当益坚，老当益壮。"由于耕牧有方，很快发展到"牛马羊数千头，谷数万斛"。面对如此巨量的财富，他叹息说："凡殖货财产，贵其能施赈也，否则守钱虏耳。"于是将这些财产悉数分给昆弟故旧，自己则依然穿着羊裘皮绔，继续从事耕牧。新朝末年，马援被推荐任新成（今陕西汉中）大尹。王莽灭亡，他避地凉州。隗嚣据有西州，马援成为他的幕僚，备受尊重，被任命为绥德将军。公孙述据蜀称帝后，马援奉隗嚣之命，以公孙述同乡的身份前去打探虚实。归来后力劝隗嚣归附刘秀。建武四年（28）冬天，马援又奉隗嚣之命去洛阳谒见刘秀，刘秀在宣德殿与马援相见。他对马援说："卿遨游二帝间，今见卿，使人大惭。"颇含讽刺之意。马援顿首对曰："当今之世，非独君择臣也，臣亦择君矣。臣与公孙述同县，少相善。臣前至蜀，述陛戟而后进臣。臣今远来，陛下何知非刺客奸人，而简易若是？"一席话把刘秀逗乐了，说："卿非刺客，顾说客耳。"马援接着称颂刘秀说："天下反覆，盗名字者不可胜数。今见陛下，恢廓大度，同符高祖，乃知帝王自有真也。"这次相见，使刘秀与马援彼此有了深刻的了解。从此，马援跟定刘秀，为东汉王朝的统一、巩固、繁荣、富强，忠心耿耿，兢兢业业，不遗余力地奋斗一生，直到"马革裹尸"而还。

从建武四年至建武二十五年（28—49）的二十多年间，马援以自己的智慧谋略为刘秀的帝业服务，建立了别人不可替代的功业。他明断世事，熟谙军机，全力支持刘秀的统一事业。他在多次劝说隗嚣、公孙述归附刘秀不成的情况下，精心参与军事谋划，为刘秀击败这两个割据者贡献了自己的力量。例如，在得知隗嚣对刘秀食言反目，发兵拒汉后，马援立刻上疏刘秀，要求到与隗嚣军作战的前线效力："愿听诣行在所，极陈灭嚣之术，得空匄腹，申愚策，退就陇亩，死无所恨。"刘秀急召马援赴前线为之谋议，"因使援将突骑五千，往来游说嚣将高峻、任禹之属，下及羌豪，为陈祸福，以离嚣支党"。建武八年（32），刘秀督兵至漆（今陕西彬县）征伐隗嚣，"诸将多以王师之重，不宜远入险阻，计尤豫未决"。马援连夜赶到，力排众议，劝刘秀进击："援因说隗嚣将帅有土崩之势，兵进有必破之状。又于帝前聚米为山谷，指画形势，开示众军所从道径往来，分析曲折，昭然可晓。"一番指画，使刘秀豁然开朗，高兴地说："虏在吾目中矣。"经过两年的激战，终于使隗嚣这支割据势力销声匿迹。东汉初年，汉羌关系紧张。马援因熟悉该地形势和羌人情状，于建武十一年（35）被任命为陇西（今甘肃临洮一带）太守，全权主持对羌事务。他上任后，以武力与怀柔两手相结合，经过两年的努力，理顺了汉羌关系，恢复了西部边陲地区的和平和安宁。建武十六年（40），马援被任命为虎贲中郎将，征入京师。此前，他上书刘秀，要求恢复五铢钱，被三府驳回。回京师后，他再次上书，据理力争，终于得到刘秀首肯。五铢钱的恢复，"天下赖其便"，对社会经济的恢复发展起了重要作用。马援知识渊博，"闲于进退，尤善述前世行事。每言及三辅长者，下及闾里少年，皆可观听。自皇太子，诸王侍闻者，莫不属耳忘倦。又善兵策，帝常言'伏波论兵，与我意合'，每有所谋，未尝不用"。建武十八年（42），交趾女子征侧、征贰起事反叛东汉朝廷，马援被任命为伏波将军，率兵征讨。马援在平定二征起事后，采取了一系列发展生产、安定秩序的措施，促进了该地经济文化的发展："援所过辄为郡县治城郭，穿渠灌溉，以利其民。条奏越律与汉律駮者十余事，与越人申明旧制以约束之，自后越骆奉行马将军故事。"由于马援平定二征立下旷世之功，他被封为新息侯，食邑三千户。史士们皆表示祝贺，他"击牛酿酒"，大飨士卒，并从容对属官讲了一段意味深长的话：

吾从弟少游常哀吾慷慨多大志，曰："士生一世，但取衣食裁足，剩下泽车，御款段马，为郡掾史，守坟墓，乡里称善人，斯可矣。致求盈余，但自苦耳。"当吾在浪泊、西里间，虏未灭之时，下潦上雾，毒气重蒸，仰视飞鸢跕跕堕水中，卧念少游平生时语，何可得也！今赖士大夫之力，被蒙大恩，猥先诸君纡佩金紫，且喜且惭。

这一段话，透出了马援在血雨腥风中创建功业的艰辛以及面对功业复杂矛盾的心情。

马援自交趾凯旋时，亲朋故旧都出城迎候、慰劳。平陵人孟冀以计谋有名于时，也对马援表示热烈祝贺。马援头脑冷静，认为孟冀不该对他说这些恭维的套话，就以不满的口吻对他说："吾望子有善言，反同众人邪？昔伏波将军路博德开置七郡，裁封数百户；今我微劳，猥飨大县，功薄赏厚，何以能长久乎？先生奚用以相济？"马援想到天地盈缩、月满则亏的道理，思虑是很深远的。他接着说："方今匈奴、乌桓尚扰北边，欲自请击之。男儿要当死于边野，以马革裹尸还葬耳，何能卧床上在儿女手中邪？"其以死报国、千秋留名的雄心壮志跃然纸上。

交趾荣归的马援在朝野的声望达到顶点，如果此时的马援突然死去，他将生荣死哀，但这些事没有发生。如果他此时急流勇退，以年事已高为由辞官回家，安度晚年，他的生涯中就不会再有波澜，然而这不符合马援的人生理想。既然这两个"如果"都不存在，悲剧结局也就向他悄悄逼近了。

二

建武二十四年（48），武陵（今湖南西部）五溪蛮夷起事，武威将军刘尚率兵征讨，全军覆没。马援主动向刘秀请缨。刘秀看着这位年已六十二岁、须发皆白的老将，不忍让他再去前线冒险。马援说他还能"被甲上马"，并在刘秀面前"据鞍顾眄，以示可用"。刘秀见马援老当益壮，雄风不减当年，笑着发出一声由衷的赞美："矍铄哉是翁也。"遂任命马援为统帅，率中郎将马武、耿舒等将军与十二郡募士以及缓刑犯四万多人，前去剿灭反叛的蛮夷。军情如火，大军乘夜幕出发。马援与前来送别的朋友、谒者杜愔讲了一番心里话："吾受厚恩，年迫余日索，常恐不得死国事。今获所愿，甘心瞑目。但畏长者家儿（指权要子弟）或在左右，或与从事，殊难得调，介介独恶是耳。"言为心声，征战一生的马援似乎对自己的结局已有预感，他是满怀悲壮豪情最后一次走上战场的。第二年春天，大军进至临乡，与敌人遭遇，汉军获胜，进至下隽。当时，至敌大本营的道路有两条："从壶头则路近而水险，从充则涂夷而运远。"耿舒主张走远道，马援主张走近路，最后刘秀批准了马援的进军路线。汉军进至壶头，由于敌人凭险固守，汉军进退失据，被困于险地。时值盛暑，士卒患病，死者甚众，马援也身染重病。他令士卒在河岸凿洞，以避炎热，与敌人艰难对峙。敌人见汉军被困险境，屡屡挑战，鼓噪叫骂。每逢此时，马援就"曳足以观之，左右哀其壮意，莫不为之流涕"。这时，与马援意见相左的耿舒修书致其兄耿弇，将汉军的失利归咎于马援。其中说："前舒上书当先击充，粮虽难运兵马得用，军人数万争欲先奋。今壶头竟不得进，大众怫郁行死，诚可痛惜。前到临乡，贼无故自致，若夜击之，即可殄灭。伏波类西域贾胡，到一处辄止，以是失利，今果疫疾，皆如舒言。"耿弇将此书上奏刘秀，刘秀立即命虎贲中郎将梁松乘驿赶往前线，追究马援的责任，并代其监领汉军。梁松赶到壶头，适值马援病逝。此前他已对马援不满，适时借机诬陷。刘秀大怒，下令追收马援的新息侯印绶。看到马援失势，与他不睦或嫉妒者一齐出来诋毁。还在马援征交趾时，常吃那里产的薏苡之实，认为它能"轻身省欲，以胜瘴气"。交趾薏苡果实比北方薏苡大，马援回军时带回一车，准备在北方试种。当时人们即窃窃私语，认为带回的是一车南方珍宝，权贵们更是如此猜度，但因当时马援正被刘秀宠信，无人敢告发他。现在见马援已死并受到追究，一些人便落井下石，上书谮他自交趾带回一车"明珠文犀"，马武与司徒侯霸之子侯昱等人也上书，证实确有其事，刘秀更是异常愤怒。马援的妻子儿女惶恐不安，不敢将他归葬祖坟，只在城西买地数亩草草埋葬，宾客故人也不敢前来凭吊。马援怎么也不会想到，一生壮志凌云、精明过人、谨慎有加的一代名将死时会落得如此悲凄！

马援的悲剧是怎么造成的呢？

平心而论，凭马援的资历，凭他已建立的功勋，即使他在征伐武陵蛮夷时的策略错误，军事调度不当，也不应该受到如此惩罚。范晔对马援的遭遇十分同情，也试图对他的悲剧之因做出合情合理的解释：

马援腾声三辅，遨游二帝，及定节立谋，以干时主，将怀负鼎之愿，盖为千载之遇焉。然其戒人之祸，智矣，而不能自免于谗隙。岂功名之际，理固然乎？夫利不在身，以之谋事则智；虑不私己，以之断义必厉。诚能回观物之智而为反身之察，若施之于人则能恕，自鉴其情亦明矣。

范晔的解释是有道理的。马援最后的悲剧，不是因为他平庸，而是因为他杰出；不是因为他卑微，而是因为他崇高；不是因为他阴险诡祟，而是因为他光明磊落；不是因为他追求一己之私利，而是因为他以身殉国，功劳显赫。在刘秀数以百计的文武臣僚中，马援尽管名留青史的功名之心很重，但前提却是为国纾难，替皇帝排忧。他谋略出众，武艺超群，品格高尚，私德无亏，是不可多得的佼佼者。然而，峣峣者易折，皎皎者易污。在刘秀完成统一大业后，由于马援受到刘秀的宠信，功业地位有后来居上之势，不仅关陇集团中的窦、梁家族妒意大发而欲排挤他，而且其他集团和朝臣更希望他们家沦落失势。他们都瞪大眼睛寻觅攻讦的口实，等待攻击的良机。因此，机会一到，耿舒、耿弇兄弟就发难于前，梁松、窦固等踵继其后，南阳集团的马武以及侯昱等人则紧紧跟上，推波助澜，墙将倒而众人推，由此就使这位忠君爱国、殉难疆场的老臣陷于不白之冤。另外，也应看到，由于马援的主要经历先是在几个军事集团间进行外交折冲，继而是在战场上从事真刀真枪的较量，对高层统治集团中尔虞我诈、钩心斗角的斗争认识不足，缺乏历练和自我保护意识。尤其是他为人质直，诚恳，无害人之心也无防人之心，造就可能在无意中得罪宵小之徒，种下悲剧的因子。例如，马援自交趾返京师月余，就又率兵征讨骚扰扶风的匈奴和乌桓。师出之日，刘秀命百官为之送行，马援语重心长地对时任黄门郎的梁松和窦固说："凡人为贵，当使可贱，如卿等欲不可复贱，居高坚自持，勉思鄙言。"梁松是太中大夫梁统的儿子，刘秀女舞阴公主的丈夫，窦固是司空窦融的儿子，当时都已在政治上崭露头角。马援大概觉得自己与其父辈是老朋友，又同属关陇集团中人，所以才如此直言不讳地教诲他们。他不明白，这些风华正茂的公子哥儿早已被裙带香风吹得昏昏然、飘飘然了，他们哪里还听得进马援出自肺腑的忠告。而且，梁松已经在忌恨马援了。起因是，一次马援生病，梁松前来探视，马援没有郑重其事地接待他。梁松去后，马援的儿子觉得不妥，就问父亲："梁伯孙帝婿，贵重朝廷，公卿以下莫不惮之，大人奈何独不为礼？"马援平静地回答说："我乃松父友也。虽贵，何得失其序？"尽管马援认为他的做法既符合传统道德又不失当时礼仪，可是却引起了这些官僚贵族子弟的极端不满，他们伺机报复，以发泄心头的愤恨。然而，马援对逼近自己的危险却未能觉察，当然也就难以防患于未然。最后，由于军事判断的失误，他一下子陷于孤立无援的困境，悲剧也就不可避免了。

三

公忠体国、坦荡大气的马援，与他周围那些龌龊阴险、自私小气的不肖之徒相比，形成了鲜明的映照。虽然他的被诬陷引来诬陷者得意的笑声，但也在正直的臣民中播下浓重的阴影。首先是马援的家属不断为之讼冤，他们六次上书刘秀，说明真相，据理辩白，使刘秀逐渐感悟，答应其家人将马援归葬祖坟的请求，也没有对其家族给予过分的处置。接着，刘秀看到了马援的《诫兄子书》，使冤案获得转机。原来，马援兄长的两个儿子马严、马敦"并喜讥议，而通轻侠客"，这是当时一般官僚子弟的通病。马援在交趾时致书两个侄儿，对他们发出了谆谆告诫，留下了一篇意味深长的名文：

吾欲汝曹闻人过失，如闻父母之名，耳可得闻，口不可得言也。好论议人长短，妄是非正法，此吾所大恶也，宁死不愿闻子孙有此行也。汝曹知吾恶之甚矣，所以复言者，施衿结缡，申父母之戒，欲使汝曹不忘之耳。龙伯高敦厚周慎，口无择言，谦约节俭，廉公有威，吾爱之重之，愿汝曹效之。杜季良豪侠好义，忧人之忧，乐人之乐，清浊无所失，父丧致客，数郡毕至，吾爱之重之，不愿汝曹效也。效伯高不得，犹为谨敕之士，所谓刻鹄不成尚类鹜者也。效季良不得，陷为天下轻薄子，所谓画虎不成反类狗者也。讫今季良尚未可知，郡将下车辄切齿，州郡以为言，吾常为寒心，是以不愿子孙效也。

马援针对官僚子弟容易成为"轻薄子"的时尚，告诫子侄辈谨言慎行，谦约节俭，是很有道理的。书中提到的杜季良名保，京兆人，当时任越骑司马。杜保的仇人知悉马援的这篇《诫兄子书》以后，上书刘秀，告发杜保与梁松、窦固等交结，败乱风俗，说他"为行浮薄，乱群惑众，伏波将军万里还书以诫兄子，而梁松、窦固以之交结，将扇其轻伪，败乱诸夏"。刘秀看到奏书和马援的《诫兄子书》，一面切责梁松与窦固，一面罢免杜保的官职，同时擢升龙伯高为零陵太守。大概此事也使刘秀意识到马援的品格，对于马氏家族也就不再深究，但也没有为马援平反。此时，马援的故旧宾客对此事皆噤若寒蝉，唯有同乡朱勃冒着生命危险毅然诣阙上书为马援呼吁公道，不遗余力地赞颂他的功绩，显示了一介儒生的崇高节操。书中说：

窃见故伏波将军新息侯马援，拔自西州，钦慕圣意，间关险难，触冒万死，孤立群贵之间，旁无一言之佐，驰深渊，入虎口，岂顾计哉！宁自知当要七郡之使，徼封侯之福邪？八年，车驾西讨隗嚣，国计狐疑，众营未集，援建宜退之策，卒破西州。及吴汉下陇，冀路断隔，惟独狄道为国坚守，士民饥困，寄命漏刻。援奉诏西使，镇慰边众，乃召集豪杰，晓诱羌戎，谋如泉涌，势如转规，遂救倒悬之急，存几亡之城，兵全师进，因粮敌人，陇、冀略平，而独守空郡，兵动有功，师进辄克。诛锄先零，缘入山谷，猛怒力战，飞矢贯胫。又出征交趾，土多瘴气，援与妻子生诀，无悔吝之心，遂斩灭征侧，克平一州。间复南讨，立陷临乡，师已有业，未竟而死，吏士虽疫，援不独存。夫战或以久而立功，或以速而致败，深入未必为得，不进未必为非。人情岂乐久屯绝地，不生归哉！惟援得事朝廷二十二年，北出塞漠，南度江海，触冒害气，僵死军事，名灭爵绝，国土不传。海内不知其过，众庶未闻其毁，卒遇三夫之言，横被诬罔之谗，家属杜门，葬不归墓，怨隙并兴，宗亲怖栗。死者不能自列，生者莫为之讼，臣窃伤之。

夫明主醲于用赏，约于用刑。高祖尝与陈平金四万斤以间楚军，不问出入所为，岂复疑以钱谷间哉？夫操孔父之忠而不能自免于谗，此邹阳之所悲也。《诗》云："取彼谗人，投畀豺虎。豺虎不食，投畀有北。有北不受，投畀有昊。"此言欲令上天而平其恶。惟陛下留思竖儒之言，无使功臣怀恨黄泉。臣闻《春秋》之义，罪以功除；圣王之祀，臣有五义。若援，所谓以死勤事者也。愿下公卿平援功罪，宜绝宜续，以厌海内之望。

臣年已六十，常伏田里，窃棽布哭彭越之义，冒陈悲愤，战栗阙庭。

这篇上书是对马援一生功业的最全面而客观的述评，作者引经据典，据理力争，要求还马援以公道，给百姓一个交代。刘秀看了这篇义理昭然的上书后，淡漠视之，既未惩罚作者，也未为马援昭雪。根据情理推断，以刘秀之明断，他不会不觉察马援之案的冤情；但是，一方面碍于自己的面子，一方面鉴于反马援势力的压力，他只能将此事留给儿孙处理了。明帝时，马援的女儿被封为皇后，马援的冤案在事实上平了反。永平十七年（74），马援夫人死去，马援的墓地"更修封树，起祠堂"，这表明他已经作为一个功臣被祭祀。但是，终明帝之世，马援的案子并未明确平反。云台三十二个创业功臣中也没有马援的名字和图像。东平王刘苍曾问明帝："何故不画伏波将军像？"帝笑而不答。直到建初三年（78），汉章帝才正式宣布为马援平反，恢复爵位，并遣五官中郎将持节，追谥马援为忠成侯。

在中国专制社会里，马援之类忠君爱国，以自己的生命殉社稷的文臣武将是历史的脊梁，他们的功业和品格构成了中世纪黑暗中一抹耀眼的亮色。然而，此类人物生荣死哀者较少，以悲剧画句号者却很多。比较而言，马援还算是幸运的。因为他的冤案发生在死后而不是生前，并且又是在当代就彻底平反。而有不少优秀人物的冤案却只能在后世的历史学家笔下得到昭雪。但是，无论如何，历史毕竟还是公正的。它既不亏待那些为国家、民族和社会做出贡献的优秀人物，将他们载入光荣的史册；也不饶恕卖国求荣，祸国殃民的民族败类，将他们钉上万劫不复的耻辱柱。

班固之死

　　东汉和帝永元四年（92），系于洛阳狱中的大史学家，一代文章圣手的班固在悔恨交加中死去，时年六十一岁。与他得以寿终的父亲班彪、弟弟班超相比，他的下场是十分悲惨的。虽然他死于统治阶级的内部斗争，既带有一定的偶然性，也不无冤枉之处，但从总体看还是咎由自取。因为他与父亲和弟弟走的是一条不同的人生之路。较之父亲，班固的史才有过之而无不及，因而接续父亲开创的事业写下了永垂不朽的名著《汉书》，创立了断代史的基本模式。然而，他的品格却远逊于其父，特别是对功名利禄的热衷更是与其父判若两人。班固与班超，尽管对功名利禄的追求不分轩轾，但仍然有着非常明显的区别：班超立志通过自己置生死于度外的奋斗去博取，班固则希冀通过攀缘权贵的捷径去巧夺。由此也就决定了三人不同的命运：班彪淡泊而自足，班超奇险而辉煌，班固屈辱而败亡。

　　让我们随着时间的脚步去追踪班氏父子三人的人生轨迹吧。

　　班彪家居扶风安陵（今陕西泾阳南），生当两汉之际的乱世。他不仅有当时第一流的学问，而且更具有第一流的政治眼光。他洞察时事，不慕荣利，果断地决定出处去取，稳稳地把握着自己的命运。当更始政权败亡，三辅大乱之时，他悄悄离开故乡，投奔陇西割据者隗嚣，静观时变。隗嚣认为当时的形势酷似战国纷争，执意做一个割据一方的霸主专威作福。班彪已看出汉室复兴的必然性，力劝隗嚣不要做七雄并立的迷梦。他精辟地分析说：

汉承秦制，改立郡县，主有专己之威，臣无百年之柄。至于成帝，假借外家，哀、平短祚，国嗣三绝。故王氏擅朝，因窃号位。危自上起，伤不及下，是以即真之后，天下莫不引领而叹。十余年间，中外搔扰，远近俱发，假号云合，咸称刘氏，不谋同辞。方今雄桀带州域者，皆无七国世业之资，而百姓讴吟，思仰汉德，已可知矣。（《后汉书·班彪传》）

后来，班彪看到隗嚣不可理喻，即毅然离去，转赴河西依靠割据者窦融，并规劝他归附了刘秀。窦融作为刘秀的盟友，据守河西，有力地牵制了隗嚣和蜀地割据者公孙述，为刘秀的统一事业立下不世之功，这其中有着班彪的重要贡献。然而，班彪尽管才华横溢，识见高远，但在以战功博取高官厚禄的年代，他作为一介儒生却难以得到重用。归附刘秀后，他先被任命为徐（今江苏泗洪南）令，因病未赴任。继而任司徒掾，最后做了年余的望都（今河北唐县东北）长，第二年即以五十二岁之龄死于任上，终其一生，官秩亦未过千石。以才能论之，实在有点委屈了他。不过，班彪对自己的遭际始终未露半点不满情绪。他甘于寂寞，安于清贫，位卑未敢忘忧国。他知道自己的所长在于"才高而好述作，遂专心史籍之间"（《后汉书·班彪传》），作《史记后传》数十篇，为后来班固撰修《汉书》打下了较好的基础。在司徒玉况手下任职时，他针对"今皇太子诸王，虽结发学问，传习礼乐，而傅相未值贤才，官属多阙旧典"的情况，建议"宜博选名儒有威重明通政事者，以为太子太傅，东宫及诸王国，备置官属"（《后汉书·班彪传》），被光武帝采纳。他为汉王朝的长治久安献出自己的赤诚，但并未以此索要官位利禄；他与官居大司空高位的窦融有着很深的感情，但也未在他面前乞求提携。他将自己定位于学者客卿，因而对清贫和寂寞安之若素。范晔评论说：

> 班彪以通儒上才，倾侧危乱之间，行不逾方，言不失正，仕不急进，贞不违人，数文华以纬国典，守贱薄而无闷容。彼将以世运未弘，非所谓贱焉耻乎？何其守道恬淡之笃也！（《后汉书·班彪传》）

此一评论中肯恰切，显示了范晔对班彪一生事功和品格的准确把握。

班固的弟弟班超，虽然也有着极其强烈的功名欲，但是，他压根就未想以攀结权贵实现自己的理想，而是向往以生命为代价的拼搏异域立功。他"辍业投笔"慷慨表达的是大丈夫的壮志豪情："大丈夫无它志略，犹当效傅介子、张骞立功异域，以取封侯，安能久事笔砚间乎？"（《后汉书·班超传》）永平十六年（73），班超果然如愿以偿，受命率吏士三十六人前往西域。在此后的二十多年中，他依仗大汉帝国的声威，充分地利用西域各族人民对中原王朝的向心力，娴熟地施展军事与外交的斗争策略，经过艰苦卓绝的努力，终于将匈奴的势力逐出西域，使那里的五十余国重新内属，又一次将大汉帝国赤色的军旗插上了帕米尔高原的雪峰。班超也因立下不世之功，被东汉朝廷封为定远侯，成为二千石的高官。永元十二年（100），年近七十岁的班超"年老思土"，在要求返回故土的上疏中，抒发的依然是爱国的澎湃激情：

臣闻太公封齐，五世葬周，狐死首丘，代马依风。夫周齐同在中土千里之间，况于远处绝域，小臣能无依风首丘之思哉？蛮夷之俗，畏壮侮老。臣超犬马齿歼，常恐年衰，奄忽僵仆，孤魂弃捐。昔苏武留匈奴中尚十九年，今臣幸得奉节带金银护西域，如自以寿终屯部，诚无所恨，然恐后世或名臣为没西域。臣不敢望到酒泉郡，但愿生入玉门关。臣老病衰困，冒死瞽言，谨遣子勇随献物入塞。及臣生在，令勇目见中土。（《后汉书·班超传》）

班超之妹、才女班昭亦上书和帝为兄长求情。她非常确切地概括班超的功劳说："超之始出，志捐躯命，冀立微功，以自陈效，今陈睦之变，道路隔绝，超以一身转侧绝域，晓譬诸国，因其兵众，每有攻战，辄为先登，身被金夷，不避死亡。赖蒙陛下神灵，且得延命沙漠，至今积三十年。"（《后汉书·班超传》）班超在西域奋斗三十一年，于和帝永元十四年（102）回到洛阳，当年九月即病逝，生荣死哀，展示了人生无比的辉煌与亮丽。

班固如何呢？

或许由于遗传和家庭环境的熏陶，班固自小聪慧、好学，稍长宽厚随和，博学多才，因而在当时的士林中颇受赞誉：

年九岁，能属文诵诗赋，及长，遂博贯载籍，九流百家之言，无不穷究。所学无常师，不为章句，举大义而已。性宽和容众，不以才能高人，诸儒以此慕之。（《后汉书·班固传》）

显然，班固的资质，优势在于读书为文做学问，且生当东汉光、明、章三代社会稳定，经济繁荣的岁月里，正可以平静的心态，从事学术文化的创造。然而，班固更感兴趣的却是参与政治，梦寐以求的是官场的权势、利禄和荣光，因而不断地结交权贵就成为他乐此不疲的活动。永平初年，东平王刘苍以当今皇帝之弟任骠骑大将军辅政，大权在握，一言九鼎，是一个能够给人带来富贵利禄的大人物。此时的班固，乃一介布衣，与刘苍的距离是十分遥远的。但他却斗胆上书，向刘苍推荐贤才。上书的开篇，是对东平王极尽阿谀之能事的颂词：

　　将军以周、邵之德，立乎本朝，承休明之策，建威灵之号，昔在周公，今也将军，《诗》、《书》所载，未有三此者也。传曰："必有非常之人，然后有非常之事；有非常之事，然后有非常之功。"固幸得生于清明之世，豫在视听之末，私以蝼蚁，窃观国政，诚美将军拥千载之任，蹑先圣之踪，体弘懿之姿，据高明之势，博贯庶事，服膺《六艺》，白黑简心，求善无厌，采择狂夫之言，不逆负薪之议，窃见幕府新开，广延群俊，四方之士，颠倒衣裳。将军宜详唐、殷之举，察伊、皋之荐，令远近无偏，幽隐必达，期于总揽贤才，收集明智，为国得人，以宁本朝。则将军养志和神，优游庙堂，光名宣于当世，遗烈著于无穷。(《后汉书·班固传》)

　　接着，班固向刘苍推荐六位师友，即司空掾桓梁、京兆祭酒晋冯、扶风掾李育、京兆督邮郭基、梁州从事王雍、弘农功曹史殷肃，赞扬他们"皆有殊行绝才，德隆当世"，冀得大用。

班固的奏书通篇谈别人，找不出一句标榜自己的话，显示的仿佛是他淡泊名利和成人之美的品格。但骨子里，他是在通过推荐别人来宛转地推销自己，让刘苍了解他的才华与知人之明，以期得到赏识与重用，使之不要有卞和与屈原的悲剧和遗憾。这一潜藏于字里行间的心思在奏书结尾的一段话中已经是呼之欲出了：

昔卞和献宝，以离断趾，灵均纳忠，终于沈身，而和氏之璧，千载垂光，屈子之篇，万世归善。愿将军隆照微之明，信日昊之听，少屈威神，咨嗟下问，令尘埃之中，永无荆山、汨罗之恨。（《后汉书·班固传》）

然而，这次上书并未成为班固进入庙堂的门票，他依然只能以太学生的身份度着寒窗苦读与著述的凄清时光。在此之后，他开始接续父亲撰写《汉书》。永平五年（62），因有人告他私自改作国史而被捕入狱。但因祸得福，此一事件成为班固人生历程的重要转折。真相查明后，明帝欣赏他的才华，任命他为兰台令史，使其开始了二十余年潜心著述《汉书》的生涯。正是这二十多年的辛勤劳作，使他写出了中国第一部断代史的辉煌巨著，奠定了他在中国史学史上不可替代的地位。不过，班固在守住清贫、努力著述的同时，并没有忘记寻机为当今朝廷献上深情的颂歌，更没有忘情有朝一日得到当权者的拔擢而平步青云。其间，他写过洋洋洒洒、词采华美的《两都赋》，极力称颂东汉创业的艰辛与伟大，赞美东都洛阳的雄奇壮伟，阔大宏丽，特别颂誉东汉建都洛阳的英明，隐隐否定一些臣民迁都西京之议，以迎合当权者的意向。在此前后，他还写过赋体的

《答宾戏》一文，回答别人对他安于清贫而矢志著述的讥讽。他一方面鄙薄因求富贵而膺实祸的商鞅、李斯、韩非、吕不韦，赞扬在颠沛流离中不为当权者重用的"抗浮云之志"的孔子和"养浩然之气"的孟轲，称颂适时而出、建立功业的傅说、吕望、宁戚、张良以及以学术文章光耀后世的陆贾、董仲舒、刘向、扬雄，特别推崇视名利如浮云的伯夷、柳下惠、颜回，表现出特有的清醒的理智。另一方面，他的内心又躁动着对于富贵利禄的向往，期望着自己能如和氏之璧和随侯之珠那样一朝时来运转大展异彩：

> 且吾闻之：壹阴壹阳，天坠之方；乃文乃质，王道之纲；有同有异，圣哲之常。故曰：慎修所志，守尔天符，委命共己，味道之腴，神之听之。名其舍诸：宾又不闻和氏之璧韫于荆石，随侯之珠藏于蚌蛤乎！历世莫眠，不知其将含景耀，吐英精，旷千载而流夜光也。（《汉书·叙传》）

汉章帝即位后，由于他"雅好文章"，对班固倍加宠幸，"数入读书禁中，或连日继夜，每行幽狩，辄献上赋颂，朝廷有大议，使难问公卿，辩论于前，赏赐恩宠甚渥"（《后汉书·班固传》）。然而，在章帝眼里，班固始终不过是一个文学侍从，尽管宠爱有加，却压根不想委他以军国重任。建初三年（78），他擢升玄武司马，也只是一个秩比千石的宫门卫士长，在高官如云的京城中，实在微不足道。而这一年，班固已经四十七岁。对于期待如和氏之璧和随侯之珠那样展放异彩的他来说，其心情之郁郁可想而知。但他也只能耐心等待。和帝即位的永元元年（89），车骑将军窦宪率兵北征匈奴，班固被任命为中护军随之出征。这虽然仅仅是一个在幕府从事文墨事务的参谋官，但却使班固兴奋不已。因为他跟随的主官窦宪其时权倾朝野，如能得其赏识，一句话就能使自己擢升至九卿之位。窦宪是窦融的曾孙，因妹妹被章帝立为皇后而飞黄腾达，很快升至秩比二千石的虎贲中郎将。他骄纵不法，为所欲为，竟用贱价强夺明帝女儿沁水公主的园地。和帝登基后，他以母舅身份辅政，更是颐指气使，无法无天，竟指使刺客杀死前来为章帝吊丧的齐炀王之子刘畅。案发后，他主动请求率军征伐北匈奴，以立功赎罪。史学界不少论者虽然对窦宪其人从总体上持否定态度，但对他领导的从永元元年至永元三年（89—91）对北匈奴的征伐都加以肯定，认为他解除了困扰东汉多年的边患，功不可没，而在其幕中襄赞帷幄的班固亦有一份功劳。不过，只要认真加以考察，此一结论就大有商榷的余地。建武二十四年（48），匈奴分裂为南、北二部，南匈奴归附东汉，北匈奴的力量大大削弱。尽管有时也发生扰边事件，但规模与危害较西汉时期小得多，并且，北匈奴自觉势单力薄，屡屡要求与东汉恢复"和亲"，以建立和平相处的关系。东汉政府为了维护与南匈奴的友好关系，一直未做出积极响应，不能不说是一种失策。其后，由于南匈奴居间挑拨、破坏，东汉与北匈奴之间一直未能建立起互信的关系。在明帝、章帝两朝，北匈奴在南匈奴、丁零、鲜卑和西域的四面袭击之下，力量进一步削弱，不断有成千上万的部众入塞投诚，基本上已经形不成什么边患了。元和元年（84），北匈奴再次请求互市，得到东汉政府的允准。可是，当北匈奴单于遣大且渠伊莫訾王等驱牛马万头前来边境与东汉商人互市时，南匈奴单于"乃遣轻骑出上郡，遮略生口，钞掠牛马，驱还入塞"（《后汉书·南匈奴传》），生生破坏了这次友好互利的经济交流。第二年，"北匈奴大人车利，涿兵等亡来入塞，凡七十三辈，时北虏衰耗，党众离叛，南部攻其前，丁零寇其后，鲜卑击其左，西域侵其右，不复自立，乃远引而去"（《后汉书·南匈奴传》）。章和元年（87），北匈奴在鲜卑人的攻掠下，内部纷争加剧，势力进一步衰落，其中有不少部众把归降东汉朝廷作为保存自己的出路："屈兰、储卑、胡都须等五十八部，口二十万，胜兵八千人，诣云中、五原、朔方、北地降。"（《后汉书·南匈奴传》）第二年，"北虏大乱，加以饥蝗，降者前后而至"（《后汉书·南匈奴传》）。至此，北匈奴不仅没有继续制造边患的能力，连独立自保也困难重重。南匈奴单于认为这正是它并灭北匈奴的天赐良机，于是上书东汉朝廷，极力鼓吹"宜及北虏分争，出兵讨伐，破北成南，并为一国，令汉家长无北念"（《后汉书·南匈奴传》）。东汉将军耿秉等人也主张"以夷制夷"，乘机剿灭北匈奴。恰在此时，窦宪又想通过讨伐北匈奴立功自赎，于是征伐北匈取的战争也就付诸实际行动了。这个战争一共进行了三次，历时三年。永元元年，窦宪与征西将军耿秉率骑兵八千，合度辽将军及南匈奴单于所统兵共三万骑，出朔方郡（今内蒙古磴口北）北进，大破北匈奴，俘敌二十余万。第二年春天，南匈奴左谷蠡王师子将八千骑出鸡鹿塞（今内蒙古临河西），中郎将耿谭遣一仆事监护，前进至涿邪山（今蒙古人民共和国境），兵分二路，后会合于甘微河（今蒙古扎布汗河）之南，夜袭北单于，大获全胜，斩首八千级，生俘阏氏等数千口。永元三年（91），右校尉耿夔再次袭击北匈奴余部。其单于明白昔日的家园已不是存身之地，只得率众西遁，"逃亡不知所在"，从此在中国历史学家的视野中消失了。综上所述，不难看出，窦宪指挥汉军与南匈奴联合对北匈奴的征伐，既非反侵略反掠夺的正义战争，亦非拓疆辟地的英雄壮举，而是以大欺小、以强凌弱，以众暴寡的非正义的军事征伐！参战最积极的南匈奴是为了吞灭北匈奴而称雄中国北疆，自动请缨的窦宪是为了立功赎罪，猎取高官厚禄，而征伐的对手北匈奴又是一个日益削弱、招架乏力的敌人。三次战役，汉军与南匈奴除第一次投入三万兵马外，其余两次，所动用兵力皆不足万人，也没有遇到北匈奴强有力的抵抗，战果更谈不上辉煌，较之汉武帝当年对匈奴的用兵，实在不可同日而语。可是，亲身参与此次征伐、对实际情况了若指掌的班固，却在数篇记述此次战争的大文中，极力夸大其规模、意义与作用，尤其对窦宪，更是极尽阿谀之能事。请看《窦车骑北征颂》中的一段文字：

车骑将军应昭明之上德，该文武之妙姿，蹈佐历，握辅揲，翼肱圣上，作主光辉，资天心，谋神明，规卓远，图幽冥。亲率戎士，巡抚疆域。勒边御之永设，奋辖橹之远径，闵遐黎之骚狄，念荒服之不庭。乃总三选，简虎校，勒部队，明誓号，援谋夫于未言，察武毅于俎豆，取可杖于品象，拔所用于仄陋。料资器使，采用先务。民仪向慕，群英影附，差戎相率，东胡争鹜。不召而集，未令而谕。于是雷震九原，电曜高阖，金光镜野，武旗胃日……名王交乎，稽额请服……粮不赋而师瞻，役不重而备军，行戎丑以礼教，炘鸿校而昭仁。文武炳其并隆，威德兼而两信，清乾钧之攸冒，拓畿略之所顺……亶亶将军，克广德心，光光神武，弘昭德音。超分首天潜，眇分与神参。（《全后汉文》卷二六）

你看，在班固笔下，骄横不法、才德俱乏的窦宪竟被颂扬

223

为神明英武，勇毅非凡，以威德仁勇震慑夷狄的伟大统帅。而在《封燕然山铭并序》一文中，窦宪又成为高瞻远瞩的统兵驭将战必胜、攻必取的超级大英雄：

惟永元元年秋七月，有汉元舅曰车骑将军窦宪，寅亮圣明，登翼王室，纳于大麓，惟清缉熙。乃与执金吾耿秉述职巡御，理兵于朔方。鹰扬之校，螭虎之士，爰该六师，及南匈奴、东乌桓、西戎、氐、羌侯王君长之群，骁骑三万。元戎轻武，长毂四分，云辎蔽路，万有三千余乘。勒以八阵，莅以威神，玄甲耀日，朱旗绛天。遂陵高阙，下鸡鹿，径碛卤，绝大漠，斩温禺以衅鼓，血尸逐以染锷。然后四校横徂，星流慧扫，萧条万里，野无遗寇。于是域灭区单，反斾而旋，傅考验图，穷览其山川。遂逾涿邪，跨安侯，乘燕然，蹑冒顿之区落，焚老上之龙庭。上以摅高，文之宿愤，光祖宗之玄灵；下以安固后嗣，恢拓境宇，振大汉之先声。兹所谓一劳而永逸，暂费而永宁者也。乃遂封山刊石，昭铭威德。其辞曰：
铄王师兮征荒裔，剿凶虐兮截海外，夐其邈兮亘地界，封神兵兮建隆碣，熙帝载兮振万古。（《后汉书·窦宪传》）

一次规模并不大，战斗远谈不上激烈的军事行动，一次对几乎失去抵抗能力的敌人取得的很不光彩的胜利，被描绘成"恢拓境宇"的大战，渲染成震古烁今的伟业，班固就这样将他绚丽的才华、生花的妙笔，熔铸成远离真实的阿谀献媚的文字，不仅是用错了地方，更显示了他对权贵竭诚讨好的心态。对此，明代学者于慎行有一个十分中肯的评论：

汉吏记卫、霍出塞之功，焜耀简册，后汉窦宪，出塞三千余里，降至二十万人，可与卫、霍相当矣。然卫、霍当匈奴强盛，度漠出师，虏势遂衰，至于百年不振；即一时穷黩之费，有伤根本，而汉之国势，由此日强，其功诚不为少。至于和帝之初，匈奴分而为二，南单于居塞下，为中国所卵翼；北单于迫于鲜卑，举国来降，所余无几。南单于欲倚中国之威，破而有之，汉可毋出兵也。直以宪刺杀宗室，求击匈奴以赎罪，故遣之耳。今观燕然之捷，与天山翰海，难易大小，何啻拔山折枝，而班生固献谀，为之勒石，徒可笑也。（于慎行《读史漫录》）

尽管窦宪北征匈奴是在荒谬的动机驱使下、在错误的时机对奄奄待毙的对手进行的一场非正义的战争，但它的虚假的胜利却把窦氏外戚集团进一步推向权力的极峰，也使该集团的专横和腐败达于极点："宪既平匈奴，威名大盛，以耿夔、任尚等为爪牙，邓叠、郭璜为心腹。班固、博毅之徒，皆置幕府，以典文章。刺史、守令多出其门。尚书仆射郅寿，乐恢并以忤意，相继自杀。由是朝臣震慑，望风承旨。"他的三个弟弟，窦笃位特进，窦景为执金吾，窦瑰为光禄勋，"权贵显赫，倾动京都"。其中窦景最为骄纵，"奴客缇骑依倚刑势，侵陵小人，强夺财货，篡取罪人，妻略妇女。商贾闭塞，如避寇仇。有司畏懦，莫敢举奏"（《后汉书·窦宪传》）。此时身在窦宪幕中的班固，虽然官位不高，但因依附者权倾内外，其身价也急剧升高，他自己也有点飘飘然，昏昏然了。他的儿子、家奴更是依仗权势，肆意妄为，"固不教学诸子，诸子多不遵法度，吏人苦之。初，洛阳令种兢尝行，固奴干其车骑，吏椎呼之，奴醉骂，兢大怒，畏宪不敢发，心衔之"（《后汉书·窦宪传》）。此时的班固满以为窦宪集团正安如磐石，他自己也会富贵长保，岂不知，这时的窦宪集团已是烈日下的一座冰山，面临着顷刻瓦解的命运。因为和帝早已对他这位专擅凶残的老舅恨之入骨，正不动声色地秘密策划对他的惩罚。永元四年（92），当窦宪率军耀武扬威地凯旋入朝时，等待他的并非美酒鲜花，而是和帝与宦官郑众精心谋划的诛杀。窦宪的宗族宾客以及依附于他们的内外臣僚"皆逮考"，一一沦为阶下囚。洛阳令种兢挟嫌报复，借机将班固捕系狱中，致使这位年逾花甲的老人在惊悸与悔恨中死去。班固实际上是作为一场政治斗争的牺牲品为自己的一生画上了一个凄惨的句号。

班固是东汉一代近两百年中首屈一指的历史学家和文学家。八十多万言、一百二十卷的《汉书》确立了他在中国史学史上不可动摇的地位。虽然该书的正统史观，如对西汉王朝及其帝后的近于阿谀的颂赞展示了他的局限，但是，由于他基本上忠于史实，具有驾驭复杂的政治、经济、制度、思想、文化发展变化的史才，就使《汉书》成为西汉一代二百三十多年无可替代的信史。特别是其中所表示的对许多问题的看法，说明班固的史识也是十分卓越和高明的。比如，他深刻认识到"怀禄耽宠"往往是王朝臣僚们取祸的根源。在《王贡两龚鲍传》中，他感慨地说："山林之士往而不能反，朝廷之士入而不能出，二者各有所短。春秋列国卿大夫及至汉兴将相名臣，怀禄耽宠以失其世者多矣！"尤其是对那些官至宰辅而"持禄保位"的儒臣，他更是持否定态度。在《匡张孔马传》中，他借"赞曰"评论说：

自孝武兴学，公孙弘以儒相，其后蔡仪、韦贤、玄成、匡衡、张禹、翟方进、孔光、平当、马宫及当子晏咸以儒宗居宰相位，服儒衣冠，傅先王语，其酝藉可也，然皆持禄保位，被阿谀之讥。彼以古人之迹见绳，焉能胜其任乎！

特别是对因女宠发迹、"穷富贵而不以功"的外戚之所以普遍难以长保富贵，班固有着更加清醒的认识。对西汉外戚中佼佼者的霍光，他一方面肯定其在历史转折关头的重要作用，"处废置之际，临大节而不可夺，遂匡国家，安社稷。拥昭立宣，光为师保，虽周公、阿衡，何以如此"；另一方面又正确地指出霍光死后仅三年，即被"宗族诛夷"，根本原因就在于他"不学无术，闇于大理，阴妻邪谋，立女为后，湛溺盈溢之欲，以增颠覆之祸"（《汉书·霍光传》）。在《汉书·外戚传》中，班固对西汉一代二十多家外戚的结局有一个总结式的评论，显示了他对外戚之家难以善终的冷静、深入的理性思索：

《易》著吉凶，而言谦盈之效，天地鬼神至于人道靡不同之。夫女宠之兴，繇至微而体至尊，穷富贵而不以功，此固道家所畏，祸福之宗也。序自汉兴，终于孝平，外戚后庭色宠著闻者二十有余人，然其保位全家者，唯文、景、武帝太后及邓成后四人而已。至如史良娣、王悼后、许恭哀后身夭折不辜，而家依托旧恩，不敢纵恣，是以能全。其余大者夷灭，小者放流，鸣呼！鉴兹行事，变亦备矣。

按理，以班固对外戚问题的洞彻明晰，又深谙窦氏集团的所作所为，他应该清醒地意识到这个集团不配有善终的命运，从而及早采取避祸的措施。然而，班固不仅没有想法保持与窦

227

氏集团的距离，反而在年近六十岁投入窦氏的怀抱死心塌地地为之服务，并不惜以自己盖世的才华炮制歌功颂德的文章。离开兰台令史的清寂之位而就任中护军的荣耀之职，实际上是舍磐石之安而就虎尾之危，明智如班固者，为何出此下策？范晔认为他是"智及之而不能守之"。平心论之，班固的身陷大狱，与其说是"智及之而不能守之"，不如说是利令智昏更符合实际。沉潜于历史，班固不失为一个清醒的评判者，认识到官位、权势、利禄是一柄锋利的双刃剑，既能给人带来无上的荣耀和心理上的满足，也能使之暴尸鲜血淋漓的刑场。然而当他置身于现实之中，面对自己的灼灼才华与卑微的官位形成的巨大反差，极度不平衡的心理自然无法抵御官位、权势和利禄发出的迷人微笑。当依附窦氏可以达到他向往的目标时，他大概觉得冒一点险是值得的。作为窦氏幕中人，班固不会不知道骄横奢靡的窦氏集团有一朝覆灭的危险，但揆诸当时情势，他又认为这种危险还不至于马上到来。其时，和帝不过是十余岁的孩子，窦宪的妹妹正稳稳地坐在皇太后的位子上主持朝政，窦氏父子兄弟、姻亲故旧布列朝廷内外，窃居要津，还有谁能在这一权势集团的掌心中掀起风浪呢！随着班固在窦氏集团中地位的巩固与提高，他及其家族也水涨船高地品尝到权力的甜果。陶醉在权势利禄中的班固此时已经失去了正常判断形势、权衡利害的理智，他没有想到，他搭上的窦宪集团已经是一只危机四伏的航船。事实上，窦氏集团在专擅自恣、肆无忌惮地攫取不容分割的皇权的时候，它就随时会受到来自这个权力主人的报复。和帝纵然年轻，但也不会长期容忍异己者对属于自己权力的占夺。而且，他身边的宦官们肯定会告诉他，只要运作得当，他享有的形式上至尊的地位就可以置窦氏集团于死命。当宦官与和帝策划的夺回权力的密谋突然展现在班固面前时，他发现窦氏集团，包括他自己，已经成为任人宰割的羔羊，官位、权势和利禄顿时都化作缕缕青烟随风而逝。此时的班固尽管猛然清醒，但再想回到兰台令史的位子上清贫地生活，寂寞地从事对于历史和现实的思索，已经不可能了。看来，古人宣扬的"思不出其位"的明哲保身信条并非全无道理。班固的才具不过是一个兰台令史而已，他在这个位子上也能够把自己的聪明才智发挥到淋漓尽致的程度。可悲的是，班固不安其位，既缺乏自知之明，也缺乏知人之明。他的超越定位的努力带来的是杀身之祸。最后，不管他愿意与否，他都必须饮下自己酿造的苦酒。联想班固对司马迁"不能以智免极刑"的讥评，真不禁使人发出"后人哀之而不能鉴之，亦使后人而复哀后人也"的浩叹了！

孔融：狂士结局

孔融（153—208），字北海，东汉后期鲁国（今山东曲阜）人，孔子第二十世孙。七世祖孔霸为元帝师，官侍中。父孔宙任太山都尉。孔融自幼聪敏，智慧过人，年四岁，即在七兄弟中（他行六）留下"让梨"的故事，在宗族邻里中传为佳话。十岁随父至京师。当时河南尹李膺为士林领袖，名重一时，他"简重自居，不妄接宾客，敕外自非当世名人及与通家，皆不得白"。孔融想拜访这位名人，径造府门，对守门者说："我是李君通家子弟。"李膺见到他，十分诧异，问："高明祖父尝与仆有恩旧乎？"孔融从容回答："然。先君孔子与君先人李老君同德比义，而相师友，则融与君累世通家。"（《后汉书·孔融传》）这一回答机智而得体，使在场之人由衷叹服，李膺赞扬他日后"必为伟器"。不久，"党锢之祸"发生，中常侍侯览下令追捕党人领袖张俭。张俭望门投止，来到孔融家。当时与之有旧的孔融之兄孔褒不在家，孔融毅然留下这位不速之客。后事泄，张俭逃走，孔融兄弟双双被捕入狱。官吏讯问时，兄弟二人与其母争着承担匿藏张俭之责，虽然最后孔褒被判抵罪，但孔融的声名却不胫而走。后来，孔融被征辟到司徒杨赐府上任官。其时，朝廷"隐核官僚之贪浊者，将加贬黜"，孔融毫不客气地"多举中官亲族"。尚书令害怕得罪宦官，要掾属诘责孔融。孔融"陈对罪恶，言无阿挠"，义正词严地予以回敬。

不久，河南尹何进将升任大将军，杨赐遣孔融"奉谒"前去祝贺，因通报稍迟，孔融即"夺谒还府"，不假辞色。河南尹属官认为受到污辱，拟私遣刺客追杀孔融。宾客中有人进言何进："孔文举有重名，将军若造怨此人，则四方之士引领而去矣。不如因而礼之，可以示广于天下。"（《后汉书·孔融传》）何进认为有道理，即辟之进府，任命他做了侍御史。不久因与中丞赵舍合不来，托命返家。

灵帝末年，孔融又被辟为司空掾，拜中军侯，在职仅三日，即升任虎贲中郎将。不久，灵帝死，众臣先立少帝刘辩。五个月后，董卓废少帝，立弘农王刘协为帝，是为汉献帝。孔融因对董卓的作为不满，"有匡正之言"，被董卓转官议郎。当时黄巾军在青州、徐州、兖州复起，董卓示意二府，举孔融为北海（今山东潍坊、烟台二市相邻地区）相，让他到义军声势最浩大的地区收拾局面。孔融到北海后，"收合士民，起兵讲武，驰檄飞翰，引谋州郡"。无奈军事非孔融之所长，被张饶统帅的从冀州转来的黄巾军打败，他退保朱虚（今山东临朐东）县，收众四万余人，"更置城邑，立学校，表显儒术"，办了一些安定社会、发展生产的好事。不久，再与黄巾军对战，又遭挫折，只好退保都昌（今山东昌邑），被跟踪而至的管亥统领的黄巾军包围，形势危殆。他派太史慈求救于平原相刘备，方得解围。其时，全国已陷入军阀混战的局面，北方势力最大的军阀是袁绍与曹操。孔融部属左丞祖劝他结纳二人，孔融认为此二人终将危害汉室，不愿纳款输诚，一气之下，将左丞祖杀掉。然而，孔融实在是志大才疏，既乏政治才干，又不善军事谋略。在北海六年之久，只在文教方面做了些事情，政治军事一无建树。

后来，由刘备举荐，他被任命为青州刺史，统领今山东半岛大部分地区。建安元年（196），袁谭督冀州兵进攻青州，"自春至夏，战士所余裁数百人，流矢雨集，戈矛内接。融隐几读书，谈笑自若"（《后汉书·孔融传》），尽管表现从容不迫，但却无法转败为胜。不久，城被攻破，他只身遁逃，妻子也做了俘虏。正在这时，被曹操接到许都（今河南许昌）的汉献帝征孔融为将作大匠，不久又改任少府，成为朝廷九卿之一。由于孔融朝野有名，又对汉室忠心耿耿，因而颇受汉献帝重用，"每朝会访时，融辄引正定义，公卿大夫皆隶名而已"。这时，发生太傅马日磾奉使山东，因受袁术之辱而死的事件。丧还，朝廷欲对其加礼，孔融独特异议：

　　日磾以上公之尊，秉旄节之使，衔命直指，宁辑东夏，而曲媚奸臣，为所率率，章表署用，辄使首名，附下罔上，奸以事君。昔国佐当晋军而不挠，宜僚临白刃而正色。王室大臣，岂得以见胁为辞！又袁术僭逆，非一朝一夕，日磾随从，周旋历岁。《汉律》与罪人交关三日已上，皆应知情。《春秋》鲁叔孙得臣卒，以不发扬襄仲之罪，贬不书日。郑人讨幽公之乱，斫子家之棺。圣上哀矜旧臣，未忍追案，不宜加礼。（《后汉书·孔融传》）

　　这里，孔融坚持的是一个臣子应有的节操：使命重于生命。马磾在权奸面前委曲求全，隐忍苟活，最终虽然"呕血而毙"，也不是臣子的表率。所以，朝廷对其失职行为不加追究已经是宽大为怀了，加礼绝对不妥。孔融的意见得到献帝认可，加礼之议由此作罢。

　　东汉开国，刑律沿袭西汉文帝废肉刑的传统。东汉末年，鉴于社会动乱，百姓触犯刑律者增多，不少人建议恢复肉刑。孔融则坚持不能恢复。他认为当时犯罪增多的原因是"上失其道，民散久矣"，"而欲绳之以古刑，投之以残弃，非所谓分时消息也"，"且被刑之人，虑不念生，志在思死，类多趋恶，莫复归正"（《后汉书·孔融传》），必然后患无穷。孔融申述的反对恢复肉刑的理由尽管有着传统儒学迂阔的偏颇，但毕竟考虑到下层百姓的利益，他的意见最终被朝廷采纳，这对下层百姓还是有好处的。

建安以来，汉献帝虽然有了安身之地，皇帝的名分也暂时得到朝野的认可，但军阀割据的格局却没有改变。一方面曹操"挟天子以令诸侯"，置献帝于傀儡地位；一方面各地方势力强大的州牧郡守不听朝廷号令，据地称雄，有的甚至时有僭越行动。曹操挟持献帝，不时对异己的割据者进行征讨。恰在此时，"荆州牧刘表不供职贡，多行僭伪，遂乃郊祀天地，拟斥乘舆"，献帝于是在曹操的讽示下欲下诏声讨。孔融上书，委婉予以规谏：

窃闻领荆州牧刘表桀逆放恣，所为不轨，至乃郊祭天地，拟仪社稷。虽昏僭恶极，罪不容诛，至于国体，宜且讳之。何者？万乘至重，天王至尊，身为圣躬，国为神器，陛级县远，禄位限绝，犹天之不可阶，日月之不可逾也。每有一竖臣，辄云图之，若形之四方，非所以杜塞邪萌。愚谓虽有重戾，必宜隐忍。贾谊所谓"投鼠忌器"，盖谓此也。是以齐兵次楚，唯责包茅；王师败绩，不书晋人。前以露袁术之罪，今复下刘表之事，是使跛牂欲辟高岸，天下险可得而登也。案表跋扈，擅诛列侯，逿绝诏命，断盗贡篚，招呼元恶，以自营卫，专为群逆，主萃渊薮，郜鼎在庙，章孰甚焉！桑落瓦解，其势可见。臣愚以为宜隐郊祀之

233

事，以崇国防。(《后汉书·孔融传》)

孔融引经据典，将对刘表僭伪之事隐忍不发的理由讲得很堂皇，大概献帝对此事也是睁一眼闭一眼，于是顺水推舟，声讨之事也就不了了之。其实，孔融与汉献帝都有不便出口的隐情。声讨刘表，显然是汉献帝在曹操胁迫下不得已而为之的举措。孔融更明白，当时对汉献帝皇位威胁最大的不是刘表之类地方割据者，而是控制了朝廷实权、将汉献帝玩于股掌之上的曹操。如果要声讨叛逆的臣子，首当其冲的应该是曹操，其次才是刘表之流。而在孔融看来，刘表等人虽有不轨之行，但他们的存在恰恰对曹操的篡逆之谋形成巨大障碍。他们是汉献帝的同盟军而非敌对势力，他们只能是暗结的对象，绝不是声罪致讨的叛臣。但这些隐情只能藏在心里，表面上只好讲些似是而非的堂皇理由。

二

由于孔融一直以匡复汉室为己任，所以入朝后与曹操就无法契合。尽管曹操坚持"唯才是举"的用人原则，但对有才干的异己者却并不宽厚。因为孔融为孔子后裔而又博学多才，素为士林仰慕，曹操未尝不想将其拉入幕中。及至发现此人不识好歹，专门给自己捣乱，也就对他戒备有加了。然而，与曹操同朝为官的孔融却感觉不到自己面临的危险，丝毫不知收敛自己锋芒毕露的名士脾性，处处与曹操对着干，如此一来，他与曹操的冲突就不可避免了。官渡之战前，孔融对能否战胜袁绍持悲观态度，他对曹操的头号谋士荀彧说："绍地广兵强；田丰、许攸，智计之士也，为之谋；审配、逢纪，尽忠之臣也，任其事；颜良、文丑，勇冠三军，统其兵，殆难克乎？"后来，曹操获胜，曹军攻入邺城后，袁家的妇女稍有姿色者即被曹氏父子及亲信将领据为己有。曹丕径直将袁熙的妻子甄氏纳为自己的妻室。孔融对此很是看不惯，故意致书曹操，说"武王伐纣，以妲己赐周公"。曹操一时不悟其中的讽谑之意，还一本正经地问："出何经典？"孔融干脆挑明："以今度之，想当然耳。"不久，曹操北征乌桓，孔融又讽嘲说："大将军远征，萧条海外，昔肃慎不贡楛矢，丁零盗苏武牛羊，可并案也。"（《后汉书·孔融传》）当时"年饥兵兴"，粮食匮乏，曹操为确保军粮，下达禁酒令。孔融又致书调侃："天有酒旗之星，地列酒泉之郡，人有旨酒之德，故尧不饮千钟，无以成其圣。且桀纣以色亡国，今令不禁婚姻也。"（《三国志·魏书·崔琰传》注）对孔融一而再地讥讽，曹操表面上故示宽容，内心实在是愤怒异常。孔融对曹操的情绪故意不予理会，照样我行我素。不久又抛出了《请准古王畿制》的上书：

臣闻先王分九圻以远及近，《春秋》内诸夏而外夷狄。《诗》云："邦畿千里，惟民所止。"故曰天子所居，必以众大言之；周室既衰，六国力征受略，割裂诸夏。镐京之制，商邑之度，历载弥久，遂以暗昧。秦兼天下，政不遵旧，革划五等，扫灭侯甸，筑城万里，滨海立门。欲以六合为一区，五服为一家，关卫不要。遂使陈项作难，家庭临海，击柝不救。圣汉因循，未之匡改，犹依古法，颍川、南阳、陈留、上党，三海近郡，不封爵诸侯。臣愚以为千里国内，可略从周官六乡六遂之文，分比北郡，皆令属司隶校尉，以正王赋，以崇帝室。役自近以宽远，徭华贡

235

献，外薄四海，揆文奋武，各有典书。(《全后汉文》卷八三)

平心而论，孔融的王畿千里之制不啻痴人说梦，没有丝毫实际价值，但曹操却从中听出了弦外之音。因为曹操此时正以邺城（今河北磁县南）为自己的封地，苦心经营。孔融之论，显然是力图限制自己势力的发展。曹操对孔融的疑忌之情被时任御史大夫的郗虑猜到，即借小故免去孔融的少府之职。孔、郗二人过去是好朋友，曾互相奖饰。此时仇怨相生，势如水火，曹操故意装出大度为怀的样子，致书孔融，希望二人和好如初。但书中也有强硬的警示，告诫孔融不要以浮华交会评议时政、讽刺当道："孤为人臣，进不能风化海内，退不能建德和人，然抚养战士，杀身为国，破浮华交会之徒，计有余矣。"(《后汉书·孔融传》)孔融显然也听出了其中露出的杀机，于是回书表态说："辄布腹心，修好如初。苦言至意，终身诵之。"大概曹操也感到将孔融免官的理由不太充分，而孔融的表态也令人满意，一年以后，又任命他为太中大夫。这是一个议而不治的闲散言官。这时，孔融又将曹操的警告置诸脑后，广泛交游士林，"宾客日盈其门"。他常叹息说："座上客恒满，樽中酒不空，吾无忧矣。"由于他奖掖后进，不断举荐贤士，"海内英俊皆信服之"，周围集合了一大批"清议"、"清谈"之徒。孔融的作为进一步引起曹操的嫌忌，于是示意郗虑罗织其罪名。郗虑指使丞相军谋祭酒路粹诬陷孔融，精心编织了一个置孔融于死地的"枉状"：

少府孔融，昔在北海，见王室不静，而招合徒众，欲规不轨，云："我大圣之后，而见灭于宋，有天下者，何必卯金刀。"及与孙权使语，谤讪朝廷。又融为九列，不尊朝仪，秃巾微行，唐突

236

宫掖。又与前白衣祢衡跌荡放言，云"父之于子，当有何亲？论其本意，实为情欲发耳。子之于母，亦复奚为？譬如寄物瓶中，出则离矣。"既而与衡更相赞扬，衡谓融曰："仲尼不死。"融答曰："颜回复生。"大逆不道，宜极重诛。（《后汉书·孔融传》）

这些罪名恐怕大多皆诬蔑不实之词，只有"跌荡放言"或许有些根据。但既然是欲加之罪，是什么样的"辞"都会造出来的。就是按照这些捏造的罪名，五十六岁的孔融被"下狱弃市"，他的妻子、九岁的儿子、七岁的女儿都被一起杀害。

孔融出身名门，年纪轻轻即暴得大名，很快就成为士林领袖。过多的颂扬使他飘飘然，懵懵然，把什么事情都看得十分容易。他名士派头十足，举手投足，锋芒毕露，事无大小，率性而行。加之他长曹操两岁，在学识与士林之誉上又超过曹操，因而对曹操不屑一顾，处处与之作对，时不时地冷嘲热讽。他过高地估计了自己的地位和影响，总认为曹操对他无可奈何。其实，孔融只不过虚有其表，除文化修养略可骄人外，他不懂军事，政治才能平平，特别不善于保护自己，在复杂多变的政治环境中缺乏应付的本领。他的朋友大多是无拳无勇的文人，而得罪的却是老谋深算的军阀与政客。尤其是他将自己的命运与皇位岌岌可危的汉献帝联在一起，而把权倾朝野的曹操视为不共戴天的敌人。这样一来，他的人生悲剧就不可避免了。写《后汉书》的范晔不仅对孔融无限同情，连对他的评价也带着士林的偏好：

昔谏大夫郑昌有言："山有猛兽者，藜藿为之不采。"是以孔父正色，不容弑虐之谋；平仲立朝，有纾盗齐之望。若夫文举之

237

高志直情，其足以动义概而忤雄心。故使移鼎之迹，事隔于人存；代终之规，启机于身后也。夫严气正性，覆折而已。岂有员园委屈，可以每其生哉！懔懔焉，皓皓焉，其与琨玉秋霜比质可也。（《后汉书·孔融传》）

　　此一赞颂显然出于文士对文士的偏爱与同情。事实上，孔融没有那么大的神力，也不可能有那么大的作用。他的惨死尽管值得同情，但一定程度上还是咎由自取。作为一介文士，孔融受当时社会风气的影响太大，他不仅"道不同不相为谋"，而且还"党同伐异"，将曹操视为政敌，处处求异。你看，曹操征乌桓，本是巩固边防的伟业，他持反对立场；官渡之战取胜，是统一北方的关键，他抓住微不足道的小事极尽挖苦之能事；曹操下禁酒令，是特殊条件下不得已而为之的正确之举，他也奚落讥讽，让曹操十分难堪。孔融恃才傲物，尖酸刻薄，凡事"斗"字当头，不讲策略，给对立面的反噬留下口实，最后将身家性命都搭了进去，使一双幼小的儿女也陪着作了无辜的牺牲。孔融之死虽然值得同情，但他的行动却不值得效法。他也不能作为士林的榜样成为颂扬的对象。当然，孔融并非一无是处。他心地善良，直率坦诚，好士爱才，嫉恶如仇，为官清正，佑护百姓，注重文教，提携后进，乐于助人。如当曹操以太尉杨彪与袁术有姻亲关系而决定将他杀戮时，孔融"不及朝服"，往见曹操，据理力争，以《周书》之"父子兄弟，罪不相及"为由，坚持要求赦免杨彪。最后以"挂冠"为筹码，救了杨彪一条老命。总之，孔融是一个古道热肠、个性鲜明的文士，却不是一个机敏睿智的政治家；是一个心雄万夫的理想主义者，却不是一个足智多谋的政治军事干才。他忠于汉室，却看不清汉祚将尽；他戏侮曹操，却不明白他正是中国北方秩序的救主；他学识渊博，却窥不透历史的走向；他的气质、才情根本就不适宜从事政治活动，他却偏偏热衷于此道。正是这种错位的选择，铸就了他合家死灭的悲剧。

诸葛亮的人格魅力

在中国，诸葛亮是一个家喻户晓、妇孺皆知的人物。在三国时代的英雄人物中，他的名气既超过"奸雄"典型的曹操，也超过雄姿英发但气量狭小的周瑜。其实，以真实的事功而论，诸葛亮不及曹操和周瑜之处甚多。曹操政治上的雄才大略，军事上的多谋善断，文学上的领袖群伦，都远远超过诸葛亮。就是周瑜的军事才能也直可与诸葛亮相伯仲。要知道赤壁之战时，孙刘联军的真正统帅是周瑜。其时，参战的主力是吴军，刘备军力弱小，仅起了战役上的辅助、配合作用。此次战役中，诸葛亮的主要作用是以他对当时双方军事态势和未来走势的精辟分析坚定了东吴上下联刘抗曹的决心。然而，在三国人物中，诸葛亮却成为后世之人头号颂扬的对象。这固然与小说《三国演义》、戏曲《赤壁之战》、《失空斩》等的广泛传播有关，但更与诸葛亮一生言行所展示的人格魅力有关。这一点曹操、周瑜就不能望其项背了。不过，"七实三虚"的《三国演义》塑造的魅力四射的诸葛亮的光辉形象，基本上是以诸葛亮真实的言行事功为基础的。

诸葛亮的人格魅力主要表现为复兴汉室的坚定信念，杰出的政治才能，出众的军事谋略，清正廉明的个人品格。

诸葛亮是中国传统文化陶冶出来的优秀政治家，他身上更多展现的是儒家的政治理念和价值观。他生逢汉末大乱，"苟全性命于乱世，不求闻达于诸侯"，透出的是"邦有道则仕，邦无道则隐"的处世原则。但他并不如道家者流真的忘情于世事，他饱读诗书，胸怀大志，"自比管仲、乐毅"，时刻关注政治形势的变化，随时准备为国家和社会贡献自己的聪明才智。刘备三顾草庐后，他感激知遇之恩，"许以驱驰"。

诸葛亮始终认为，要恢复当时中国混乱的秩序，就必须复兴刘汉正统，在刘氏王朝的旗帜下再造统一之局。尽管他也明白，曹操挟持汉帝，占尽天时，与之争锋，胜算难期；孙权据有地利，国险民附，与之颉颃，弊大于利；刘备势单力薄，是三个集团中最弱的一方。然而，就因为刘备有着皇叔的招牌，在血统上是公认的刘氏后裔，诸葛亮就认定他是复汉兴刘的一面旗帜。在跟定刘备后的二十七年漫长岁月中，他始终以复兴汉室为己任，视曹操父子为危及汉室的不共戴天之仇。初出草庐，他"受任于败军之际，奉命于危难之间"，使出浑身解数，促成孙、刘两家结盟，终于由赤壁鏖兵的胜利，奠定了三国鼎立的局面。之后，他辅佐刘备，取巴蜀，夺汉中，为之建立了复兴汉室的基地。曹操胁迫汉献帝封自己为魏王，诸葛亮即鼓动刘备做了汉中王。曹丕篡汉自立，他也不失时机地拥戴刘备蹑足九五，登上帝位，以接续炎汉皇统。不久，刘备不听他的规劝，执意伐吴，导致夷陵之败和永安托孤。诸葛亮即以此为契机，派人出使东吴，恢复吴蜀联盟，全力对付曹魏。在他生命的最后七年中，诸葛亮以百万百姓微薄的人力物力财力，以数万将士的微小军力，六出祁山，七次搏战，为恢复汉室的理想进行了最后的艰苦卓绝的奋斗。尽管他知道此时的曹魏占据着黄河流域广土众民的财富之区，猛将如云，谋臣如雨，已是无法撼动的参天大树，但他依然尽上自己最大的主观努力，向这个庞然大物不停地发起挑战，最后病死在伐魏的最前线——五丈原的军营中。诸葛亮复兴汉室的最终目标虽然没有实现，但追求这一目标的努力却伴随他的终生。诸葛亮对信仰的坚定与执着，凸显了他践履忠贞观念的道德完人的形象。这一形象在与曹操"汉贼"形象的映照对比中越发显得光彩无际。

诸葛亮是一个高瞻远瞩、才智超群的政治家。他的政治才能首先表现在对汉末政治军事形势的洞悉与把握。二十七岁时他向来访的刘备推出"隆中对"，预言三国分立的前景并为之谋划应对的战略和策略，以后形势的发展基本上应验了他的预言。在三国鼎立的格局中，他从蜀汉的根本利益出发，始终坚持联吴抗曹的基本战略方针，因为这是一个保证蜀汉政权生存的唯一正确方针。当孙刘两家因荆州归属兵戎相见时，他因未能阻止刘备的一意孤行而痛悔；当刘备伐吴失败，他则不失时机地主动修睦盟好。之后，他大力整顿内政，协和军民，出兵南中，调整汉夷关系，在建立起稳定的后方以后，才开始对曹魏用兵。

诸葛亮的政治才能同时突出表现在他治蜀的政策和战略上。223 年刘备病逝后，诸葛亮成为蜀汉的实际当国者。他对这块作为汉家皇统复兴基地的治理特别精心与谨慎。他努力调和蜀地原有官员、土著豪强、知识分子与外来军政人员的矛盾，促进了内部团结和后方的安定。针对刘璋治蜀时法制废弛，致使地主豪强骄纵不法，横行无忌的情况，他反对赦宥，厉行法制，赏罚分明，收到了很好的效果。对此，他自己解释说：

刘璋暗弱，自焉以来……德政不举，威刑不肃，蜀土人士，专权自恣，君臣之道，渐以陵替。宠之以位，位极则贱；顺之以恩，恩竭则慢，所以致弊，实由于此。吾今威之以法，法行则知恩；限之以爵，爵加则知荣，荣恩并济，上下有节。为治之要，于斯而著。(《三国志·蜀书·诸葛亮传》注引郭冲五事)

诸葛亮治理的蜀国政治清明，社会安定，陈寿由衷地赞扬说："科教严明，赏罚必信。无恶不惩，无善不显。至于吏不容奸，人怀自厉。道不拾遗，强不侵弱，风化肃然也。"(《三国志·蜀书·诸葛亮传》)诸葛亮特别注意不分地域背景、不拘一格地选拔人才。最初跟随刘备打江山的荆楚之人，如蒋琬、费祎等固然得到重用，益州土著如张裔、杨洪、马忠、王平、句扶、张翼、李恢等也都被不次拔擢为二千石的高官，就是降将姜维等也被委以军国重任。诸葛亮在用人上不求全责备，而是扬长避短，尽力发现人之所长而用之。如他赞扬马超"兼资文武，雄烈过人，一世之杰"，称颂蒋琬为"社稷之器，非百里之才"，将法正看作对刘备特别有影响能力的人，叹息其早逝，未能阻止刘备伐吴等等。诸葛亮选拔的人才绝大部分都忠勇可靠，在其逝后基本上执行了他的既定政策，使蜀汉政权又延续了十多年的岁月。

诸葛亮的政治才能还表现在他推行的一系列"务农积谷"的经济政策。他攻取汉中后，即将此地视为伐魏的前哨基地，迅速组织士卒和募民屯田。这一措施不仅保证了数万军队的粮食供应，减轻了百姓的负担，也使汉中地区得到了开发。为了发展农业生产，诸葛亮自入蜀伊始就重视兴修水利。他设置堰官，征丁一千二百人，保护和维修最大的水利工程都江堰，使之继续发挥效益。在汉中，他也特别注重在汉江及其支流上兴修堰渠陂池。不断开发水利，促进了蜀汉辖区的航运和农田灌溉事业的发展，再加上赋役相对减轻，提高了百姓的生产积极性，促进了农业的发展和经济的繁荣。晋朝袁准称颂"亮之治蜀，田畴辟，仓廪实，器械利，蓄积饶、朝会不华，路无醉人"（《三国志·蜀书·诸葛亮传》注引《袁子》）恐非过誉之词。诸葛亮对手工业和商业也比较重视。他长于巧思，对兵器和运输工具的制造和改进尤为关注。他自作《作斧教》、《作钢铠教》、《做匕首教》，督责提高武器的质量；又亲自设计木牛流马，以改进军事运输。为了发展经济和增加财政收入，他设立盐校尉，专门管理井盐和铁器的制造与买卖。同时大力提倡植桑养蚕织锦，精心组织蜀锦对魏、吴和周边国家与地区的输出，由此，蜀锦就成为蜀汉政权重要的财政来源和对曹魏长期战争的财政支柱。诸葛亮的政治才能和巨大成就显示了他为国为民的责任意识和治国能臣的不朽形象。

诸葛亮是一位谋略超群、智勇兼备的军事家。他不仅具有宏远的战略眼光，而且具有精审、谨慎、细密、娴熟的战场指挥艺术。他总是从政治的高度确定战略方针，使战略服务于联吴抗曹的总目标。他进军巴蜀，夺取益州，出征南中，协和汉夷，敦睦东吴，都是为了建立一个与曹魏对战的巩固的战略后方。他洞明敌情，更知悉自己的优长与不足。他深知凭蜀汉那点军事力量和财富支撑，决不能同时对魏吴两面作战，所以他始终坚持将攻击的矛头指向曹魏。这不仅与他一贯坚持的政治目标相一致，在军事上更是明智的抉择。他从不打无准备之仗。夺取巴蜀、汉中后，他先进兵南中、运用"攻心"战略使蛮夷等少数民族心悦诚服地接受蜀汉的统治。在后方巩固安定以后，诸葛亮就统帅蜀军主力进驻汉中，精心谋划，不断出击，与魏军在秦岭、太白山南北展开激战。首次出战，即使曹魏朝野震动，天水、南安、安定三郡归降，取得了伐魏之战中最辉煌的战果。由于蜀军与魏军力量对比过于悬殊，所以他用兵特别谨慎，宁肯不取胜亦不能使自己的军力遭受大的损失。因此，诸葛亮指挥的对魏战争就没有扭转战略形势的大胜之役，更缺少以少胜多、改变总体力量对比的关键之战。以致陈寿对他的军事才能评价不高，认为"应变将略，非其所长"。后人对他未能采取魏延出奇兵直捣长安的建议亦加非议。其实，明智如诸葛亮并非不知道此一建议中的军事冒险有几分成功的可能，但他更知道此一冒险一旦失败，灭亡的命运即刻就会降临蜀汉。孰轻孰重，作为当国丞相的诸葛亮较其他人有着更深的思考，他不能拿国家的命运孤注一掷。"诸葛一生惟谨慎"，显示的是他对军国重任的承担意识和责任意识。诸葛亮从政的二十七年基本上是在战争中度过的，他的军事生涯大多数时间也都与胜利相伴。即使失利受挫，他也能沉着应对，使损失减少到最小程度。就在其病逝五丈原之时，他仍然能将后事安排得井然有序，使蜀军毫发无损地退入汉中。以致司马懿"案行其营垒"时不由惊叹其为"天下奇才"。战争最容易展示一个将帅的智慧。诸葛亮的料事如神、欲擒故纵、出奇制胜、指挥若定的军事才能，不仅展现在他参与谋划指挥的那些胜利的战役中，也凸现于那些受挫失败的战役中。著名的"空城计"（有学者认定此属子虚）是他在街亭失守，大敌当前，而自己身边又无蜀军主力的情况下走出的一步险棋，这步险棋在手握二十万大军且颇有谋略的魏军统帅司马懿的眼皮底下居然走通了。在三国时代的各路英豪中，敢于如此弄险的，也只有诸葛亮一人而已。诸葛亮的军事才能更多体现在他的神机妙算，由此他成为后人心目中智慧的化身。特别是这种智慧总是与复汉的目标和善良的人性联系在一起，与曹操的"割发代首"、借粮官人头激励士气的奸诈之智形成鲜明的对比。

诸葛亮最为当时和后人称道的是他忠公体国，清正廉明的品格。平定巴蜀后，即使在刘备生前，他已是大权在握，全盘主持蜀汉的政务；刘备死后，他更是权倾朝野，成为蜀汉政权的实际当国者。然而，他却功高不震主，权大不僭越，刘备、刘禅父子都没有感到他的威胁，对他的信任几乎是绝对的。刘备永安托孤时，甚至说他可以取代自己的儿子为巴蜀之主。这里的原因非常简单，就是因为诸葛亮自出山后，就表现了对刘备集团的绝对忠贞。他忠于刘家两代君主，更忠于复兴汉室的理想。他一生"竭股肱之力，效忠贞之节"，"鞠躬尽瘁，死而后已"。他做的任何事情，都表现出为国为君的一片至诚与大公，而没有掺杂丝毫的个人私利。他在为蜀汉政权服务的二十七年中，一直"夙兴夜寐"，兢兢业业，勤勤恳恳，精心谋划，事必躬亲，"自校簿书，流汗终日"。他作风正派，处事公正，用人赏罚，一出于公。正如张裔所赞扬："公赏不遗远，罚不阿近，爵不可以无功取，刑不可以贵势免。"（《三国志·蜀书·张裔传》）因而赏功不引来非议，罚罪也使当事人心服口服。他官高权大，言出事遂，但为官行政，总是广采博取、虚心纳谏，经常教导臣下"集众思，广忠益"，因而在决策时较少失误。如征南中诸蛮夷时就采纳马谡"攻心为上"，"心战为上"的策略，取得了极大的成功。特别可贵的是，他头脑清醒，从不护短，严于律己，宽以待人。街亭之败，自贬三等，以惩自己用人失察之责。诸葛亮明白，处在自己的位子上极易被来自部下庸俗的歌功颂德搞得昏昏然，飘飘然，忘乎所以，因而坚决抵制下属的阿谀逢迎。如第一次进兵关陇取得三郡归降的战绩后，贺者重至，诸葛亮回答贺者说："普天之下，莫非汉民，国家威力未举，使百姓困于豺狼之吻。一夫有死，皆亮之罪，以此相贺，能不为愧！"（《三国志·蜀书·诸葛亮传》注引郭冲五事）又如建兴七年（229），刘禅下诏恢复诸葛亮的丞相职务，李严乘机致书劝他加九锡，晋爵为王。他立即回书，严加拒绝：

吾与足下相知久矣，可不复相解！足下方诲以光国，戒之以勿拘之道，是以未得默已。吾本东方下士，误用于先帝，位极人臣，禄赐百亿。今讨贼未效，知己未答，而方宠齐、晋，坐自贵大，非其义也。若灭魏斩睿，帝还故居，与诸子并升，虽十命可受，况于九邪！（《三国志·蜀书·李严传》）

诸葛亮一生持身廉洁，自奉简约，公私分明。他在《自表后主》中说：

成都有桑八百株，薄田十五顷，子弟衣食，自有余饶。至于臣在外任，无别调度，随身衣食，悉仰于官，不别治生，以长尺寸。若臣死之日，不使内有余帛，外有赢财，以负陛下。（《三国志·蜀书·诸葛亮传》）

由于诸葛亮一身清正，治国有良策，御敌有奇谋，使三国中占地面积最小、人口最少、兵微将寡、僻处西南一隅的蜀汉政权成为治理得最有条理的地方。这里生产发展，社会安定，百姓也过上相对安乐的生活，因而上下一致，官民协和，在与强大的魏国的对峙中存在了近三十年。如此政绩，表明诸葛亮已将自己的主观能动性发挥到了极致。

正因为诸葛亮在诸多方面展示了中国古代传统文化所称许的忠公体国，大智大勇，简约自持，清正廉明的品格，显示了无与伦比的人格魅力，在当时就获得了蜀汉君臣的赞誉。如刘备欣喜地将得到他喻为"如鱼得水"，刘禅颂扬他："体姿文武，明睿笃诚，受遗托孤，匡辅朕躬，继绝兴微，志存靖乱；爰整六师，无岁不征，神武赫然，威震八荒，将建殊功于季汉，参伊、周之钜勋。"（《三国志·蜀书·诸葛亮传》）蜀汉的彭羕誉其为"当世伊、吕"（《三国志·蜀书·彭羕传》），邓芝誉其为"一时之杰"（《三国志·蜀书·邓芝传》），吕凯则称颂他："英才挺出，深睹未萌，受道托孤，翊赞季兴，与众无忌，录功忘瑕。"（《三国志·魏书·刘晔传》）就是曹魏和吴国的一些官员，也对诸葛亮发出由衷的赞美。如魏国大鸿胪刘晔称其"明于治而为相"（《三国志·魏书·刘晔传》），吴国派往蜀汉的使者陈震称赞他："德威远著"，"信感阴阳，诚动天地"（《三国志·吴书·孙权传》）。吴国大鸿胪张俨则誉其为"匡佐之才"："孔明起巴蜀之地，蹈一州之土，方之大国，其战士人民，盖有九分之一也，而以贡赞大吴，抗对北敌。至使耕战有伍，刑法整齐，提步卒数万，长驱祁山，慨然有饮马河、洛之志。"（《三国志·蜀书·诸葛亮传》注引《默记·述佐篇》）到晋朝陈寿撰《三国志》时，对诸葛亮做了全面的评价，除对其"应变将略"稍有微词外，通篇都是颂扬的调子：

诸葛亮之为相国也，抚百姓，示仪轨，约官职，从权制，开诚心，布公道；尽忠益时者虽仇必赏，犯法怠慢者虽亲必罚，服罪输情者虽重必释，游辞巧饰者虽轻必戮；善无微而不赏，恶无纤而不贬；庶事精练，物理其本，循名责实，虚伪不齿；终于邦域之内，咸畏而爱之，刑政虽峻而无怨者，以其用心平而劝戒明也。可谓识治之良才，管、萧之亚匹矣。

在以后的历史上，诸葛亮更是受到了众多政治家、思想家和文学家的一致褒扬，赞颂的诗文积案盈箱。积累至写《三国演义》的罗贯中，他笔下的诸葛亮的人格魅力更是令三国群雄失色，达到了登峰造极的程度。这恰恰是他受到各阶层人民广泛而持久敬慕和爱戴的原因。

后　记

　　这本小书收录的十六篇文章，是经梁由之先生、李黎明先生和我共同商定，从我以前发表的文章中选取的。其中论述的主要人物，包括三个皇帝刘邦、王莽、刘秀；六个将相萧何、张良、曹参、公孙弘、马援、诸葛亮；一个太子刘据；三个皇后嫔妃吕后和赵飞燕姐妹；四个文人学士代表司马迁、刘歆、班固、孔融。这些人物经历殊途，性格迥异，事功千差万别，结局之不同犹如天壤，历史评价更是聚讼纷纭，充分显示了作为"社会关系总和"的人的复杂性。然而，不管从什么角度看，这些人都是汉代四百多年历史天幕上发出独异光芒的耀眼的星座。

　　研究历史人物，历史学家总是面对一个永恒的困惑：是时势造就人的命运，还是人的行为举措造就历史的走向？其实，历史是人的活动造成的，时势与人的关系是矛盾互动、合二而一的。当年我研究这些人物的初衷，就是力图揭示怎样的时代条件和个人行为的互动铸就了他们不同的命运。同是创业帝王，没有秦朝统治崩溃、义军蜂起的局面，刘邦终其一生也不过是一个流氓亭长。没有新朝末年的天下大乱，太学生刘秀的官位充其量也就是他垂涎三尺的执金吾而已。时势不是人们能够选择的，但个人的主观努力却是自己可以肆意发挥的。碰到同一时势的人何啻千百万？而成就帝王功业的只有一人，成为将相等高官显贵者也不过千儿八百人，成为顶尖思想家、文学家、历史学家者更是寥寥无几。显然，个人的努力主要表现在他如何因应时代条件，如何在时代搭建的舞台上将自己的演出达到精彩的极致。既顺应时代潮流，具有一流智商，又充分发挥自己主观能动性的人物，是时代和自己造就的英雄；违背时代潮流，又充分发挥自己主观能动性的人物，就以悲剧的角色成为英雄的反衬。每个人的资质、禀性、智商、优长和短板各不相同，时代条件允许，自己又恰恰在个人优长的领域充分挥洒聪明才智，就能达到自己能够达到的最高水平；放弃优长，追求短板，甚至不择手段地追求不可能达到的目标，到头来就会酿成无法挽回的悲剧。司马迁、刘歆、班固在史学、文献学领域充分展示自己的大智慧，创造了别人不可企及的辉煌。同样，刘歆、班固追求官场的富贵利禄，在展现个人短板的同时也将自己送上不归路。而作为狂士的孔融，与他特别赏识的祢衡一样，由于将自己的狂才发挥到了不该发挥的官场，结果只能在付出生命的代价后给历史留下永恒的叹息。

历史人物的智慧和遭际总能给后人以启迪：时来天地皆发力，运去英雄不自由；性格即命运。从终极意义上讲，无论遇到什么时势，人们的命运终究可以掌握在自己手上。关键是如何因应时势，如何实现时势与个人才智的良性互动。

这本小书展示的十多个历史人物的不同命运，如果能够给读者提供一些人生的智慧启迪，作者就至感欣慰了。

感谢梁由之先生、九州出版社分社长李黎明先生和责任编辑李品女士在本书出版过程中提供的帮助。

孟祥才

2016 年 8 月于山东大学兴隆山寓所

《长河文丛》

梁由之 主编

九州出版社出版

第一辑

《旅食与文化》汪曾祺 著

《往事和近事》葛剑雄 著

《大师课徒》魏邦良 著

《书山寻路》魏英杰 著

第二辑

《旧梦重温时》李辉 著

《四时读书乐》王稼句 著

《汉代的星空》孟祥才 著

《从陈桥到厓山》虞云国 著